JN431369

사회복지현장실습

이경아 · 서홍란

KNOWLEDGE COMMUNITY 공동체

이 책은 2008년에 출판된 사회복지현장실습의 개정판이다. 최근 들어 사회복지현장은 사회서비스 바우처 제도의 확대, 클라이언트의 권익강화, 사회복지서비스기관에 대한 정부 지원감소, 교육복지사업을 포함한 공적서비스 영역의 확대 등 급속도로 다각적인 변화가 진행되고 있다. 위와 같은 시장 변화에 대한 사회복지현장과 대학의 적극적인 대응이 필요한 시점이다. 때문에 사회복지사 양성에 있어 가장 중요한 과정 중 하나이며 대학과 기관이 협력하여 운영하는 사회복지현장실습이 더욱 강조될 수밖에 없다. 근래 들어 사회복지사협회나 한국사회복지교육협의회 등 관련 협회나 단체에서 사회복지현장실습의 내실화를 위한 노력들이 구체적으로 이루어지고 있어 반갑기 그지없다.

사회복지현장실습은 사회복지 전공자들이 사회복지 실천윤리를 기반으로 학교에서 배운 이론과 기술을 현장에서 적용해봄으로써 예비사회복지사로서 자신의 역량을 키우고, 진로분야 선택의 기회를 갖게 되는 중요한 과정이다. 우리나라 사회복지현장의 발전을 위해 실무능력을 갖춘 우수인력을 배출해야 할 책임이 있는 대학으로서는 현장실습이야말로 교육성과에 대해 엄정한 평가를 받는 기회이기도 하다. 또 기관의 실무자 입장에서는 후배인력 양성에 기여할 뿐 아니라 풋풋한 후배들의 창의적이고 날카로운 피드백을 통해 자신들의 역할과 서비스에 대해 점검해볼 수 있는 기회가 되기도 한다. 그러므로 사회복지현장실습이 이것의 목적한 바를 성취하기 위해서는 실습에 참여하는 학생, 실습을 제공하는 기관, 그리고 학교의 역할 모두가 중요하다. 그러나 다양한 교육기관에서 매년 3만명 이상의 사회복지사들이 배출되는 과도한 공급구조 속에서 현장실습 교육의 질을 담보하기란 쉽지 않은 일이다.

그러므로 본 서는 대학에서 수년간 사회복지현장실습을 교육하고 있는 필자들이, 현장실습에 참여하는 대학, 현장, 학생들이 겪는 어려움을 너무나 잘 알기에 이를 해결하는데 보탬이 되어 사회복지현장실습의 질 담보에 조금이라도 기여하고자 하는 마음으로 기획, 집필하였다.

개정판 머리말

본 개정판은 초판과 동일한 목적으로 집필되었으나, 초판에서 미처 다루지 못했던 프로그램 기획 및 프로포절 작성을 포함시켰으며, 학생들의 실습교육 욕구를 반영하여 실습지에서 사용하고 있는 각종 문서들의 예시를 제시하였다. 구체적으로 책의 구성을 살펴보면, 1장에서는 현장실습 오리엔테이션의 효과를 높이기 위해 사회복지현장실습의 개요를 다루었고, 2장에서는 사회복지실습의 책임성과 수퍼비전에 대해 설명하였다. 3장에서는 학생들이 실습을 시작 전에 준비해야 할 서류와 실습수행 시 그리고 종결 시 부여되는 과제들에 대해 서술하였다. 마지막으로 4장에서는 실천의 토대가 되는 실천원칙과 윤리 그리고 현장에서 사용할 수 있는 사회복지실천기술과 대표적인 개입방법들을 제시하였다. 더불어 최근 들어 강조되고 있는 프로그램 기획 및 프로포절 작성에 대한 내용도 추가하였다. 필자들은 학생들이 사회복지 전공 교과목들을 통해 이미 배웠을지라도 실제로 적용하기 어렵거나 아직 배우지 않은 지식과 기술 등을 습득하여 현장에서 활용할 수 있도록 구성되었다.

끝으로 사회복지현장실습지에서 작성한 각종 양식들을 이 책에 사용할 수 있도록 허락해 준 각 기관의 선생님들 그리고 서울여자대학교와 수원여자대학의 사회복지학과 학생들에게 감사의 마음을 전한다. 이 책이 사회복지현장실습을 준비하는 학생들에게 조금이나마 도움이 되기를 소망한다.

2011년 8월

공저자 일동

contents

Social Work Field Practicum

01

사회복지현장실습에 대한 이해

Ⅰ 사회복지현장실습이란

Ⅱ 대학의 사회복지현장실습 교과목 운영

Ⅲ 사회복지현장실습 개요

Ⅳ 현장실습의 준비과정

CHAPTER 01

사회복지현장실습에 대한 이해

Ⅰ. 사회복지현장실습이란

사회복지현장실습은 학생들이 사회복지 전문직의 가치 및 실천윤리를 토대로 학교에서 배운 이론과 기술을 실천현장에 적용해봄으로써 전문가로서의 정체감을 확립하고, 유능한 사회복지사로 성장할 수 있도록 훈련하는 사회복지교육의 핵심과정이라 할 수 있다.

1. 사회복지현장실습의 목표

1) 실습생의 목표

(1) 학교에서 배운 지식과 기술을 실천에 적용할 수 있다.

(2) 실습현장에서 새로운 실천기술과 지식을 습득한다.

(3) 사회복지실천현장에 대한 이해를 증진한다. 다양한 사회복지분야의 업무와 서비스에 대해 숙지한다.

(4) 사회복지실천과정에 대해 이해한다.

- 개인, 집단, 지역사회 등 다양한 클라이언트체계의 욕구를 사정한다.
- 원조과정(helping process)에 참여함으로써 각 과정에서 요구되는 구체적인 기술과 전문가로서 갖추어야 할 태도를 익힌다.

• 공식적, 비공식적 자원을 발굴하고 활용할 수 있다.

(5) 자신의 능력과 한계에 대한 통찰력을 향상한다.

(6) 타 실습생과의 교류를 통해 정보를 교환하고, 대인관계기술을 향상하며, 사회망(social network)을 확장한다.

(7) 자신의 진로를 결정하는 기회를 갖는다.

2) 기관의 목표

(1) 학교에서 습득한 지식과 기술을 실천현장에 접목시킬 수 있는 기회를 학생들에게 제공한다.

(2) 대학과 협력하여 미래 사회복지사 양성에 기여한다.

(3) 학교와의 지속적인 연계를 통해 이론과 실무에 대한 정보를 교류하고 산학협력의 기회를 갖는다.

3) 학교의 목표

(1) 교과과정을 평가하기 위해 필요한 정보를 현장으로부터 얻는다.

(2) 사회복지교육의 효과성과 효율성을 평가하는 기회로 활용한다.

(3) 대학과 실천현장의 유기적인 교류를 통해 산학협력을 활성화한다.

(4) 학생들의 취업기회를 확장시킨다.

2. 사회복지현장실습교육의 목적

사회복지 실습교육의 궁극적인 목적은 유능한 사회복지사를 양성하는 것이다. 구체적으로, 사회복지 전문직의 가치, 기술, 지식을 내면화시키고, 일반 실천가(generalist)로서 정체성을 확립하고, 실천능력을 향상시킬 수 있도록 학생들을 훈련하고 지원하는데 그 목적이 있다.

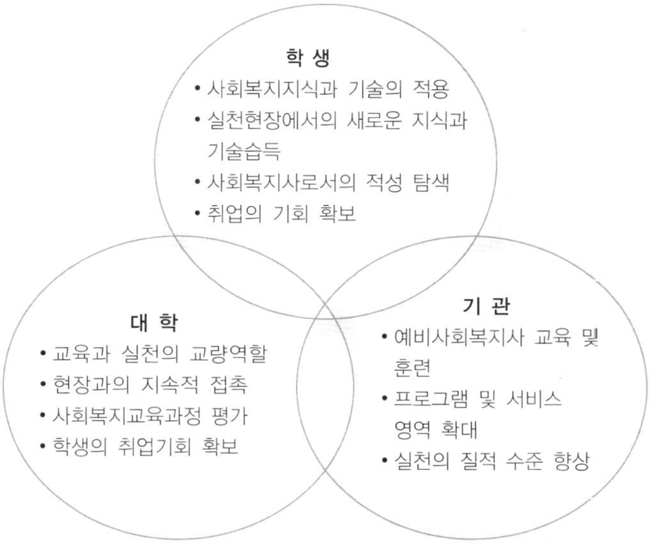

그림 1-1 **실습의 주체 및 목적**

1) 지식의 습득

(1) 인간과 이들을 둘러싼 사회환경에 대한 이해를 높인다.

(2) 생태적 관점(ecological perspective)에서 클라이언트를 보다 포괄적으로 이해한다. 클라이언트 체계와 다양한 요인들(예 생물 · 심리 · 사회적 · 문화적 요인 등) 간의 상호관련성을 이해한다.

(3) 다양한 체계에 효과적으로 개입하는 실천방법에 대해 이해한다.

(4) 원조과정의 기본원칙을 이해한다.

(5) 프로그램 개발 및 평가에 대한 실제적인 지식을 습득한다.

(6) 사회복지정책과 서비스 전달체계에 대한 이해를 높인다.

(7) 사회복지전문직의 실천가치와 실습생 자신의 개인적인 가치와의 관계를 이해한다.

(8) 인접학문에 대한 이해와 상호관련성에 대해 이해한다. 이는 학교에서 배운 이론과 실천기술들을 통합하는 데 필연적이다.

2) 전문적인 기술의 개발

(1) 생태체계 관점에서 클라이언트의 욕구와 상황을 사정할 수 있다.
(2) 클라이언트와 관련된 정보와 자료를 조직화하고, 환경적 요인의 영향을 평가하고, 클라이언트가 직면한 문제와 관련된 사회정책 및 프로그램들을 평가하는 기술을 개발한다.
(3) 강점관점에 기반한 실천기술을 배운다.
(4) 실천과정에서 요구되는 의사소통기술을 배우고 창조적인 문제해결능력을 개발한다.
(5) 사회자원에 대한 이해를 높이고, 지역사회 내 이용 가능한 자원들을 개발하고 활용하는 방법을 배운다.
(6) 업무량을 적절히 관리하고, 서비스 관련기록을 관리・보관하며, 전문적 견해가 반영된 보고서를 작성하고, 다른 전문직들과 의사소통하는 방법에 대한 이해를 높인다.
(7) 기관 내 서비스의 장단점을 분석하여 서비스 개선방안을 제시하는 능력을 발전시킨다.
(8) 거시적인 관점에서 공공 정책과 제도 등을 분석, 평가하는 기술을 발전시킨다.
(9) 클라이언트를 존중하며 효과적으로 서비스를 제공하는 기술을 개발한다.
(10) 잠재적 클라이언트체계에 전문적으로 접근하는 전략을 개발한다.

3) 전문인으로서 태도의 개발

(1) 클라이언트의 최상의 이익(best interest)을 목적으로 실천한다.
(2) 클라이언트에 대한 실습생 자신의 감정과 태도를 인식하고 전문직으로서 책임성 있는 태도를 갖는다.
(3) 거시적인 관점에서 사회문제를 이해하고 접근하는 태도를 기른다.
(4) 사회복지실천의 성과를 과학적으로 평가하는 것의 중요성을 인식한다.
(5) 기관 내 수퍼바이저와 실무자, 그리고 타 실습생들의 의견을 경청하고 이

에 적절히 반응하여 실습업무를 책임감 있게 수행한다.

(6) 끊임없이 학습하는 노력과 실천에 대한 자기성찰을 통해 전문가로 성장하도록 노력한다.

(7) 실습생으로서 업무를 수행함에 있어 사회복지 전문직의 가치와 윤리를 준수한다.

Ⅱ. 대학의 사회복지현장실습 교과목 운영

1. 사회복지현장실습 교육여건

사회복지현장실습교육은 수퍼비전, 강의, 기관방문 등 다양한 방법으로 이루어진다. 현장실습 수업에서 밀착된 지도와 훈련이 이루어지기 위해서는 실습지도교수 1인당 학생 20명 내외가 적합하다. 따라서 수강인원이 30명을 초과할 경우, 2인 이상의 교수가 분반하여 실습을 지도하는 것이 바람직하다(한국사회복지교육협의회, 2008). 학교에서 진행되는 실습수업은 학생들의 실습과정 및 내용에 대한 발표, 이에 대한 토론, 그리고 관련 이론에 대한 강의 등이 함께 이루어지므로 일반 강의실이 아닌 프리젠테이션 기자재가 확보되고 토론식 의자배열이 가능한 강의실로 준비한다.

2. 실습지도교수의 자격

한국사회복지교육협의회(2008)에서 제시한 실습지도교수의 자격요건을 살펴보면 다음과 같다.

(1) 사회복지학 또는 사회사업학 석사학위 이상을 소지한 자로 교육과정 중 최소 한 학기 이상 실습을 받은 경험이 있거나, 사회복지기관에서 5년 이상

근무하면서 수퍼비전을 제공했던 경험이 있는 자

(2) 사회복지학 또는 사회사업학 박사학위를 소지한 자로서 교육과정 중 최소 한 학기 이상 실습경험이 있거나 사회복지기관에서 1년 이상 근무하면서 수퍼비전을 제공했던 경험이 있는 자를 원칙으로 한다.

위의 자격조건을 살펴보면 실습지도교수는 사회복지 석사 또는 박사학위 소지자로 사회복지현장에서 일한 경험과 수퍼비전을 제공했던 경험이 있어야 한다. 이는 실무경력이 없이는 효과적인 실습지도를 기대할 수 없기 때문이다.

3. 실습교과목 운영과정 및 내용

앞서 언급한 바와 같이 학교에서 이루어지는 현장실습교육은 실습 오리엔테이션, 실습지 선정, 현장실습지 방문, 개별 및 집단 수퍼비전 등을 포함한다. 실습수업은 담당교수의 사회복지실천이론에 대한 강의, 학생들의 발표와 토론 등 다양한 형태로 진행된다.

효과적인 현장실습이 이루어지기 위해서는 학교 지도교수의 집중적인(intensive) 수퍼비전이 필요하다. 학기 중 실습에 대한 지도교수의 수퍼비전은 해당 학기에 이루어지기 때문에 별 문제가 없지만, 방학 중 실습인 경우 현장실습을 수행한 다음 학기에 현장실습수업이 이루어지므로 지도교수가 적절한 수퍼비전을 제공하는 데 시간적 한계가 있다. 이에 대한 보완책으로 온라인 수퍼비전을 활용하는 등 다양한 방법으로 방학 중 실습지도가 이루어지고 있다. 실습교과목 운영에 대한 구체적인 예는 다음과 같다.

〈표 1-1〉 실습교과목 운영

	방학 중 현장실습 교육 운영	학기 중 현장실습 교육 운영
대 상	방학 중 현장실습을 수행하고 있는 학생	방학 중 현장실습을 수행했거나 학기 중 현장실습을 수행하고 있는 학생
현장실습시간	주 5회 기준 총 120시간 이상	주 1~2회 총 기준 120시간 이상

	내용 및 방법	
실습 오리엔테이션	학생들이 실습지를 정하기 전, 실습지 배치 전 혹은 현장실습 시작 전, 최소 1회기 이상 실습지도교수가 실시함 * 준비물 : 기관에 제출하는 실습평가서, 실습보고서바인더(자기소개서, 이력서, 실습생 프로파일, 실습계획서, 기타 관련 문서)	
실습교과목 운영일정	현장실습 일정과 동일	매주 진행 20명 또는 30명 이하 단위로 분반하여 진행함
실습교과목 운영방식	1. 담당교수의 실습지 방문 2. 온라인상의 실습 수퍼비전 3. 주 1회 또는 격주 1회 집합식 교육 및 수퍼비전	1. 담당교수의 실습지 방문 2. 강의 3. 학생발표 및 토론 4. 집단 수퍼비전 5. 개별 수퍼비전
실습일지에 대한 개별 수퍼비전	• 온라인을 활용하여 실습일지를 담당교수에게 제출하고, 수퍼비전을 받거나 집합식 교육 시 수퍼비전을 받음	• 매주 실습 수행 직후 실습일지를 작성하여 담당교수에게 제출하고, 개별 수퍼비전을 받음
평가방식	1. 기관의 현장실습평가 : 50~60% 2. 실습지도교수의 해당 강의 내 평가 : 50~40% 3. 위의 두 가지 평가를 담당교수가 합산하여 평가함	

Ⅲ. 사회복지현장실습 개요

1. 현장실습기간과 일정

사회복지현장실습은 일반적으로 주 1회 실시하는 학기 중 실습과 일정기간 매일 실시되는 방학 중 실습으로 구분된다. 또한 실습생이 소속된 교육기관에 따라 학부 실습과 대학원 실습, 특수 대학원 실습으로 분류된다.

학기 중에 현장실습을 하는 학생은 주당 8시간 실습기관에 출석하여 한 학기 총 120시간 이상(중간, 기말고사 기간 포함) 현장실습을 수행해야 하며, 학교로부터 총 42시간(14주×3시간) 이상 실습수퍼비전(개별 혹은 집단)을 받아야 한다. 방학 중 현장실습을 하는 학생은 1일 8시간 주 5회(월~금) 이상 실습기관에 출석하여 총

120시간 이상 현장실습을 수행해야 한다.

대학원 학생이 자신이 속한 직장 내에서 실습을 하게 될 경우, 소속기관에서 실습지도자를 지정하고 그로부터 실습 수퍼비전을 받는다. 해외실습의 경우 실습절차와 과정은 국내실습과 동일하다. 현지에서 자격을 갖춘 실습지도자로부터 정기적인 수퍼비전을 받을 수 있어야 하며, 국내 실습과 마찬가지로 120시간 이상의 활동이 요구된다.

사회복지현장실습은 2년제 대학의 경우, 선수과목 이수 후 1학년 겨울방학부터 시작할 수 있으며 방학 중 또는 학기 중에 이루어진다. 4년제 대학의 경우 3학년 1학기 여름방학부터 방학 중 또는 학기 중에 시행된다. 학부와 마찬가지로 대학원 실습도 학기 중 또는 방학 중 시행되나, 기간 및 내용면에서 학부생보다 심화된 실습교육이 이루어져야 한다. 그러나 사회복지전공자가 아닌 대학원생의 경우, 학부과정의 사회복지 기초과목과 실습과목을 사전에 이수하고 관련분야에서 자원봉사를 한 뒤 실습에 임하는 것이 바람직하다.

1) 학기 중 실습

(1) 일반적으로 매주 화요일에 실습이 이루어지며, 일일 실습시간은 8시간으로 규정되어 있다. 기관에 따라 주 2회 이상의 실습이 이루어지기도 한다. 대학원생을 대상으로 이루어지는 학기 중 실습은 주 1회보다는 주 2~3회를 지향한다.

(2) 규정된 시간 외의 실습이 요구될 경우(예를 들어, 공휴일 근무 등) 실습기관은 실습생과 학교에 사전에 공지해야 한다.

(3) 현장실습시간은 원칙적으로 다른 교과목 수업시간과 중복되지 않아야 한다.

2) 방학 중 실습

(1) 방학 중 실습은 대부분 4주를 기본으로 총 120시간 이상 진행된다.

(2) 실습은 일반적으로 주 5회(월~금요일) 이루어지며, 기관에 따라 주말에도 실습을 수행하는 경우도 있다.

(3) 생활시설에서 실습할 경우, 실습생이 시설 내 기숙사나 생활인 숙소에서 숙식하며 실습에 참여하는 경우도 있다.

(4) 대학원생의 방학 중 실습은 학부생 실습과 유사하나 일반적으로 6주의 실습을 기본으로 매일 진행된다.

3) 현장실습 수행시기 및 일정의 선택

(1) 현장실습 수행시기는 학기 중과 방학 중 실습으로 이루어진다. 실질적인 현장업무를 파악하고 사회복지사로서의 역할을 습득하기 위해서는 방학 중 실습이 더 효과적이다. 현장실습 수행시기를 선택할 때 고려하야 할 시기별 장단점은 다음 <표 1-2>와 같다.

〈표 1-2〉 현장실습 수행시기를 선택할 때 고려해야 할 시기별 장단점

	장 점	단 점
학기 중 실 습	• 담당교수의 정기적인 실습지도를 받을 수 있다. • 16주 이상의 기간 동안 실습이 이루어지므로 클라이언트의 변화과정을 관찰할 수 있다.	• 실습이 제한된 요일에 이루어져 기관 전체의 사업이나 사회복지사의 업무를 파악하는 데 한계가 있다. • 기관 직원 또는 클라이언트와 관계를 형성하는 데 제한이 있다.
방학 중 실 습	• 기관 운영 전반을 파악할 수 있다. • 기관 직원 또는 클라이언트와 관계를 형성하는 데 있어 도움이 된다. • 학기 중 실습에 비해 사례개입 및 프로그램 진행 등 주요 업무를 수행할 기회가 더 많이 부여된다.	• 학교의 실습지도가 제한적으로 이루어진다. • 일회성 계절 특별 프로그램이나 행사에 동원되어 체계적인 실습이 이루어지기 힘든 경우도 있다.

(2) 현장실습 기간 및 일정은 전적으로 실습기관에서 제시하는 일정을 따르게 된다. 그러나 실습기관에서 실습생에게 무리한 요구를 하거나 학생의 개인적 사정으로 인해 실습기간 및 일정을 불가피하게 조정해야 할 경우, 실습 담당교수와 먼저 의논하여 학교와 기관이 협의하도록 한다.

2. 실습비

실습생은 기관에서 제시하는 실습비를 기관에 납부한다. 실습비는 기관에 따라 차이가 있다. 학교에 따라 현장실습비를 일부 또는 전액 지원하는 경우가 있으므로 기관으로부터 받은 영수증을 잘 보관하고 필요할 경우 학교에 제출한다.

3. 실습기관 선정 및 배치과정

실습기관과 실습지도자 선정 시 고려해야 할 사항은 다음과 같다.

1) 실습기관의 선정

(1) 실습기관은 사회복지 전문직의 윤리와 가치에 부합되는 사회복지기관이어야 하며 동시에 학교로부터 사회복지교육의 일부분인 현장실습을 위임받아 교육의 기능을 수행할 수 있어야 한다.

(2) 실습기관은 아래의 조건을 모두 충족해야 한다(한국사회복지사협회, 2010).

- 실습기관 : 사회복지사업법 제2조 제1호에 따른 사회복지사업과 관련된 법인, 시설, 기관 및 단체
- 자격있는 실습지도자가 있는 기관
- 사회복지현장실습 교육지침서에 준하여 실습지도가 가능한 기관

(3) 기관의 실무자들(기관장 및 직원들)은 사회복지 전문교육을 받은 자로서 사회복지교육에 대한 존중과 이해를 갖고 있어야 한다. 또한 사회복지실습과 관련하여 책임을 수행할 수 있는 의지와 능력이 있어야 한다.

(4) 실습기관은 실습생에게 의존하지 않고도 자체적으로 기관의 사업을 운영할 수 있는 능력과 인적자원을 갖추고 있어야 한다. 부족한 인력을 보완하는 차원에서 실습생을 활용하는 기관일 경우 체계적인 실습교육을 기대하기 어렵다.

(5) 실습내용은 실습교육 목적에 부합되어야 하며 가능한 실습생의 학습단계에 맞는 것이어야 한다. 이를 위해 기관에서는 실습지도계획서를 미리 준비하여 사전 배부함으로써 실습생들이 자신들의 수행할 업무와 교육받을 내용을 미리 파악하고 준비할 수 있도록 배려한다.

(6) 기관의 실습담당자는 실습생의 교육 욕구에 적합한 과제를 부여하고 이에 대한 수퍼비전을 제공할 수 있어야 한다. 실습생에게 다양한 업무를 경험할 수 있는 기회를 제공하고, 직접 서비스를 경험할 수 있는 기관이어야 한다.

(7) 실습생에게 필요한 자료와 공간을 제공할 수 있어야 한다.

(8) 실습지도자에게 실습지도와 감독에 필요한 시간을 충분히 할당할 수 있는 기관이어야 한다.

(9) 효과적인 실습이 이루어지기 위해 학교와 협력적인 관계를 유지하고, 학교에서 실습지도계획서를 요청할 시 기관에서는 이를 제시할 수 있어야 한다.

2) 기관 실습지도자의 자격요건

(1) 사회복지사협회에서는 실습지도자의 자격으로 사회복지사 1급 자격 취득 후 3년 이상 복지사업 실무경험자, 또는 사회복지사 2급 자격 취득 후 5년 이상 복지사업 실무경험자로 규정하고 있다.

(2) 사회복지의 가치와 원리 그리고 해당지식과 실천기술을 명백하게 이해하고 있어야 한다.

(3) 해당 실습기관에서의 현장 실무경험이 최소한 1년 이상이어야 한다.

(4) 실습기관의 목적, 기능, 정책, 프로그램을 파악하고 있어야 한다.

(5) 실습기관의 행정조직 및 자원을 유용하게 활용할 수 있는 능력이 있어야 한다.

(6) 전문지식과 경험, 자질을 갖추고 있어야 한다.

(7) 교수방법, 실습목적과 내용, 수행과 평가 등 실습과정에 대해 학교와 협력하여 실습지도자로서의 책무를 수행할 수 있어야 한다.

(8) 실습지도계획서를 학생들에게 미리 배부하여 실습생이 구체적으로 실습을 준비할 수 있도록 지원해야 한다.

(9) 실습생의 진취적인 도전에 기꺼이 응할 수 있어야 하며 계획적이고 정기적인 실습지도를 제공해야 한다. 실습생에 대한 개별 수퍼비전과 집단 수퍼비전을 통해 실습과정 및 내용에 대한 실질적인 지도가 이루어져야 한다.

(10) 실습지도자는 역할모델로서 실습생에게 지대한 영향을 미치므로 기관에서는 인격적으로나 전문적으로 실습생과 동료직원들의 귀감이 되는 자를 실습지도자로 선정한다.

(11) 실습지도자는 학교 실습지도교수와의 협의를 통해 보다 효과적인 실습지도가 이루어질 수 있도록 함께 노력함이 필요하다.

3) 실습기관 배정 및 신청과정

(1) 실습생들은 자신의 관심분야에 따라 실습기관을 선정한다. 실습기관을 선정하기 전에 실습담당교수 및 조교, 선배들로부터 실습기관에 대한 정보를 수집한다.

(2) 학교에서는 실습의뢰 공문을 사전에 발송하여 기관과 실습에 대해 협의해야 한다. 역으로 기관에서 필요로 하는 실습생 자격조건과 현장실습 내용 등을 학교로 전달하기도 한다.

(3) 학생들은 학과에 문의하거나 기관에 개별적으로 문의하여 실습희망기관을 선택한다.

(5) 학생들이 희망하는 실습기관을 선택하면 학교에서는 해당 기관에 해당 학생의 실습의뢰 공문을 발송한다. 공문 발송 시 실습신청서와 실습생 프로파일 등을 동봉한다.

(6) 기관에서 실습승인통지를 학교로 발송하면 해당학생의 실습기관이 확정되는 것이다. 승인통지서가 학교로 오지 않은 기관의 경우 해당기관에 연락하여 실습가능 여부를 확인한 후 불가능할 경우에는 타 기관을 선정하여 공문발송 절차를 밟는다.

(7) 위의 과정을 통해 실습기관이 확정되면, 해당 학생은 기관의 실습지도자에게 직접 전화를 드리고 사전 기관방문을 한다.

(8) 사전기관 방문 시 현장실습바인더를 준비한다. 현장실습바인더에는 실습평가서와 자기소개서, 이력서, 실습생 프로파일, 실습계획서 등을 첨부한다. 사전 방문 시 실습지도자와의 면담을 통해 실습일정과 실습내용, 기관에서 책정한 현장실습비용, 실습생의 사전준비사항 등을 숙지하도록 한다.

1. 실습기관 선정을 위한 사전 준비	• 자원봉사 등을 통해 자신의 관심분야 및 희망실습지 탐색 • 교수 및 담당조교, 선배들로부터 적합한 실습기관에 대해 사전 정보 취합
↓	
2. 학생대상 실습 수행 희망 여부 확인	• 실습담당조교가 실습희망자 조사
↓	
3. 실습기관 선정(1차)	• 학생들이 자신의 관심분야 및 욕구에 따라 실습희망기관 선정
↓	
4. 학교의 실습의뢰 공문 발송	• 학생들이 실습을 희망하는 기관에 실습 의뢰 공문 발송 • 첨부양식 : 실습신청서, 실습생 프로파일 등
↓	
5. 기관의 실습교육 승인 통보	• 해당기관에서 실습수락 여부를 학교에 통보
↓	
6. 실습기관 확정	• 학생별 확정된 실습기관 확인 • 사전방문을 위해 기관실습지도자와 접촉
↓	
7. 학생들의 실습예정기관 사전방문 : 기관 라운딩 및 기관 실습지도자 사전 면담	• 현장실습바인더 준비 : 실습신청서, 실습생프로파일, 자기소개서, 이력서 등 • 실습평가서 등 첨부 • 실습비, 실습내용 및 일정, 사전준비사항 숙지
↓	
8. 실습 수행	• 확정된 실습기관에서 실습시작

[그림 1-2] 실습기관 배치 및 신청과정 흐름도

Ⅳ. 현장실습의 준비과정

1. 선수과목의 이수

한국사회복지사협회(2010)에서는 실습생 자격기준을 사회복지사 1급 국가시험 3개 영역 8개 과목 중 4개 과목 이상 이수자로 규정하고 있다. 즉, 사회복지기초 영역의 <인간행동과 사회환경>, <사회복지조사론>, 사회복지실천 영역의 <사회복지실천론>, <사회복지실천기술론>, <지역사회복지론>, 사회복지정책과 제도 영역의 <사회복지정책>, <사회복지행정론>, <사회복지법제론> 중 4개 이상의 교과목을 이수해야 한다. 이외 실습분야의 특성에 따라 일부기관에서는 특정 과목의 이수를 요구한다. 예를 들어, 장애인복지기관에서는 장애인복지론을, 노인복지기관에서는 노인복지관련 교과목 이수를 요구하는 경우도 있다. 따라서 학생들은 희망실습지의 특성을 고려하여 해당 분야론을 이수하도록 노력해야 한다.

학부에서 사회복지를 전공하지 않은 대학원생의 경우, 현장실습은 본인의 진로설정과 전문성 함양을 위해 매우 중요한 과정이다. 그러므로 자신이 이수하지 못한 사회복지 기초교과목과 실습관련 교과목을 학부에서 사전 이수한 뒤 대학원 실습에 임해야 한다. 그렇지 않을 경우 학부생보다도 질적으로 저하된 현장실습이 이루어질 수밖에 없기 때문이다.

사회복지학과에 편입한 학생이나 복수전공하는 학생, 전문대생의 경우 짧은 학업기간 때문에 해당실습분야와 관련된 필요교과목을 모두 이수하지 못한 채 현장실습에 임하게 될 수 있다. 빈약한 이론적 지식으로 인해 실습과정에서 어려움을 겪을 수 있으므로 기초교과목과 실습분야 관련 교과목을 실습기간 이전이나 실습기간 중에라도 이수하여 사회복지실천현장에서 요구되는 기본적인 지식과 기술을 습득해야 한다. 예비실습생들은 현장실습지가 결정되면 실습기관을 사전에 방문하여 실습지도자에게 사전에 읽어야 할 도서와 자료목록을 받아 이론적으로 미리 준비하여 실습에 임하도록 한다.

2. 학교의 현장실습 오리엔테이션

실습지도교수는 학생들이 현장실습에 임하기 전 충분한 시간을 가지고 현장실습 오리엔테이션을 진행해야 한다. 오리엔테이션은 현장실습지를 선정하기 전에 그리고 현장실습지를 선정한 뒤 순차적으로 여러 회기에 걸쳐 이루어지는 것이 바람직하다. 학생들의 현장실습을 돕기 위해 오리엔테이션은 현장실습지 선정과정이 시작되는 시기와 현장실습 직전 그리고 현장실습교과목 강의 1주차 등 최소 3회 이상 이루어진다.

현장실습 오리엔테이션에서는 먼저 사회복지현장실습의 목적과 현장실습교과목 개요를 설명하고, 학생들이 적절한 실습지를 선택할 수 있도록 실습지 선정기준과 지침 그리고 신청과정에 대해 설명한다. 특히 학생들이 자신의 관심분야에 따라 적절한 실습지를 선택할 수 있도록 실습기관에 대한 다양하고 정확한 정보를 제공하는 것이 중요하다. 담당교수나 조교, 선배들을 통해 실습기관들에 대한 정보를 얻도록 안내하고, 기관홈페이지나 관련단체 홈페이지를 방문하여 정보를 수집하도록 한다. 기관에 제출할 실습신청서와 실습생프로파일 작성방법을 지도한다.

현장실습지가 최종 선정된 뒤의 오리엔테이션에서는 실습생의 실습기관 사전방문, 실습생의 자세 및 태도, 실습영역별·시설종류별 사전 준비사항, 실습관련서류개요(이력서, 자기소개서, 실습계획서, 실습일지, 실습중간평가서, 종결평가서 등) 및 작성방법 등에 대해 실질적인 지도가 이루어져야 한다. 학생들은 실습기관에 사전방문하거나 오리엔테이션 참석 시 위에서 언급한 준비서류들과 실습평가서를 바인더에 첨부하여 실습지도자에게 제출함으로써 실습생의 준비된 자세를 보여줄 수 있다.

방학 중 실습은 특별히 학교 지도교수의 밀착된 실습지도가 현실적으로 어렵기 때문에 오리엔테이션이 더욱 중요하다. 실습을 수행하기 전에 실습일지 작성법, 중간평가서 및 종결평가서 작성법, 기관분석보고서와 공문서 작성법을 숙지한 뒤 실습에 임할 수 있도록 실습지도교수의 실질적인 지도가 필요하다. 더불어 실습단계별로 수행하게 되는 주요 과제에 대해 설명하고 과제물 제출양식과 예시를 제시한다.

현장실습 오리엔테이션에서 가장 중요하게 언급되어지는 내용 중 하나가 바로 실습생의 자세와 태도이다. 예를 들어, 기본적인 인사예절과 전화예절, 예의바르고 공손하며 신뢰감을 주는 언어적·비언어적 태도, 자기소개의 방법, 복장과 행동, 지각, 결석 없는 성실한 근무태도 등 직장생활에서 요구되는 기본적인 자세와 더불어 사회복지사로서 직원, 동료 실습생, 그리고 클라이언트와 원만한 관계를 맺는 방법, 실습생으로서 적극적인 역할수행을 위한 지침과 준비사항, 학습자세 등을 지도한다. 실습생들은 실습지도자나 타 직원들의 교육내용이나 회의 시 자신들이 배운 점과 느낀 점 등을 메모할 수 있도록 항상 필기도구를 지참하는 것이 필요하다. 또한 실습기관이나 실습지도자와의 갈등이나 문제가 발생할 경우 실습담당교수나 조교에게 즉각적으로 보고하여 도움을 받을 수 있도록 지도한다.

3. 기관의 현장실습 오리엔테이션

기관에서는 오리엔테이션을 실시하여 학생들이 기관의 현황, 실습일정과 내용, 서식 등을 미리 파악하여 구체적으로 실습을 준비하도록 하는 것이 바람직하다.

실습기관은 오리엔테이션을 통해 실습생들에게 기관에 대한 전반적인 정보를 제공하고, 부서별 주요 사업과 프로그램, 서비스, 주요 클라이언트 대상 등에 대해 교육하고, 현장실습 시 실습생들이 주로 어떤 업무와 역할을 담당할 것인지, 이를 위해 어떠한 사전준비가 필요한지를 구체적으로 제시할 수 있어야 한다. 실습생의 자세와 행동지침에 대한 교육에서는 클라이언트에 대한 실습생의 책임과 의무, 기관에서 요구하는 실습생의 복장, 시간엄수, 사무규칙 등 구체적이고 실질적인 내용을 다루어야 한다. 마지막으로 현장실습 일정과 내용 그리고 수행해야 할 과제, 실습비, 각종 서류양식, 기타 주의사항 등을 명확하게 설명해야 한다.

이와 같은 공식적인 오리엔테이션을 통해 예비 실습생들은 실습에 대해 구체적으로 준비할 수 있을 뿐 아니라 준비된 기관에서 실습을 수행하게 되었다는 기대감과 자긍심을 갖게 되어 실습에 대한 동기부여가 높아진다. 실습지도자와의 사전만남은 실습지도자와 실습생 간의 관계형성에도 도움이 되어 실습생들의 적응력도 높아질 수 있다.

그럼에도 불구하고 일부 기관에서는 공식적인 오리엔테이션은 물론이고 학생들의 사전 기관방문도 거부하는 경우가 있다. 현장실습에 대한 구체적인 계획과 교육지침의 부재, 실습지도자의 비숙련성, 실습지도자나 관련직원들의 과도한 업무 등이 그 이유가 된다. 이러한 경우 학생들이 실습을 준비하는 데 있어 한계가 있을 수밖에 없고 초기 적응에 어려움을 겪게 되어 효과적인 실습에 걸림돌이 될 수 있다.

Social Work Field Practicum

02

사회복지현장실습의 책임성과 수퍼비전

사회복지현장실습의 책임성과 수퍼비전

Ⅰ. 책임성

1. 실습생의 책임

실습생은 현장실습을 통해 사회복지사로서의 자질과 기술을 습득하게 되기 때문에 현장실습이야말로 사회복지교육 중 가장 중요한 과정 중 하나이다. 효과적인 실습이 되기 위해 실습생은 자신의 역할과 책임을 성실히 수행하고 실습지도자의 지도에 개방적이고 자발적인 태도로 따라야 한다. 따라서 실습생은 아래와 같은 사항들을 준수해야 한다.

(1) 실습생은 클라이언트를 존중하고 클라이언트 및 기관에 대한 비밀보장의 원칙을 준수해야 한다.
(2) 실습일정을 준수한다.
(3) 모든 실습업무는 실습기간 및 실습시간 내에 수행해야 한다(클라이언트와의 만남, 과정기록, 직원회의, 수퍼비전 시간, 그 외에 다른 학습경험을 위한 모임 등).
(4) 업무내용과 장소에 적합한 복장을 갖춘다.
(5) 학습경험을 최대화하기 위해 토의가 필요한 부분은 미리 파악하여 준비하고 실습일정표에 따라 과제와 참고자료를 준비한다.
(6) 실습일지를 비롯하여 모든 과제물은 기한 내에 제출한다.

(7) 실습지도자의 수퍼비전 시간에 성실하게 임한다. 교육내용을 메모하고 필요한 자료는 제출하며 시간을 엄수하고, 겸손하고 긍정적인 태도로 실습지도자의 수퍼비전을 수용하며 수퍼비전 내용을 실천에 적용한다.

(8) 실습생 자신의 학습경험과 발전을 검토할 수 있도록 실습일지 작성 시 당일 실습 내용과 과정 그리고 자신이 배운 점과 느낀 점, 차기계획, 수퍼비전 내용 등을 구체적으로 기록한다.

(9) 실습지도교수로부터 정서적 지지와 실질적인 수퍼비전을 받기 위해 규칙적이고 정기적인 개별·집단 수퍼비전을 받는다.

(10) 실습생은 자신의 교육 욕구와 관심에 대해 실습지도자와 자유롭게 의사를 교환한다(과다하거나 부족한 업무내용, 단순업무의 과도한 할당, 실습생이 참여하지 않거나 수행하지 않는 다른 서비스에 대한 관심 등).

(11) 실습생은 구체적인 실습목표를 수립하고 이를 달성하기 위해 긍정적인 태도로 최선을 다해 실습에 임한다.

(12) 아직 배우는 학생으로서 자신의 지식과 능력의 한계가 있음을 인식하고 실습지도자뿐 아니라 기관직원들로부터의 조언과 가르침을 기꺼이 받아들이는 자세를 갖추어야 한다.

(13) 실습생으로서의 역할한계를 정확히 인식하고 업무상 중요한 결정이 필요할 경우 반드시 실습지도자에게 문의한다.

(14) 실습생은 실습지도자뿐 아니라 기관직원 그리고 동료실습생들과 원만한 관계를 맺고 서로 도움이 되도록 노력한다.

(15) 현장실습 시 발생된 갈등이나 문제에 대해서는 실습지도자나 실습지도교수와 의논한다.

2. 실습기관의 책임

실습기관은 실습교육에 있어 핵심적인 역할을 수행한다. 따라서 실습기관은 실습생들이 학습할 수 있는 분위기를 조성하고, 전문가로서의 가치와 목표를 확인하고 경험할 수 있는 기회를 제공하는 중요한 책임을 갖고 있다. 실습기관은 실습생들에게 체계적인 교육의 기회를 제공하기 위해 다음과 같은 책임이 있다.

(1) 실습기관은 사회복지 가치와 윤리를 기반으로 사회복지 서비스를 제공하는 곳이어야 한다.
(2) 클라이언트와 직원들이 서로 존중하고 클라이언트 중심의 서비스를 수행하는 곳으로 지역사회와 사회복지현장에 기여하는 곳이어야 한다.
(3) 자격을 갖춘 실습지도자가 있어야 한다. 또한 실습지도자가 실습교육에 대한 시간과 노력에 대한 책임을 다할 수 있도록 제반 여건을 조성해 주어야 한다.
(4) 효과적인 실습경험이 이루어질 수 있도록 실습생을 위한 적절한 물리적 공간과 시설을 제공할 수 있어야 한다.
(5) 실습기관은 실습생들이 사회복지 전문직의 가치와 윤리를 준수하도록 지도한다.
(6) 기관과 기관이 위치한 지역사회에 대해, 주요 사업과 서비스 등에 대해 공식적인 오리엔테이션을 제공해야 한다.
(7) 실습계획안을 학생들에게 제시하고 이를 준수해야 한다.
(8) 클라이언트와의 직접적인 서비스 경험을 포함하여 적절한 학습경험을 제공해야 한다.
(9) 실습교육과 학습목표에 적합한 과제를 부여하고 이에 대한 수퍼비전을 실시한다.
(10) 기관내 사정으로 현장실습진행에 문제가 발생할 빠른 시일 내에 학교와 협의하여 이에 대한 대책을 마련해야 한다.
(11) 실습생의 안전을 보장하는 데 최선을 다한다.
(12) 대학과 긴밀한 협조관계를 유지한다. 특히 실습생에게 문제상황이 발생했을 경우 실습지도교수와 의논한다.

이 외에도 실습지도자 또는 실습교육에 직·간접적으로 관여하는 협조자들(기관장, 타 부서 사회복지사, 자원봉사자, 타 전문직 등)은 다음과 같은 사항을 학교에 알려줄 책임이 있다.

- 기관 주소 또는 전화번호의 변동
- 기관 책임자 또는 실습교육협조자의 변동
- 실습지도자의 변동
- 실습일정에 제시된 주요 사항의 조정
- 실습생의 실습교육에 영향을 미칠 수 있는 기관의 긴장요인
- 해결되지 않은 파업과 노동, 관리 분쟁
- 실습지도자의 결근(한 주 이상의 경우)
- 실습생의 결석(한 학기 중 3일 이상의 경우)

3. 실습지도자의 책임

실습생과 실습지도자의 관계는 실습교육과정에서 가장 중요한 부분이다. 실습생에게 있어 실습지도자는 현장의 교육자이면서 사회복지사로서 역할모델이자 학생들의 성장과 발전에 대한 평가자이기도 하다. 실습지도자 자신도 실습생을 교육하면서 실습생과 함께 새로운 사실들을 배우고 또한 실습생으로부터 배울 수 있다는 마음가짐을 갖는 것도 중요하다. 다음은 실습지도자의 책임에 관한 내용이다.

(1) 실습지도자는 실습생 교육에 대한 책임을 인식하고 이를 성실히 수행할 수 있어야 한다.
(2) 실습지도자 자신이 사회복지 실천가로서 실습생의 귀감이 될 수 있어야 한다. 실습지도자는 사회복지실천 가치와 윤리강령을 준수하고 사회복지전문지식과 실천기술을 갖추고 이를 현장에서 적용할 수 있는 자라야 한다.
(3) 실습교육 전에 실습지도 목적과 지도 방침을 설정한다. 이와 관련하여 기관의 목적, 일정, 업무에 관한 '실습교육계획안'을 작성하고, 이를 실습생들에게 제시하고 대학의 실습지도교수에게도 전달한다.

(4) 실습지도자는 실습예정자와의 사전면접을 통해 예비실습생의 욕구를 이해하고 이에 적합한 교육이 이루어질 수 있도록 준비해야 한다.
(5) 실습교육에 요구되는 물품, 공간, 예산 등이 준비되었는지 사전에 점검한다.
(6) 실습이 시작되기 전에 오리엔테이션, 실습생을 위한 학습공간, 업무의 선정, 실습교육을 위한 협조인력 등을 미리 준비한다.
(7) 기관내 직원들에게 실습계획 및 일정을 공지하고 실습생을 공식적으로 소개시킨다.
(8) 실습교육을 위해 업무시간을 할애할 수 있도록 기관의 지원을 받는다.
(9) 관련이론이나 지침에 대한 교육 그리고 정기적이고 구체적인 수퍼비전을 제공해야 한다.
(10) 동료나 타 기관의 사회복지실습과 자신이 지도하는 실습을 비교・분석하여 가장 바람직한 교육을 제공하도록 노력한다.
(11) 사회복지 교과과정 내용에 대한 포괄적인 이해가 있어야 한다. 만약 학교에서 교육받지 못한 지식이나 기술과 관련된 부분이라면 이에 대한 부수적인 교육을 수행해야 한다.
(12) 실습생을 위해 실무지도뿐 아니라 정서적 지지 또한 제공할 수 있어야 한다.
(13) 실습생들이 현장을 경험하면서 겪는 어려움과 딜레마, 자기능력의 한계 등을 실습지도자에게 개방할 수 있도록 지원하고 이를 해결할 수 있도록 도움을 준다.
(14) 실습목표에 적합한 과제를 제시하고 과제물에 대한 적절한 피드백을 제공한다.
(15) 실습교육목표에 부합하는 실습지도를 수행할 수 있도록 학교와 협조체계를 유지한다.
(16) 실습생을 파견한 대학에서 주최하는 실습지도자 간담회 또는 실습지도교수와의 세미나 등에 참여한다.
(17) 실습과정 중 발생할 수 있는 모든 문제에 관해 실습지도교수와 협의할 수 있는 시간을 갖는다.

(18) 실습생의 업무수행능력과 태도를 평가한다.
(19) 실습평가서를 작성하고, 실습종결 후 밀봉하여 해당대학에 우편 발송한다.

4. 학교의 책임

대학은 전체 사회복지 교육과정 내에서 현장실습을 기획하고 운영하는 주체이다. 따라서 대학의 현장실습에 대한 관심과 준비 그리고 지원 여부가 현장실습에 지대한 영향을 미친다. 특히 실습지도교수는 대학의 실습교과목을 기획 운영하며, 기관과 협의하에 현장실습을 진행하고, 학생들에게 실질적인 수퍼비전 등을 제공한다. 따라서 현장실무경험이 풍부한 전임교수가 실습지도를 담당하는 것을 권장한다. 실습교과목 운영을 기획하고 대학을 대표하여 기관과 유기적 관계를 맺고 학생들을 통솔하여 밀착된 수퍼비전을 수행하기 위해서는 외래교수보다는 전임교수가 더 적절하기 때문이다. 다음은 학교와 실습지도교수의 책임에 대한 구체적인 내용이다.

(1) 한국사회복지사협회, 한국사회복지교육협의회의 실습교과목 운영지침을 숙지하고 이를 반영하여 실습교육을 수행한다.
(2) 실습 오리엔테이션을 기획하고 운영한다.
(3) 현장실습과 관련된 행정적 절차를 총괄한다.
(4) 실습교육의 질적인 향상을 위해 기관의 실습계획서를 점검하고 기관과 실습지도자의 의견을 수렴하고 협의할 수 있도록 간담회 및 세미나를 주최한다.
(5) 실습교육과정의 지속적인 평가와 개발에 있어 실습지도자들을 참여시킨다.
(6) 실습생을 실습기관과 실습지도자에게 위임하고 적극적으로 지원한다.
(7) 실습에 참여하는 학생들에게 정서적 지지를 제공하고 현장에서 부딪히는 어려움을 해결할 수 있도록 수퍼비전을 제공하여 효과적으로 과업을 수행하도록 돕는다.
(8) 실습생이 실습기관이나 실습지도자와의 갈등으로 어려움을 겪을 경우 이를 중재한다.

(9) 실습기간 중 최소 1회 이상 기관방문을 실시한다. 기관방문 시에는 실습생의 학습 진전 여부, 실습생이 겪는 어려움, 기관실습지도자의 고충, 추후 현장실습방향에 대한 논의, 학교 내 실습교육에서 보완해야 할 사항, 기관과의 협조사항 등을 파악한다.

(10) 직접적인 방문 외에도 전화통화나 대학에서 주최하는 간담회 등을 통해 실습지도자와 원활한 의사소통이 가능하도록 노력한다.

(11) 실습 교과목 운영 시 학생들의 실습내용 및 과업에 대한 발표, 이에 대한 수퍼비전, 토론, 실습내용 및 과업과 관련된 이론강의 등이 함께 진행되도록 한다.

(12) 실습세미나 등을 통해 학생들이 자신들의 실습경험을 공유하고 확장할 수 있도록 지원한다.

(13) 실습생의 실습수행과정 및 결과에 대해 평가한다.

(14) 실습기관의 피드백을 반영하여 교육과정과 내용을 수정, 보완한다.

Ⅱ. 실습 수퍼비전

수퍼비전(Supervision)은 사회복지실천의 초창기부터 실천의 주요 영역으로 다루어져왔다. 그 이유는 수퍼비전이 초보실천가(new practitioners)들을 준비시키는 데 결정적일 뿐 아니라 서비스 전달체계의 질을 통제할 수 있는 수단이기 때문이다(Sheafor and Horejsi, 2006). 사회복지실천 영역에서와 마찬가지로 사회복지 교육영역에서도 수퍼비전의 중요성이 지속적으로 강조되어왔으며(Brashears, 1995 ; Mattinson, 1975), 오랜 세월 동안 학자, 이론가, 실천가들은 사회복지 수퍼비전에 대한 올바른 정의를 내리고자 노력해왔다. 선행연구를 살펴보면 실습지도자들은 교사, 가능케 하는 자, 자문가, 관리자 등의 역할을 담당해왔다(Brashears, 1993).

학생(실습생) 수퍼비전과 이들의 역할에 대한 개념적인 정의도 학자에 따라 다르다. 그러나 일반적으로 실습지도자는 실습생을 관리하고, 교육하며, 점검하며,

가르치고, 사정하며, 도전하고, 지원하는 역할을 수행한다. 전통적으로 학생(실습생) 수퍼비전은 사회복지실천가의 직업진로의 발달적 단계(developmental step)로 간주되어 왔다(Davys and Beddoe, 2000). 학생을 대상으로 한 수퍼비전의 목표는 학생들이 사회복지실천가로서 능력을 향상시키고 전문가로서 갖추어야 할 태도를 내면화시키며, 앞으로의 직업진로를 발전시켜 나갈 수 있도록 기회를 제공하고 교육하는 데 있다. 학생들은 수퍼비전을 활용하여 자기개발을 촉진하고, 전문인으로서의 진로를 개발해나갈 수 있어야 한다.

일반적으로 사회복지현장실습에서 실습생의 교육과 훈련을 담당하는 사회복지사를 실습지도자라 칭하며, 이들은 학교의 실습지도교수와 함께 현장에서의 교수기능을 수행한다(양옥경 · 최소연 · 이기연, 2007). 따라서 실습지도자는 실습생들이 전문 사회복지실천가로서 성장하고 발전해나갈 수 있도록 지도해야 하는 책임이 있다.

1. 수퍼비전의 개념 및 기능

수퍼비전(supervision)은 라틴어의 super(over, 위에서)와 videre(to watch, to see, 지켜보다)의 합성어에서 그 어원을 찾을 수 있다(양옥경 · 최소연 · 이기연, 2007 : 15). 이러한 의미에서 실습지도자(supervisor)는 타인이 하는 일을 지켜보는 감독자(overseer)라 할 수 있다. 사회복지 실습현장에서 수퍼비전이란 전문적인 지식, 기술, 경험 등을 갖춘 유능한 실습지도자가 훈련을 이수하는 실습생에게 사회복지의 지식과 실천기술을 교육하기 위해 광범위하게 사용하는 행정적 · 교육적 · 지지적인 기능을 갖는 복합적인 과정이다. 수퍼비전의 3대 기능을 살펴보면 다음과 같다(Kadushin, 1992).

1) 행정적 기능

수퍼비전의 행정적인 기능이란 실습생이 기관의 정책과 절차를 정확히 이해하고, 자신의 업무를 적절하고 효율적으로 수행을 할 수 있도록 지원하는 것이다(Smith, 2005). 실습지도자는 실습생(supervisee)의 일을 지켜 볼 수 있는 권한을 기관으로부터 부여받아 기관의 정책이 제대로 수행되고 있는지를 확인하고, 실습생이 자신의 능력을 최대한 발휘하여 업무에 임할 수 있도록 지원한다(Brown and Bourne, 1995). 실습생이 실무를 효과적으로 수행하도록 작업환경을 조성하고 실습생에게 업무를 할당하고 이를 조정, 감독, 평가하는 것 등도 수퍼비전의 행정적인 기능이라 할 수 있다. 참고로 실습지도자는 다음과 같은 사항을 고려하여 실습생의 업무를 배정하고 조정하는 것이 바람직하다(양옥경・최소연・이기연, 2007 : 32-33).

① 실습생 개인의 강점과 단점을 고려하여 업무분장을 한다.
② 업무배분 시 형평성을 잃지 않는다.
③ 과업배분 시 다양한 기준을 적용한다. 예를 들어, 같은 유형의 사례나 과업을 주기보다는 실습생이 다각적인 면에서 자신의 능력을 실험하고 발휘할 수 있도록 다양한 종류의 사례 및 과업을 접할 기회를 제공한다
④ 지나치게 단순한 업무보다는 업무나 사례가 실습생에게 도전과 자극을 줄 수 있는지 검토해야 한다.
⑤ 지나치게 많은 업무와 과제는 오히려 소진과 의욕상실을 가지고 올 수 있기 때문에 실습기간 동안 수행할 수 있는 적당한 양의 업무와 과제를 투여한다.
⑥ 업무분장과 과제 할당 시 실습생들이 의견을 표현할 수 있도록 참여시키고, 업무와 관련된 내용을 토의할 수 있는 기회를 제공해야 한다.

2) 교육적 기능

수퍼비전의 교육적 기능은 실습생의 전문지식과 기술발전을 도모하며, 실습생의 자질향상과 자아의식을 높이는 데 초점을 둔다. 교육적 수퍼비전의 궁극적인 목표는 실습생의 무지함을 없애고 사회복지실천기술을 향상시키는 것이다. 예를 들면, 실습생과 클라이언트 간의 상호작용을 상세하게 분석함으로써 사례접근과 개입에 필요한 지식과 기술 및 태도를 가르치고, 원조과정에서 필연적으로 나타나는 실습생의 버릇이나 성격 등을 자각시켜 수정할 수 있도록 한다. 교육적 수퍼비전을 통해, 실습지도자는 실습생이 자율적으로 일할 수 있도록 격려하고 자

신의 잠재력과 능력을 개발하여 발전시켜 나갈 수 있도록 지도한다. 또한 실습지도자는 실습생이 클라이언트에 대한 이해를 높이고, 클라이언트에 대한 자신의 반응을 보다 깊게 인식하며, 클라이언트와의 상호작용의 역동성을 이해하고, 다양한 개입방법을 습득할 수 있도록 교육한다(Hawkins and Shohet, 1989).

3) 지지적 기능

수퍼비전의 지지적 기능은 사회복지사의 사기(morale)와 직업만족 향상에 초점을 둔다. 사회복지사는 직업과 관련된 다양한 스트레스를 직면하게 되고, 이러한 스트레스를 적절히 해결하지 못할 경우 심각하게 업무에 방해를 받게 되며 결과적으로 만족스럽지 못한 서비스를 클라이언트에게 제공할 수 있다. 또한 스트레스는 소진과 관련이 깊다(Smith, 2005). 사회복지현장실습과 관련하여, 실습지도자는 실습생이 스트레스를 적절히 해결하고, 효과적으로 업무를 수행할 수 있도록 심리적, 대인관계적인 지원을 제공할 책임이 있다. 김융일(1988)은 수퍼비전의 기능별 목표 및 내용, 과제들을 다음과 같이 제시하였다(김융일 · 양옥경, 2002).

〈표 2-1〉 수퍼비전의 기능별 목표 및 주요 내용

구 분	행정적 수퍼비전	교육적 수퍼비전	지지적 수퍼비전
목 표	작업 배경 제공	업무능력 개선	업무만족감 지원
장애물	비합리적 조직	무지와 낮은 인지능력	정서 불안정
내 용	조직의 구조와 사회복지사의 업무를 도울 수 있는 기관 자원 제공	업무에 필요한 지식과 기술 제공	효과적으로 업무를 수행할 수 있도록 심리적이고 대인관계적인 자원 제공
관 심 영 역	효율적인 조직에 사회복지사를 연결시켜 사회복지사가 조직의 구조와 자원을 효율적으로 이용할 수 있게 하는 데 관심을 둠	지식과 기술의 향상을 통해 사회복지사의 효율성을 증대시키는 데 관심을 둠	업무수행을 방해하는 스트레스를 줄이고 사기를 증진시켜 사회복지사의 효율성을 증대시키는 데 관심을 둠
사회복지사 모 델	효율적으로 과제를 수행하는 사회복지사	자질 있고 능력 있는 사회복지사	공감적이고 이해심 많은 사회복지사
과 제	1. 직원의 채용과 선발 2. 직원의 임명과 배치 3. 업무계획 4. 업무할당 5. 업무위임 6. 업무 모니터링 (검토 및 평가) 7. 업무 조정 8. 의사소통 촉진 9. 행정적 완충 10. 변화 대행	1. 가르침 2. 학습촉진 3. 훈련 4. 경험과 지식 공유 5. 정보 제공 6. 명확화 7. 지침 제공 8. 사회복지사 원조 9. 전문적 성장 제고 10. 조언, 제안, 문제해결 원조	1. 스트레스 유발 상황 방지 2. 스트레스 해소 3. 스트레스 대처 원조 4. 신뢰 형성 5. 관점 공유 6. 결정에 대한 책임 공유 7. 성공을 위한 기회 제공 8. 동료를 통한 지지 제공 9. 업무관련 긴장완화

출처 : 김융일·양옥경(2002 : 16).

2. 실습기관의 실습지도자의 역할 및 업무

사회복지 발달과정에서 사회복지실천의 전문성 향상을 위해 수퍼비전이 결정적이었듯이, 사회복지현장실습에서 학생들이 실습목표를 성공적으로 달성하기 위해서는 체계적이고 전문적인 수퍼비전이 필요하다. 사회복지학과 학생들의 실습만족도에 관한 선행연구들을 살펴보면, 수퍼비전의 질(Fortune, et al., 1989), 이론과 실천에 대한 명확한 설명(Fortune and Abramson, 1993), 실습지도자의 열정과 실천에 관한 지식(Marsh and Triseliotis, 1996), 그리고 업무수행에 대한 지속적인 피드백(Kissman and Van Tran, 1990) 등이 실습생들의 실습 만족도에 영향을 주는 것으로 밝혀졌다(Maidment and Woodward, 2002 재인용).

일반적으로 기관에서 임명된 실습지도자(field supervisor)는 기관의 정책과 방침에 따라 첫째, 실습생의 실습업무가 효율적으로 이루어지도록 책임지고, 둘째, 실습생이 학교에서 배운 전문지식과 기술을 활용하고 실습 수퍼비전을 통해 습득한 새로운 지식과 기술을 이용하여 클라이언트에게 질 높은 서비스를 전달하도록 지도하며, 마지막으로 실습생이 자신의 능력과 한계에 대한 통찰력을 갖고 클라이언트를 원조하며 전문인으로서 성장할 수 있도록 지도한다.

앞서 언급한 바와 같이 실습지도자의 역할은 다양할 수 있으나, 여러 학자들에 의하면 실습지도자의 주요 역할 중 하나는 실습생의 역할모델이 되는 것이다. 실습생은 실습지도자를 모델로 하여 사회복지의 가치, 윤리, 지식, 기술을 배우게 된다. 따라서 실습생은 실습지도자의 실습생, 동료, 클라이언트 등 타인과의 교류방식, 전문적인 행동과 태도 등을 관찰함으로써 이론과 기술을 어떻게 실무에서 활용해야 하는지 배울 수 있다(Bogo, 1993). 더 나아가 실습생은 실습지도자와의 상호작용을 통해 전문사회복지사로서 갖추어야 할 태도와 행동에 대해 구체적으로 관찰하고 배우게 된다.

한편, 실습지도자의 역할은 실습지도자와 실습생의 '관계'를 통해 이루어지므로 효과적인 실습지도를 위해 실습지도자의 자기인식(self-awareness)이 요구된다. 즉, 실습지도자는 자신의 강·약점, 전문적 지식수준, 자신이 가지고 있는 편견, 선입견, 스트레스, 수퍼비전 스타일에 대한 면밀한 통찰이 필요하다.

실습지도자는 실습생과 함께 자신이 갖고 있는 지식과 기술, 정보와 자료를 공유하고 토론한다는 점에서 상호 협력적이며 수평적인 관계를 유지하는 것이 바람직하다. 실습지도자는 실습생들에게 무엇이 진실이고 무엇이 클라이언트에게 있어서 최상의 것인지 가르쳐 주는 것보다는 실습생이 수퍼비전을 받는 과정에서 공감, 수용, 지지를 경험할 수 있도록 하는 데 의미를 두어야 한다. 이러한 경험은 실습생과 클라이언트의 관계에서 재현되어 실습생이 클라이언트를 자연스럽게 공감하고, 수용하고, 지지하는 것을 가능하게 한다. 다시 말하자면, 실습생들은 실습지도자와 상호작용을 통해 다양한 실천기술(예 공감, 수용, 지지, 계약, 직면 등)을 배우며, 이것을 원조과정에 적용하게 된다(Caspi and Reic, 2002).

실습지도자는 수퍼비전을 통해 가르치는 기술을 향상시킬 기회를 가지며, 다른 한편으로는 지도하는 과정에서 실습생으로부터 창조적이고 진보적인 생각, 최신 이론과 사회복지 실천기술에 관해 많은 도전과 자극을 받게 되고, 이러한 실습생들의 아이디어와 에너지를 활용하여 기관의 서비스와 프로그램을 향상시키는 데 공헌할 수 있는 기회를 갖게 된다. 실습지도자와 실습생은 상호 협력적이며 자발적이고 생산적 관계를 형성함으로써 기관의 발전에 긍정적인 영향을 미친다. Davys and Beddoe(2000)는 실습기간 동안 실습지도자가 수행해야 할 업무를 <표 2-2>와 같이 설명하고 있다.

〈표 2-2〉 **실습지도자 업무의 설명도(Map of a Supervisory Tasks)**

1. 준비단계 (Preparation)	
파악하기	• 자신의 개인적인 가치 • 자신이 선호하는 실천이론 • 사회복지전문직에 대한 개인적인 태도와 견해 • 수퍼비전 제공의 가능성(시간적으로 가능한가? 등) • 실습생 역할에 대한 이해 • 자신이 속한 기관에 대한 책임 • 자신과 실습생에 대한 기관의 기대 • 실습생을 보낸 학교에 대한 책임 • 자신과 실습생에 대한 학교의 기대 • 기관에서 제공되는 학습기회 • 실습생을 배치하기 위해 필요한 자원 • 실습생과 기관 간의 갈등과 혼란이 발생 할 수 있는 영역
준비하기	• 실습오리엔테이션
2. 시작단계 (Beginning)	
협상하기	• 실습생과 함께 교육계획 세우기 – 학습욕구와 일치한 학습목표 세우기 – 실습생이 담당하게 될 업무를 명료화하기 – 업무와 학습기회를 매치시키기 – 평가방법을 구체화하기
조사하기	• 기대했던 것과 차이가 나는 것을 조사하기

승인하기	• 수퍼비전을 위한 계약
준비하기	• 실습승인과 관련된 학교 실습지도자의 방문 등을 준비 • 학생의 업무목록 작성
3. 중간단계(Middle)	
종사하기	• 현장실습지도와 관련된 제반업무 관장
제공하기	• 수퍼비전 제공 • 실습생에게 과제를 부여하고, 감독하며, 지속적인 피드백 주기
준비하기	• 실습생의 중간평가를 위한 학교 실습지도자의 방문 준비
유지시키기	• 실습생과의 관계 유지
4. 종결단계(Ending)	
원조하기	• 학생이 실습을 성공적으로 마무리할 수 있도록 원조
평가하기	• 학생의 업무 수행과 학습목표 달성 여부에 대한 평가
준비하기	• 실습 평가서 준비
제공하기	• 학생이 현장실습을 완수할 수 있도록 기회를 제공하고 작별인사 하기
종결하기	• 실습지도자/실습생 쌍방이 코멘트와 피드백을 주고받는 수퍼비전 제공

출처 : Davys and Beddoe(2000 : 441).

3. 수퍼비전의 유형

1) 개별 수퍼비전(Individual Supervision)

가장 전통적인 방법인 개별 수퍼비전은 실습지도자와 실습생의 일대일 관계 안에서 이루어진다. 사례에 따라 정기적으로 장기간에 걸쳐 행해지는 수퍼비전에서부터 필요에 따라 비정기적으로 행해지는 수퍼비전까지 다양하다. 개별 수퍼비전 제공 시 실습생의 자기인식을 촉진하기 위해 실습지도자의 의도적인 개입이 요구된다.

2) 집단 수퍼비전(Group Supervision)

사례발표나 사례회의는 집단 수퍼비젼을 제공하기 위해 종종 활용된다. 다수의 실습생이 함께 모여 사례나 사회복지 프로그램 전반의 진행과정에 대해 토론함으로써 동료 간, 또는 실습지도자와 실습생 간에 서로의 경험을 공유하고 원활한 의사소통을 꾀하며 집단 내에서 문제해결과정을 경험하기도 한다.

3) 라이브 수퍼비전(Live Supervision)

라이브 수퍼비전은 1960년 후반에 Jay Haley와 Salvador Minuchin이 초보가족치료사를 훈련하는 도구로 사용하면서 시작되었다(Bernard & Goodyear, 1998). 이들은 세션이 진행되는 동안 치료사를 지도하고 코치하기 위해 이 방법을 사용하였다.

사회복지현장실습에서의 라이브 수퍼비전은 실습지도자가 실습생이 제공하는 서비스 현장에 함께하여 실질적인 수퍼비전을 제공하는 것을 의미한다. 예를 들어, 실습생이 클라이언트를 면접하는 옆자리에 실습지도자가 앉거나 실습지도자가 일방경(one side mirror)을 통해 실습생이 진행하는 실천과정을 관찰하는 경우를 들 수 있다. 라이브 수퍼비전은 기록에 의지하지 않고 생생한 장면을 양자가 직접 경험할 수 있다는 것이 장점이다. 반대로 생활시설이나 주간보호센터(Day Care Center) 등의 시설에서는 실습지도자가 실천하는 현장에 실습생이 자연스럽게 참여할 수 있다. 클라이언트에 대한 서비스와 실습생에 대한 교육이 함께 이루어지는 상황에서 실습지도자는 더욱 신중해야 하며, 클라이언트로부터 참관에 대한 동의를 사전에 받아야 한다.

4) 동료집단 수퍼비전(Peer Group Supervision)

동료집단 수퍼비전은 전형적인 수퍼비전의 형태라고 할 수 없지만 동료 간의 상호교류 자체가 사회적 지지의 역할을 한다는 점에서 가치가 있다. 실습지도자의 개입이나 참관 없이 실습생들은 서로의 사례를 검토하며 자연스러운 분위기 속에서 자기의 의견과 생각을 표현할 수 있는 기회를 가질 수 있다.

5) 공동 수퍼비전(Co-Supervision)

공동 수퍼비전은 교육학이나 집단지도에서 가져온 수퍼비전으로 집단을 공동으로 운영하는 것과 관련있다. 공동 수퍼비전은 최근 들어 효과적이며 효율적인 모델로 사회복지현장실습에서 활용되기 시작했다. 한 명 이상의 실습지도자들이 실습지도의 책임을 나누는 것으로 효율적 자원분배를 위한 프레임워이라 할 수 있는데, 공동 수퍼비전을 통해 학생들은 보다 쉽게 수퍼비전을 받을 수 있고, 폭넓은 지식, 경험, 관점들을 배울 수 있으며, 다양한 학습기회를 부여받을 수 있다(Coulton and Krimmer, 2005).

6) 임시 수퍼비전(Ad Hoc Supervision)

임시 수퍼비전이란 수퍼비전 시간을 별도로 정하지 않고 짧은 회합을 통해 실습생들의 의문점을 해결하기 위해 마련된다. 임시 수퍼비전을 통해 실습생들은 문제를 신속히 해결하고 짧은 시간 내에 교육의 기회를 포착할 수 있는 장점이 있다(Sheafor and Horejsi, 2006).

7) 사례발표(Case Presentations)

정기적으로 진행되는 미팅으로, 한 명 혹은 그 이상의 실습생이 자기가 맡은 케이스나 프로젝트에 대해 발표하는 것이다. 사례발표 시 실습지도자와 타 실습생들은 발표자의 수행능력을 향상시킬 수 있는 방안을 제시한다(Sheafor and Horejsi, 2006).

4. 수퍼비전의 활용

1) 기관 수퍼비전 활용

기관의 수퍼비전은 실습교육의 일환으로 이루어진다. 실습생은 기관의 실습지도자로부터 다양한 업무에 대한 지도와 평가를 받음으로써 본인에게 주어진 실습업무를 효과적으로 수행할 수 있도록 도움을 받게 되며, 이를 적극적으로 활용함으로써 실습 목표를 달성할 수 있다.

2) 학교 수퍼비전

학교에서 이루어지는 수퍼비전은 학교 실습교육의 중요한 부분으로 실습담당 교수는 실습기관에서 충족시키지 못한 학생들의 욕구를 채워주는 역할을 한다. 수퍼비전의 방법으로는 '집단 수퍼비전'과 '개별 수퍼비전'이 있다. 학생들은 실습지도교수와의 수퍼비전 시간을 통해 기관에서 배운 새로운 지식과 기술을 구체화시킬 수 있다.

Ⅲ. 실습생이 직면하게 되는 문제상황과 대처방안

1) 실습생의 지각 및 결석

성실성은 실습생이 지녀야 할 가장 중요한 덕목 중 하나이다. 질병이나 가족의 사고, 사망 등으로 부득이하게 지각이나 결석을 하게 될 때에는 기관의 실습지도자께 반드시 연락을 드리고 결석으로 인한 업무공백은 반드시 보충하도록 한다.

2) 실습업무량

과다 업무나 부족한 업무는 실습생의 의욕과 동기를 저해하는 요인이다. 실습기간 동안 업무가 지나치게 많거나 부족할 경우, 이에 대해 실습지도자와 논의하고, 이후에도 개선이 되지 않으면 학교 실습지도교수에게 보고한다.

3) 실습생의 업무내용

이상적인 실습은 실습생이 예비사회복지사로서 실습기관의 업무를 있는 그대로 경험하고 클라이언트에게 직접 서비스를 제공해 보는 것이다. 그럼에도 불구하고 기관의 여건상 실습기간 내내 직접 서비스보다는 교육만 실시하거나 부족한 일손을 메우기 위한 보조인력 수준의 업무수행만이 진행되는 경우도 있다. 실습생은 실습 내용과 관련된 문제를 해결하기 위해 먼저 실습지도자와 논의한 뒤 그럼에도 불구하고 개선되지 않을 경우 실습지도교수에게 보고한다.

4) 적절한 실습지도의 부재

기관의 실습지도자는 현장실습기간 동안 실습생에게 수퍼비전을 제공할 책임과 권한이 있다. 그러나 실습지도자의 업무과다나 실습에 대한 관심 부족 혹은 개인적 사정 등으로 인하여 실습생에 대한 수퍼비전이 불성실하게 이루어지는 경우가 종종 있다. 실습지도자가 부재 시에는 관련직원이 실습지도를 대체할 수 있어야 한다. 실습지도자의 불성실이나 무관심으로 인해 실습지도가 이루어지지 않을 경우, 실습생은 실습지도자에게 정기적인 수퍼비전을 요청할 수 있고 그래도 시정이 되지 않으면 학교 실습지도교수에게 보고한다. 실습기관에서 적절한 실습 수퍼비전을 기대할 수 없을 경우, 학교 실습지도교수는 해당학생에 대한 실습지도를 강화한다.

5) 실습기관의 변경

현장실습은 학교와 산업체인 기관 간의 계약으로 이루어지므로 실습기관 변경은 매우 드물게 발생한다. 그럼에도 불구하고 기관의 문제, 실습지도자의 문제 또는 실습생 개인의 문제 등으로 인하여 더 이상 해당기관에서 실습을 수행하기 어려울 경우가 있다. 이때 실습지도자나 실습생은 먼저 실습담당교수에게 이 상황을 보고해야 하며 담당교수는 실습기관, 실습지도자, 해당실습생 등과 조정을 위한 노력을 한 뒤, 그래도 개선이 어려울 경우에는 기관에 충분히 양해를 구하고 해당학생을 다른 실습지에 배치하도록 한다.

6) 현장에서의 갈등상황과 대처방법

사회복지실천은 인간을 대상으로 하기 때문에 실습생은 실습지에서 가치갈등을 경험 할 수 있다. 예를 들어 재가복지 대상자인 클라이언트가 기관에서 보내준 후원물품을 이웃에게 매매하고 그 돈으로 술을 사마신다는 것을 알게 되었을 때, 집에서 치매 증상이 있는 어머니를 돌보고 있는 클라이언트가 어머니가 혼자서 외출하는 것을 막기 위해 방문을 밖에서 걸어 잠그고 출근한다는 것을 알게 되었을 때 실습생은 가치갈등을 겪을 수 있다. 실습생들은 위와 같은 갈등상황들에 직면했을 때 사회복지 실천윤리에 기반한 결정을 내릴 수 있어야 한다. 이를 위해 실습지도자나 실습지도교수의 적절한 수퍼비전이 필요하다.

7) 실습생의 개인정보 노출 문제

클라이언트가 실습생의 학력이나 나이, 결혼여부 등 개인적 정보에 대해 질문하는 경우가 있는데 그 이유는 다양하다. 실습생과 더 친밀해지고 싶어 개인적인 관심을 갖는 경우도 있고, 실습생이 과연 자신을 도울 수 있는 사람인지를 파악하기 위해 사적인 정보를 요구할 때도 있다. 이와 같은 상황에서 실습생의 지나친 방어적인 태도는 클라이언트와의 관계형성에 별 도움이 되지 않는다. 만약, 클라이언트가 실습생의 미숙함이나 경험 부족을 우려하고 있다면 클라이언트의 불안에 대해 충분히 공감하며 자신이 어떻게 노력할 것인지를 구체적으로 설명하는 것이 좋다. 만약 클라이언트가 실습생에 대해 사적인 친밀감을 요구한다면 실습생과 클라이언트 간의 관계는 전문적인 관계로 제한되어 있음을 알려 준다. 기관에 따라 실습생의 휴대폰번호나 이메일의 공개 여부에 대한 지침이 다르므로 이에 대해 확인한 후 적절히 행동한다.

8) 실습생 개인의 안전

사회복지서비스를 수행함에 있어 무엇보다 우선시 되어야 하는 것은 사회복지사의 안전이다. 그러므로 실습기관은 실습생에 대해서도 안전한 환경을 보장해야 한다. 기관 내에서뿐 아니라 기관 밖에서의 업무에서도 안전을 보장할 수 있어야 한다. 일부 기관에서는 운전이 미숙한 실습생에게 외출 시 운전을 맡기는 경우가 있는데, 이에 대한 점검이 필요하다. 가정방문 시 실습생 2명이 함께 한다거나, 난폭한 클라이언트의 행동에 대해 실습생 혼자만 감당하게 하지 않는다거나, 보안벨을 준비하여 유사 시에 벨을 눌러 도움을 청할 수 있게 하는 등 기관은 정책적으로 안전보장지침을 마련해야 한다. 기관에서는 실습생을 위한 상해보험을 마련할 필요가 있다. 사회복지서비스를 수행함에 있어 무엇보다 우선시 되어야 하는 것은 사회복지사의 안전이다.

9) 성희롱 문제

최근 직장이나 학교 내 성희롱 문제에 대한 관심이 증가하고 있다. 특히 상사와 부하직원, 교수와 학생, 실습지도자나 직원과 실습생, 직원과 클라이언트 등 불평등한 관계를 이용한 성희롱이 문제시되기 때문에 실습생은 직장 내 성희롱 대응절차에 대해 정확히 숙지할 필요가 있다. 실습생은 실습지도자를 비롯한 기관의 직원들, 또한 클라이언트와 윤리적이고 전문적인 관계를 유지하며, 실습지도자도 윤리적 원칙을 반드시 지켜야 한다. 실습기관에서 성희롱 문제가 발생할 경우 실습생은 이를 실습담당교수에게 즉시 보고하고 대처방안을 함께 모색하도록 한다.

10) 실습기관이나 실습지도자의 비윤리적 행위

현장실습을 통해 실습생은 사회복지사로서의 역할과 업무, 실천현장을 이해하게 된다. 실습은 질 높은 예비사회복지사를 양성하는 목적이 있으므로 실습기관이나 실습지도자는 모범이 되어야 한다. 그럼에도 불구하고 실습생이 실습기관이나 실습지도자의 비윤리적인 행위를 목격하거나 발견하였을 때에는 실습지도교수에게 보고하고 이에 대한 대처방안을 지도받는다.

11) 실습생 자신의 정서적 문제

실습생들 중 일부는 실습에 적응하기 위해 지나치게 신경을 쓰거나 과도한 스트레스를 받는 경우가 있다. 또는 미해결된 개인적 문제나 정신적인 어려움으로 실습지에서의 적응이 힘들 때도 있다. 이때에는 자신의 정서적 어려움에 대해 전문상담을 받거나 실습담당교수에게 보고하여 적절한 도움을 받는다.

Social Work Field Practicum

03

실습과제 및 보고서 작성지침

CHAPTER 03

실습과제 및 보고서 작성지침

Ⅰ. 실습 전 준비사항

1. 실습신청서와 실습생 프로파일

실습예정자가 실습을 준비하면서 작성해야 하는 문서는 실습신청서와 실습생 프로파일이다. 실습신청서와 실습생 프로파일 작성 시 실습생 자신에 대한 정확한 정보를 기입하고 연락 가능한 이메일이나 휴대폰 번호를 기입하여 유사시에 원활한 연락이 이루어지도록 한다.

실습생 프로파일의 내용 중 사회복지 전공 동기나 실습기관 선택 이유 등은 성의 있게 구체적으로 작성한다. 실습목표는 구체적이고 측정가능하여야 하며 기한 내에 달성 가능하고 현실적인 것으로 제시하는 것이 중요하다. 사회복지실천에 있어 자신의 강점과 약점을 작성할 때에는 강점을 중심으로 정직하게 긍정적으로 제시한다. 강점중심의 시각을 가지고 자신의 강점을 그체화하고 약점을 보완할 수 있는 사람이 클라이언트의 강점도 잘 발견할 수 있음을 명시해야 한다. 이와 더불어 실습을 통해서 배우고 싶은 것, 실습지와 학교의 실습지도자에게 바라는 점 등을 공손하게 기재한다.

〈실습신청서 작성의 예〉

학생 1

실 습 신 청 서

실습기관 : ○○종합사회복지관

1. 실습생 인적사항

<table>
<tr><td>이 름</td><td colspan="2">김○○</td><td colspan="2">생년월일</td><td>19**년 6월 5일</td></tr>
<tr><td>소속대학교(원)</td><td>○○ 대학교</td><td>전공</td><td>사회복지</td><td>실습학년·학기</td><td>3학년 2학기</td></tr>
<tr><td>현주소</td><td colspan="5">서울시 강서구 방화동 ○○번지</td></tr>
<tr><td>전화번호</td><td colspan="2">집 : 123－4567</td><td colspan="3">핸드폰 : 010－○○○－○○○○</td></tr>
<tr><td>E-Mail</td><td colspan="5">kss202@hanmail.net</td></tr>
</table>

2. 실습 의뢰내용

실습 부서	주간보호소팀, 주간보호센터
실습 분야	노인복지
실습 내용	복지관 업무를 경험하고 주간보호센터 업무 보조
실습 기간	2010. 06.20 – 07.20

* 상기 내용으로 귀 기관에 실습신청을 의뢰하며 실습생 신상서를 동봉합니다.

신청인(학생명) : 김○○ 인
실습지도교수 : 이○○ 인
학 과 장 : 박○○ 인

〈실습생 프로파일 작성의 예〉

학생 2

실습생 프로파일

1. 인적사항

실습생명		성 별		생년월일	
소 속	대학교(원) 전공 학년(학기)				
현 주 소					
전화번호	집 : 핸드폰 :		E-mail		

2. 이수 전공과목

교과목명	이수 완료	현재 이수	교과목명	이수 완료	현재 이수	교과목명	이수 완료	현재 이수
인간행동과 사회환경			사회복지실천론			사회복지실천기술론		
지역사회복지론			사회복지정책론			사회복지행정론		
사회복지법제론			사회복지조사론			※ 상기 8교과목은 자격시험 필수 교과로, 4과목 이상 이수해야 실습신청이 가능함		
사회복지개론			사회복지자료분석론			프로그램개발과평가		
가족복지론			아동복지론			청소년복지론		
노인복지론			여성복지론			장애인복지론		
정신건강론			정신보건사회복지론			의료사회사업론		
학교사회사업론			산업복지론			자원봉사론		
사회문제론			사회복지발달사			사회보장론		
교정복지론			사회복지수퍼비전론			사회복지현장실습		
사회복지윤리와철학								

3. 경력

구 분 (취업, 실습, 봉사)	기 관	기 간	내 용
			업무 내용 및 역할을 명료히 제시할 것
1차 실습	서울종합사회복지관	2011.07.01~ 2011.07.30	가족지원팀 업무지원 어린이캠프, 청소년멘토링 프로그램 진행보조 조손가정 사례관리 지원
봉사	명랑주간보호센터	2011.03.10~ 2011. 07. 30.	치매어르신 대상 인지 프로그램 보조

4. 사회복지를 전공하게 된 동기

고교시절부터 어머니와 함께한 자원봉사활동을 통해 사회복지 전문직을 알게 되었고, 할머니가 치매로 고생하시다 돌아가셔서 노인복지에 대한 관심을 갖게 되었습니다. 현재 급속히 노령사회로 치닫고 있는 우리나라 사회현상을 반영하여 노인복지분야가 전망이 밝다고 가족이 적극적으로 권유하고 저 또한 노인복지분야의 전문가가 되고자 사회복지를 전공하게 되었습니다.

5. 실습기관 선택이유

귀 기관이 종합사회복지관임에도 불구하고 노인복지사업이 활성화되어 있어 종합사회복지관의 지역사회 서비스 전반과 노인복지사업을 모두 경험하고 싶어 지원하게 되었습니다.
부족하지만 학교에서 배운 이론을 실제에 적용할 기회를 갖고, 전문가로서 갖추어야 할 태도, 지식, 기술을 습득하여 사회복지사의 자질과 능력을 향상하고자 합니다.

6. 실습을 통해서 성취하고자 하는 목표

① 사회복지사 윤리강령을 준수하고 실습생으로서의 자세와 역할을 성실히 수행한다.
② 전문가로서의 자신의 강점과 약점을 분석하여 자신에 대한 통찰력을 높인다.
③ 기관분석을 통해 지역사회종합복지관의 조직 및 운영체계를 설명할 수 있다.
④ 사례관리과정과 개입방법에 대한 이해를 높이고 개입계획을 세울 수 있다.
⑤ 예비사회인으로서 의사소통 기술을 습득한다.
⑥ 종합복지관내 노인복지사업에 대해 설명할 수 있다.

7. 실습을 마친 후 목표달성 정도를 파악할 수 있는 기준

① 사회복지사 윤리강령과 대학에서 제시한 실습생 행동지침(자세와 역할)의 모든 사항을 적극적으로 준수했는지 여부를 5점 척도(1 = 아주 준수하지 않았다, 5 = 철저히 준수했다)로 평가하여 평균 4점 이상을 맞는다.
② 자기분석을 통해 자신의 강·약점을 파악하고 약점을 보완하기 위해 구체적인 노력을 실행한다.
③ 실습지의 조직 및 운영체계에 대한 정확한 정보를 동료들과 후배들에게 제공할 수 있다.
④ 사례관리 서비스계획을 세우고 이를 타인에게 설명할 수 있다.
⑤ 수퍼바이저, 동료실습생들과 원활한 관계를 유지했는지를 점검한다(종결평가서, 실습평가서 점수 확인).
⑥ 종합복지관내 노인복지사업을 분석하여 이것의 강점과 문제점을 실습세미나 수업에서 발표한다.

8. 사회복지를 실천하는데 있어 자신의 강점과 약점

① 사회복지 지식 및 기술의 측면 : 사회복지사 윤리강령과 사회복지실천 원칙을 정확히 숙지하고 있으며, 생태학적인 관점에서 사회문제를 분석할 수 있습니다. 집단 프로그램을 기획하고 진행할 수 있습니다.
② 개인적인 특성 측면 : 다양한 관점에서 상황을 이해하고, 긍정적이고 강점지향적인 삶의 자세를 갖고자 노력하고 있습니다. 매사에 최선을 다하고자 하며 원만한 대인관계로 인해 동아리 기장, 과대표 등 리더역할을 수행한 경험이 있습니다. 급한 성격으로 인해 업무처리가 신속하나 오탈자 등 꼼꼼함이 부족하여 이 부분을 보완하기 위해 문서작성 시 재차 점검하는 등의 노력을 기울이고 있습니다.

9. 취미 및 특기 : (자신의 취미와 특기를 사실에 근거하여 명료히 쓸 것)

수영, 등산, 자전거 타기 등 각종 스포츠를 즐겨 주말마다 관련 동우회 활동을 하고 있습니다. 또한 동우회 회원들과 함께 OO종합사회복지관의 청소년 멘토링 프로그램 등에 자원봉사자로 참여하여 청소년들과 스포츠활동을 함께 하고 있습니다.

10. 실습기관, 실습지도자 및 실습지도교수에게 바라는 점

귀 기관의 실습교육 일정표에는 "사회복지 실천에 있어 비영리조직의 경영전략"이라는 항목이 있습니다. 교육내용을 이해하기 위해 미리 읽어야 할 문헌이 있으면 추천해 주시기 바랍니다. 또한 제출한 과제에 대해 구체적인 피드백을 부탁드립니다.

2. 실습생 서약서

자신이 신청한 기관에 실습이 확정된 뒤 학생들은 선정된 실습기관에 사전방문을 하게 된다. 이때 기관에서 요구할 경우 실습생 서약서를 작성하게 된다.

〈실습생 서약서 양식〉

실 습 생 서 약 서

본인은 ○○ 기관의 실습생으로서 사회복지사 윤리강령을 준수할 것을 서약합니다.

실습 기간 동안 알게 되는 클라이언트와 기관에 대한 정보에 대해 비밀을 유지할 것입니다. 또한 실습 내용을 교육적 목적(학교 실습지도) 이외에는 발설하지 않을 것이며, 그 밖의 상황에서는 실습지도자와 사전 논의할 것을 서약합니다.

년 월 일

실습생 : (인)

○○ 기관 귀중

3. 자기소개서와 이력서

실습기관이 결정되면 예비실습생은 자기소개서와 이력서를 다른 서류들과 함께 준비된 실습보고서 바인더에 첨부하여 실습지도자에게 제출한다. 이력서와 자기소개서는 실습담당자가 가장 먼저 보게 되는 서류이므로 정성껏 작성해야 하며 글쓰기에 자신이 없다고 남에게 부탁하는 것은 금물이다.

이력서는 양식에 맞춰 정확하게 기재해야 하며, 자기소개서는 실습과 관련한 내용을 중심으로 자신의 성장배경, 해당실습지를 지원한 이유, 그리고 사회복지사로서의 포부 등을 밝힌다.

1) 이력서 작성법

이력서 작성에는 모범답안이 없다. 그러나 기관에서 요구하는 특별한 형식이 없을 경우, 입사 지원 시 활용되는 이력서 형식에 맞추어 작성한다.

(1) 일목요연하게 작성한다 : 실습지도자는 이력서를 통해 실습생을 처음으로 알게 된다. 명료하고 간결하면서도 충실한 내용으로 실습지도자로 하여금 호감을 갖도록 작성한다.

(2) 정직하고 명료하게 작성한다 : 과장됨이 없이 솔직하게 기술하는 것이 좋다.

(3) 깨끗하고 명료하게 작성한다 : 기관에 따라 자필이력서를 요구하는 경우도 있으나, 대부분의 경우 컴퓨터로 이력서를 작성하게 된다. 이때 이력서 형식이나 표를 규격에 맞게 잘 정리한다. 현재 보편적으로 사용되는 이력서 양식을 활용하는 것이 바람직하다. 이력서를 실습바인더에 첨부하여 더럽혀지거나 구겨지지 않도록 보관한다.

(4) 사진을 규격에 맞게 부착한다 : 최근 3개월 내에 촬영한 단정하고 밝은 인상의 사진을 사용한다. 규격에 맞는 크기를 사용하고 컴퓨터로 조작하지 않는다. 만약 사진을 스캔해서 사용할 경우 인쇄상태를 점검한다.

(5) 연락처를 상단에 명기한다 : 상시 연락이 가능한 휴대폰이나 이메일 주소를 명기한다.

(6) 최근 기록이 누락되지 않았는지 점검한다 : 과거에 작성한 이력서를 그대로 제출하는 실수를 범하지 않도록 한다.

(7) 인적사항 : 인적사항을 기록하는데 있어 가장 틀리기 쉬운 사항은 '호주와의 관계'인데 이는 호주 측에서 본 관계를 말하는 것으로 '장녀', '차남' 등으로 기입한다.

(8) 학력 및 경력사항 : 학력은 고등학교부터 연대순으로 기록하되 입학, 졸업날짜 기록 시 관계서류를 참고하여 정확하게 기입한다. 경력사항에는 이전 취업경험이나 관련 자원봉사 또는 실습경력 등을 사실대로 기입한다. 봉사활동 기입 시, 자원봉사기간 및 기관, 활동내용 등을 명료하게 밝힌다.

(9) 수상경력 및 특기사항 : 수상 경력란은 드러내놓고 본인을 자랑할 수 있는 장이다. 교내・외 활동을 통해 수상한 것을 기록하되 수상 일시, 내용, 수여기관 등을 밝힌다. 자격증은 국가공인 자격증이나 면허증, 사설기관에서 발생한 것이라도 빠짐없이 기재한다.

(10) 정확한 표현 : 약어, 속어 등을 사용하지 않고 맞춤법을 준수한다. 이력서 작성이 끝난 뒤 반드시 수 회에 걸쳐 점검하여 내용의 정확성과 적절성, 오자나 탈자 여부, 종이의 상태 등을 재확인 한 뒤 제출한다. 사소한 실수가 큰 영향을 미칠 수 있으므로 매사 신중을 기한다.

2) 자기소개서 작성

자기소개서는 자신에 대해 처음으로 소개하는 문서 중 하나이다. 최근 들어 학벌이나 성적 등 외적인 요소보다는 인성을 비롯하여 실질적인 업무능력이나 기관 적응력, 발전성, 창의력 등을 알아보기 위해 자기소개서를 중요시하는 기관들이 증가하고 있다. 이력서가 지원자를 객관적으로 판단할 수 있는 자료가 된다면, 자기소개서는 지원자를 구체적이고 실질적으로 평가할 수 있는 근거가 된다. 자기소개서에는 실습생의 성장과정이나 학교생활, 성격, 지원동기, 장래계획 등이 들어가게 되는데 실습담당자는 이를 통해 실습생의 가치관이나 논리적인 글솜씨, 표현능력 등을 알 수 있다. 자신의 삶의 역사를 한두 장의 글로 모두 표현하기는 어려운 일이나 글로써 자신을 소개하는 것인 만큼 최대한 효과적으로 알려야 한다. 눈에 확 띄면서도 기억에 뚜렷이 남을 수 있도록 심사숙고해서 작성한다.

기관 입장에서는 자기소개서를 통해 실습생의 가치관, 인생관, 직업관 등을 파악하게 되고, 대인관계, 조직 적응력, 성실성, 책임감과 창의성 등에 대해 점검하게 된다. 따라서 기본적인 사항들을 지켜가면서 자신의 강점과 개성이 드러나도록 일목요연하게 기록한다. 자기소개서 작성 시 유의할 점은 아래와 같다.

(1) 상세하고 명료하게 작성한다

자기소개서는 이력서와 마찬가지로 쓸 이야기는 다 쓰되 너무 장황하면 안 된다. 분량제한이 없는 경우엔 A4 용지 2장 내외가 적당하다.

(2) 정직하고 진솔하게 표현한다

자기소개서도 이력서와 마찬가지로 과장되거나 거짓된 내용이 있어서는 안 된다. 가정형편이 어려웠다거나 자신이 겪은 어려운 상황들을 부끄럽게 생각할 필요는 없다. 오히려 그것을 극복하고 일어선 자신의 강한 의지를 보여주는 쪽이 좋다. 반대로 잘 보이기 위해서 없었던 일을 허위나 과장으로 꾸며대면 안 된다.

(3) 구태의연한 표현은 지양한다

'자애로우신 어머니와 엄격하신 아버지' 등 자신의 개성이 드러나지 않는 평범한 내용이 되지 않도록 주의한다.

(4) 글쓰기에 주의한다

문장은 간결하면서도 명료하고 자연스럽게 이어지도록 한다. 설득력과 논리를 갖추고 맞춤법에 유의하며 속어나 약어를 쓰지 않도록 주의한다. 글을 읽다 보면 글쓴이의 생각이나 지식의 깊이, 문장력을 알 수 있다. 과다한 수사법이나 추상적 표현을 피하고 간결한 문체의 단문을 사용하는 것이 요령이다. 접속사나 비유의 남발은 오히려 읽는 이의 생각을 분산시킬 수 있다. 또한 접속사는 꼭 필요한 곳에만 적절하게 사용하는 것이 문장의 흐름에 도움이 된다.

(5) 개성 없는 평상어를 쓰지 말라

"나는…", "저는…" 등의 평범한 어투로 시작되는 문장은 가급적 지양하는 것이 좋다. 이렇게 소개되는 자기소개서는 자칫 개성이 없다는 느낌을 주게 될 우려가 있다. 작문을 하는 기분으로 자기소개서에 적절한 제목을 붙여보는 것도 좋다.

(6) 성장과정을 언급한다

어렸을 때부터의 성장과정을 연대기적으로 기술한다. 가족사항이나 가풍을 반드시 기술하고 중·고·대학 등 학창시절의 특기할 만한 사항을 독특한 체험이나 에피소드를 섞어가며 기술한다. 그러나 '자애로우신 어머니와 엄격하지만 사랑이 많으신 아버지 슬하에서 2남 3녀의 우애있는…' 등의 천편일률적인 문장이나 인터넷에 떠도는 문장 등을 베끼는 것은 금물이다. 자신만의 강점과 독특성이 드러나도록 작성해야 한다.

(7) 자신의 지원분야와 관련된 자신의 강점과 경력 등이 잘 드러나도록 작성한다. 그러나 지나치게 자신의 장점만을 서술하지 않도록 유의한다

자신이 지니고 있는 강점이나 특기사항을 구체적으로 언급한다. 예를 들면, 외국어 능력이 뛰어나거나 리더십이 강하다거나 또는 업무수행상 도움이 될 수 있는 특기사항은 자신의 경험과 함께 자세히 서술한다. 그러나 지나친 자화자찬은 오히려 역효과를 낼 수도 있으므로 적절히 내세우는 한편 한두 가지 단점도 시인하면서 개선의 노력을 소개해 보는 것도 좋다.

(8) 해당 실습기관을 지원한 동기와 희망업무, 포부 등을 작성할 때 자신이 얼마나 준비되어 있는지, 어떠한 목표를 가지고 어떻게 최선을 다할 것인지 구체적으로 기술한다

'집이 가까워서', '노인복지가 전망이 있다고 해서' 등의 표현은 실습에 대한 실습생의 동기나 실습에 대한 준비상황에 의문을 갖게 한다. 실습지원동기를 구체적으로 밝힌다. 막연하고 일반적인 생각을 펼치는 것보다 희망 실습지와 연관이 있는 내용들을 함께 기술하는 것이 좋다. 희망 실습기관의 사명이나 특성과 자신의 미래희망을 연관시켜 지원동기를 구체적으로 밝혀준다. 이를 위해서는 희망하는 실습지에 대한 정보를 기관 안내책자, 인터넷 등을 통해 미리 파악해 두는 것이 좋다. 앞으로의 희망이나 각오를 말할 때는 '열심히', '최선을 다해'라는 막연한 표현보다는 일단 지원실습지에서 실습하고 있다는 가정 아래 목표 성취와 자기계발을 위해 어떠한 계획이나 각오를 갖고 실습에 임할 것인가를 구체적으로 언급하는 것이 좋다.

(9) 시간적 여유를 갖고 깨끗이 작성한다

자기소개서는 충분한 시간을 두고 초고를 작성해 여러 번 수정・보완하는 과정을 거친 후 최종본을 마련하는 것이 바람직하다. 맞춤법에 유의함은 물론이고 실습지도자도 알지 못할 난해한 외국어 사용은 가급적 삼가해야 한다.

자기소개서는 실습을 위해 자기를 알리는 글이므로 지나치게 겸손하고 소극적인 모습보다는 실습하고자 하는 강한 희망과 의지 그리고 정성을 보여주는 것이 중요하다.

4. 현장실습보고서 바인더 준비

실습생은 현장실습보고서 바인더를 미리 준비하여 실습에 임하도록 한다. 현장실습보고서 바인더에는 각종 서류, 실습일지, 실습기관에서 부여한 각종 과제들, 기관에서 배부하거나 자신이 준비한 자료 등이 모두 보관된다. 추후 실습 평가 시 현장실습보고서가 가장 중요한 자료원이므로 실습생들은 바인더에 실습과 관련된 모든 문서화된 자료를 보관하도록 한다.

바인더 구성 및 겉표지에 대한 설명은 다음과 같다.

〈현장실습보고서 바인더 준비요령〉

표지모양	* 현장실습보고서로 사용할 바인더를 준비(속 비닐에 서류를 넣지 말 것)
현장실습보고서	* 현장실습보고서바인더 내 서류배치 – 왼편 : 자기소개서, 이력서, 실습신청서, 실습생 프로파일, 실습평가서 등* – 실습 진행 시 기관에서 배부한 자료나 실습내용과 관련된 자료 – 오른편 : 실습일지
실습기관명 : ○○○사회복지관 실습지도자 : ***사회복지사 실습지도교수 : ○○○교수 실습기간 : 2011.12.20 – 2012.1.20 소　　속 : ○○대학교 사회복지학과 실습생명 : 888888　이○○	* 실습일지 작성 – 컴퓨터로 작성한 실습일지를 제출하는 것을 원칙으로 하되, 시설에서 숙식하며 실습하여 컴퓨터 사용이 용이하지 않을 경우에만 수기(手記)를 인정함 – 실습일정에 따라 진행된 실습 내용을 구체적으로 기술해야 함

※ 실습생 과제물 작성 양식은 한국사회복지교육협의회에서 제시하는 양식을 따르되 기관에서 요구하는 양식이 따로 있을 경우 기관의 양식을 따른다.

Ⅱ. 실습기간 중 부여되는 과제

1. 실습일지

1) 실습일지 작성의 목적

실습생들은 실습지에서의 하루 일과를 사실에 근거하여 구체적으로 기록해야 한다. 실습일지를 작성함으로써 학생들은 당일 실습업무를 점검하고 유능한 사회복지사가 되기 위해 노력해야 하는 것이 무엇인지 성찰할 수 있다. 또한 실습생들은 지면을 통해 자신의 업무이외에도 기관의 사업이나 서비스 등에 관한 발전적인 제언을 함으로써 기관 운영에 직·간접적으로 기여할 수 있다. 한편, 실습지도자와 교수는 실습일지를 근거로 기관에서 이루어지고 있는 실습교육 및 훈련, 실습생들의 책임감, 업무수행 능력 등을 점점하고 실습생(학생)의 개인차를 고려한 수퍼비전을 제공할 수 있다

2) 실습일지 작성방법

실습일지 양식은 실습이 진행되는 매일의 일과를 기록하는 것으로, <오늘의 목표>, <실습일정>, <실습내용>, <실습생 의견과 소감>, 그리고 <실습지도자 의견> 등의 항목으로 구성되어 있다. 실습기관마다 실습일지 작성방법이 다르므로 실습지도자가 제시하는 실습일지 작성법을 우선으로 하여 작성한다. 그러나 기관에서 별다른 지시가 없을 경우, 아래의 실습일지 작성법을 숙지하여 작성하면 된다.

(1) 실습일정

① 일과표를 실습내용과 분리하여 작성한다.

② 일과표 작성 시 시간표기를 일관성 있게 작성한다(예 09 : 00, 13 : 00 또는 오전 9시, 오후 1시).

③ 실습일정을 시간에 따라 간단하게 요약·제시하고 관련자료(기관에서 배부한 교육자료 또는 자신이 취합한 참고자료 등)들은 실습보고서 바인더에 첨부한다.

(2) 실습내용

① 실습내용은 일정에 따라 자신이 수행한 업무를 구체적이고 명확하게 기록한다.

② 실습내용 기록 시 사실(fact)을 중심으로 기록하며 자신의 느낌이나 추측, 평가 등은 실습생소감란에 기록한다. 실습생 자신이 주인공이 되어 감상적인 기록을 하지 않도록 주의한다.

③ 클라이언트를 대상으로 직접개입을 했을 경우 과정기록을 할 수 있도록 노력한다. 실습생 중심이 아닌, 클라이언트와의 상호작용, 클라이언트의 반응, 태도 등을 기록한다[㉮ 클라이언트와 집단 프로그램 진행, ○○의 지도를 담당함(X). ** 프로그램에서 ○○클라이언트의 지도를 담당하였다. ○○는 본 실습생에게 작품을 어떻게 만들 것인지 질문하였다. 미술물감을 △△와 섞어서 해야 한다고 답하자 ○○은 □□라고 대답하였다(O)].

④ 교육내용은 요약하여 기록하고, 기관에서 배부한 교육자료나 관련문서들을 실습보고서 바인더에 첨부하여 보관한다.

⑤ 실습일지는 사적으로 작성하는 기록이 아니므로 실습일과에 대한 실습생 개인의 감정이나 주관적 의견, 느낌 등은 지양하고 실습과정에서 자신이 배운 점과 느낀 점은 실습생 소감란에 기록한다[㉮ 장애아동 ○○를 보니 가슴이 찢어지게 아팠다. 독거어르신 가정방문 후 할머니의 가족들이 원망스러웠다. 오늘은 △△이가 웃어서 너무나 기쁘고 즐거웠다(X)].

⑥ 전문용어를 사용하여 기록하며 정확한 표현을 위해 단어선택에 유의한다(㉮ 볼일을 본 후→배변 후, 아이들→클라이언트, 맴매→훈육 또는 체벌, ○○언니가→동료실습생 ○○가, 나는→본 실습생은).

⑦ 일지 작성 시 클라이언트에 대한 비밀보장을 위해 클라이언트 이름을 머리글자로 표기하거나 가명을 이용한다.

⑧ 집단 프로그램을 직접 진행했을 경우 집단기록일지를 작성하여 첨부한다.

⑨ 프로그램에 보조진행자나 관찰자로 참여했을 때 집단과정 및 집단지도자의 역할 등을 자세히 기록한다.

⑩ 매일 반복되는 일과를 기록하는 데 급급하기보다는 실습경험을 통해 발전한 점, 추후 학습해야 하는 부분들이 잘 드러나도록 기록한다.

⑪ 기관에 제출한 과제도 실습보고서 바인더에 첨부한다.

⑫ 실습지도자의 수퍼비전 내용도 구체적으로 기록한다[㉰ 수퍼비전 받음(X). 수퍼비전 : 클라이언트에게 존대어를 사용 할 것, 클라이언트의 비밀보장을 위해 실습일지 작성 시 유의할 것 등(O)].

⑬ 실습일지는 공식문서이다. 그러므로 용어선택에 신중을 기하고, 맞춤법이 틀리지 않도록 노력한다. 속어, 약어, 특수문자, 이모티콘 등은 사용하지 않도록 주의한다.

(3) 실습생 의견

① 실습을 수행하면서 느낀 점이나 의문점에 대해 제시한다(㉰ ○○클라이언트가 본 실습생에게 욕을 하고 때리려 할 때 아무 반응도 보일 수 없어 무력감을 느꼈다. 추후 이와 같은 상황이 다시 발생할 경우 어떻게 대처해야 하는지 알고 싶다).

② 실습경험을 통해 배운 점과 느낀 점을 구체적으로 제시한다. 배운 점과 느낀 점에 대해 구체적으로 기록하는 습관을 통해 학습한 전문지식이나 기술뿐 아니라 자신의 발전과 성장을 확인할 수 있다[㉰ 오늘도 많은 것을 배우고 느낀 하루였다(X). 오늘 위기청소년 대상 집단 프로그램을 진행하면서 집단진행자의 역할을 배울 수 있었으며, 침묵을 지키는 집단구성원에 대해 어떻게 개입해야하는지 알 수 있었다. 이러한 경험을 통해 청소년들과의 함께하는 집단 진행에 자신감이 생겼다(O)].

③ 실습 중 사회복지사로서 윤리적 딜레마를 경험한 경우 상황을 정확하게 기록하고 실습생의 대처방법을 제시하여 이에 대한 수퍼비전이 이루어질 수 있도록 한다.

④ 실습 중 직면하게 되는 문제점 혹은 불만사항, 기관업무상의 어려움 등 실습지도자 또는 실습지도교수와 논의가 필요한 사항에 대해서는 중립적이고 공손한 문체로 기록한다[㉰ 실습지도자가 바쁘다는 이유로 실습생들을 방치해서 제대로 된 실습지도를 받지 못해 속상했다(X). 실습지도자 선생님의 정규적인 수퍼비전이 이루어졌으면 합니다. 미숙한 점이 많은 실습생이라 업무를 수행하면서 여러 가지 어려움을 겪게 되는데 이에 대한 지도를 부탁드립니다(O)].

⑤ 클라이언트를 관찰하고 사정하는 것도 중요하지만, 클라이언트에 대한 통찰력 있는 접근이나 의도적 개입에 대해서도 명료하게 기록하고 이에 대해

스스로 평가할 수 있어야 한다.

⑥ 수퍼비전을 통해 배운 내용을 실무에 적용했을 경우 이를 상세히 기록한다. 또한 수퍼비전을 받기 위해 어떻게 노력하였고, 새롭게 습득한 지식과 기술은 무엇이며, 이를 어떻게 실무에 적용할 것인지를 기록한다.

⑦ 자신의 실습수행경험에 대해 부정적인 것보다는 긍정적인 것, 성장한 것이 드러나도록 기록한다. 부정적인 것에 대해서는 앞으로 자신의 각오를 제시한다[㉮ 오늘도 늦잠을 자서 지각을 했다. 실습담당선생님께 너무 죄송했다(X) --> 오늘도 5분 정도 지각을 했는데, 내일부터는 10분 전에 출근하여 실습업무에 차질이 없도록 노력하겠다. 이를 위해 휴대폰의 모닝콜을 이용하겠다(O)].

⑧ 실습소감 마지막에는 실습생으로서 자신의 하루를 성찰한 뒤 보다 발전된 내일이 되도록 스스로 과업을 설정하고 계획한다.
내일의 과업과 계획을 설정할 때에는 실습일정에 맞고 기관에서 자신이 실천할 수 있는 구체적인 것으로 설정한다[㉮ 내일도 열심히 해야겠다(X). 내일의 과업과 계획 : 10분 일찍 출근하여 책상정리 하기, 선생님께 집단 프로그램 기획에 대해 질문하기, 집단 프로그램 목표 설정하기(O)].

(4) 실습지도자 의견

<실습지도자 의견>은 실습생의 일지를 읽은 뒤 기관의 실습지도자가 기록하는 부분이다. 그러나 기관의 여건상 기관의 실습지도자가 실습일지를 일일이 점검하고 코멘트를 기록해주지 못할 경우가 있다. 이때에도 성실히 실습일지를 작성하고 일지 마지막 부분에 질문사항을 별도 기록하여 실습지도자에게 공손하게 코멘트를 부탁한다. 코멘트가 구두로 이루어졌을 경우 그 내용을 실습생이 실습일지에 기록한다. 실습일지 작성과 관련하여 학교의 실습담당교수와 기관의 수퍼바이저의 코멘트가 일치하지 않을 수 있다. 이 경우 실습생은 기관 수퍼바이저의 지도를 우선적으로 따르도록 한다.

〈실습일지 예시 1〉

제4회 실 습 일 지

실습지도자	관장

2011년 1월 13일 (목)		출근시간	08:30
정 ○○		퇴근시간	18:00
실습일정	08:50 ~ 09:00	예배 및 조회	
	09:00 ~ 09:30	조례	
	9:30 ~ 10:00	가정방문 사전교육	
	10:00 ~ 11:30	가정방문	
	11:30 ~ 12:30	가정방문 회의	
	12:30 ~ 13:30	점심시간	
	13:30 ~ 15:00	ㅅ○○ 사회복지시설정보시스템 교육, 일지 작성	
	15:00 ~ 16:00	사례관리팀 사업소개	
	16:00 ~ 16:30	밑반찬서비스 만족도 조사 및 재사정 교육	
	16:30 ~ 17:30	밑반찬서비스 만족도 조사 전화방문 약속	
	17:30 ~ 18:00	김○규 과장님 종례	
과 제			
실습지도자 및 기관장 의견			

인천○○종합사회복지관

일일실습 세부내용

일 정	실습내용
08:50 ~ 09:00 예배 및 조회	예배를 드리고 찬송가를 불렀다. 조회시간에는 오늘 진행되는 행사 및 업무의 브리딩이 있었다. 먼저 교육문화팀에서는 영화 '드래곤 길들이기'를 3시부터 영유아 도서관에서 상영하고, 지역조직 팀에서는 청소년경제증권교실 수료식을 한다. 또 지역보호팀에서는 어르신들 목욕서비스를 하고 교육문화팀은 봉사체험활동 답사를 하게 되며 인천 평생교육 특화사업을 위해 시교육청에 곽순성 팀장님께서 방문하신다.
09:00 ~ 09:30 김○○ 과장님 조례	오늘 하루의 일정은 오전에는 가정방문을 하는 것이고, 오후에는 사례관리팀 사업에 대한 교육과 방문했던 가정에 대한 상담 일지를 작성하는 것이다. 가정방문에 대하여 가족복지팀의 박○○ 팀장님과 김○○ 선생님께서 자세한 설명을 해주셨다.
9:30 ~ 10:00 가정방문 사전교육	오전에 방문하게 될 새터민, 장애인 가정에 대한 교육을 받게 되었다. 실습생들은 두 명씩 나누어져 각각 다른 가정을 방문하게 되는데 나는 새터민 가정을 방문하게 되었다. 새터민 가정은 방문을 했을 때 많은 경계를 하기 때문에 더욱더 라포형성이 중요하며 행동이나 말을 조심해야 한다. 전에 김은화 사회복지사 선생님께서 방문하신 적은 있지만 자주 찾아뵙지 못했다고 하셔서 많이 긴장을 했다. 그리고 장애인 가정은 초기 인테이크 상담과 오래 복지관을 이용하셔서 이미 라포형성이 많이 된 가정에 대한 방문이었다. 가정 방문시에는 먼저 미리 전화를 하여 함께 약속 시간을 정하고 왜 방문을 하는지에 대한 목적을 정해야 한다. 가정방문을 하는 이유가 무엇인지, 정기적으로 가는 것인지 아니면 도움이 간절히 필요한 상황에서의 방문인지 정확히 파악해야 한다. 그리고 복지관에서 도움을 주기 위해 방문했다는 것을 명확히 알리고 클라이언트의 상황을 잘 파악해야 한다. 클라이언트의 상황은 집에 있는 사물(사진, 가구) 등을 이용하여 파악할 수도 있고 상담을 통해 이야기를 하며 알아 볼 수 있다. 또한 목적을 정확히 기억하여 라포형성을 하고 다녀온 뒤에는 꼭 기록을 하여야 한다고 가정방문의 과정을 설명해 주셨다.
10:00 ~ 11:30 가정방문	김○○ 선생님과 실습생 하○○ 선생님, 그리고 본 실습생은 새터민 어르신의 상황 및 욕구 파악을 위해 가정 방문을 실시하였다. 어르신은 따님이 두 분 계신데 첫째 딸과는 왕래가 되지 않고 사이가 안 좋은 것으로 파악되었다. 어렸을 때 소아마비로 현재 다리를 사용하지 못하는 장애를 가졌는데 어르신과는 거의 연락을 하지 않고 지낸다. 그리고 마찬가지로 왕래를 하지 않던 둘째 딸은 강원도 태백에 살고 있는데 얼마 전에 만나 편안히 쉬고 오셨다는 이야기도 들었다. 그 다음 건강상태에 관한 내용을 물어 보았다. 왼쪽 무릎수술은 수술비 부족으로 미루고 계신데, 수술지원이 수술비만 되고 나머지 비용은 본인 부담사용 때문이다. 또한 얼마 전까지 식도 질환으로 병원에 다니셨는데 지금은 많이 좋아지셨지만, 불면증으로 인해 지금 신경과에 다니고 계신다. 경제적인 상황은 매우 좋지 않아 보였다. 관리비가 많이 나올까봐 걱정이 되셔서 보일러 대신 전기장판을 이용하셨다. 처음에 집안에 들어섰을 때 집안 공기와 바닥이 너무 차가워서 혹시 감기나 걸리지는 않으실지 많이 걱정했었는데 이것이 다 관리비 때문이었다니 참 마음이 아팠다. 사위가 많은 돈을 벌기 때문에 수급비가 20만 원밖에 지원이 안 되어 경제적 상황이 너무 어렵다는 이야기를 계속하여 반복하셨다. 또한 00복지

10:00 ~ 11:30 가정방문	관에서 진행하는 한글리고에 참여했는데 자주 참석하지 못해서 아쉬웠다는 말씀과 함께 내년에도 참여해 보고 싶다는 이야기도 하셨다. 그리고 복지관의 배경에 대해서 설명해 드리고 언제가 도움을 드릴 수 있다는 것을 어르신께 말씀드렸다. 이외에도 많은 이야기를 나누었는데 시간이 부족하였다.
11:30 ~ 12:30 가정방문 회의	복지관으로 돌아와 우리가 방문했던 가정에 대해 의견을 교환했다. 우리끼리의 방문이 아닌 선생님과 함께 방문해서 그런지 많이 부담이 되지는 않았다는 이야기와 각자의 느낌이나 생각, 다음 방문 때는 어떻게 해야하는지 등에 대해 이야기를 나누었다. 다른 팀들을 기다리며 상담했던 내용을 정리해 보고 생각을 나누었다.
12:30 ~ 13:30 점심시간	가정방문 후 점심식사를 했다.
13:30 ~ 15:00 스○스, 사회복지시설 정보시스템 교육, 일지작성	가정방문 후 상담일지를 썼다. 상담일지는 예전부터 쓰던 스00 프로그램과 현재 보급되고 있는 사회복지시설정보시스템에 기록을 남긴다. 두 군데 모두에 기록을 남겨야 했는데 박00 팀장님께서 프로그램 사용방법을 자세하게 설명해 주셨다. 처음 배우는 것이기 때문에 상담일지를 작성하면서 헤매기도 했지만 팀장님과 김00 선생님께서 많이 도와주셔서 무사히 마칠 수 있었다.
15:00 ~ 16:00 사례관리팀 사업소개	복지관의 여러팀들의 사업소개 교육을 받고 마지막으로 김진필 주임선생님께서 사례관리팀에 대한 설명을 해주셨다. 사례관리는 복합적 문제를 가지고 있는 지역주민에게 서비스를 제공하는 것으로 클라이언트의 동의를 필요로 한다. 일방적으로 사회복지사가 클라이언트에게 마구 제공하는 것이 아닌 서로 합의하에 진행되어야 하는 것이다. 사례관리는 상담으로 진행되기도 하고 복지관은 아동들에게 미술치료 서비스를 제공하기도 한다. 사례관리사업의 모토는 '복지가 보이지 않게 우리네 삶 속으로 스며들게 하자!'이다. 당사자를 생각하며, 지역사회를 이해하는 목적을 가지고 사례관리를 해야 한다는 이야기가 매우 인상깊었다. 사례관리팀 주요 사업은 강점관점의 사례개입, 지역주민 참여 지향, 부평구 통합사례관리팀 활성화, 전문성 증대 등 크게 4가지로 구분되며, 강점관점의 사례개입에서는 클라이언트의 능동적 참여를 높이고 임파워먼트를 중요시 여긴다. 이 지역주민 참여를 지향하기 위해 사례관리위원회를 만들어 주변 고등학교의 선생님과 보건소 선생님, 구청 직원, 대안학교 목사님 등 다양한 사람들로 구성된 체계를 가지고 있다. 그리고 00복지관이 위치한 부평구의 통합사례관리팀을 활성화시키기 위해 4개 복지관으로 네트워크를 구성하여 2009년 2월에 협약식을 하게 되었다. 복지관을 포함의 동 12개 기관의 실무자가 모였고, 현재는 민간 사례관리팀, 자활센터, 주거복지센터, 부평구 청소년동상담 지원 센터 등 19개 기관이 참여하는 것으로 확대되었다. 전문적 수퍼비전을 통해 전문성을 증대시키려고 노력하고 있었다. 사례관리를 할 때 가장 어려운 점은 기관·구청의 의뢰를 받은 클라이언트가 정작 본인은 욕구를 느끼지 않고 서비스를 거부하는 상황이 발생하는 경우이다. 외부노출을 꺼리기 때문에 문제에 대한 해결을 원하지 않는 것이 어려운 일이라고 하셨다. 사례관리에서 가장 중요한 점은 클라이언트 입장에서 생각하고 사고의 유연성을 갖는 것이다. 능동적인 사회복지사로써 성장해나가야 한다는 것으로 교육을 마치게 되었다.

16:00 ~ 16:30 밑반찬서비스 만족도 조사 및 재사정교육	밑반찬 서비스는 매주 수요일에 대상자에게 밑반찬을 제공하는 것이다. 지난 일 년 동안의 서비스 만족도를 파악하고, 대상자 상황을 알아내어 내년에도 서비스를 제공받을 것인지를 판단하는 중요한 업무이다. 총 56명의 대상자에게 만족도 조사와 재사정을 진행해야 하는 것이므로 매우 바쁜 시간이 될 것 같다. 과정은 먼저 전화로 방문 약속을 하는 것이다. 그 다음은 상담을 통해 밑반찬 서비스에 대해 얼마나 만족하는지, 대상자의 상황이나 의견에 대하여 탐색해 보아야 한다. 우리는 일일이 전화를 걸어 시간을 협의하는 일부터 시작했다.
16:30 ~ 17:30 밑반찬서비스 만족도 조사 전화방문 약속	내일 3명의 클라이언트를 방문 상담하고 월요일에 5명의 클라이언트를 방문상담하기 위해 전화로 약속을 하였다.
17:30 ~ 18:00 김○○ 과장님 종례	오늘 하루의 일에 대하여 정리하고 사례관리팀의 사업과 밑반찬 서비스 만족도 조사 교육, 가정방문에 대한 느낌을 서로 공유하는 시간을 가졌다. 내일은 밑반찬 서비스 만족도 조사와 재사정을 실습해 보는 날이다 내일 일정을 정리하고 실습을 마무리 했다.

소감 및 평가

실습을 하며 클라이언트와 직접 만나 상담을 하는 것은 꼭 해보고 싶은 일 중 하나였다 하지만 막상 하게 되니 걱정이 앞섰다. 아직 전문성을 가지지 못한 상태에서 클라이언트와 만나게 된다면 본의 아니게 그들에게 상처를 줄 수도 있다는 생각 때문이었다. 다행히도 경험이 많으신 선배 사회복지사 선생님과 함께 가정방문을 하게 되어 조금 안심이 되었지만 오늘의 경험을 바탕으로 실습생끼리 가정방문을 가게 되고 상담을 하게 될 것이라는 생각에 긴장이 되어 한마디라도 놓치지 않기 위해 노력했다. 그래서 그런지 상담의 내용과 클라이언트와 눈을 맞추며 이야기 하기보다는 필기를 하는데 열중했던 것 같다. 한마디의 말도 놓치지 않으려고 계속 필기를 하다보니 정작 마음을 이해하며 경청해주는 자세는 갖지 못한 것 같다. 만약 나와 클라이언트와 일대일로 만나게 되는 상황에서 이런 자세를 가졌다면 클라이언트가 부담을 가졌거나 제대로 자신의 마음을 이야기할 수 없었을 것이다. 처음이기 때문에 당황하여 상대방의 입장을 생각하지 못했던 것이 조금 아쉬웠다. 내일은 상황이나 욕구를 파악하는 가정상담은 아니지만 서비스 만족도와 재사정을 위한 가정방문 상담을 실시하게 된다. 이 점을 보완하여 클라이언트와 진정한 대화를 나눌 수 있도록 공감하고 이해하며 경청하는 자세를 가질 수 있도록 노력해야겠다. 클라이언트의 정확한 욕구와 개선할 점이 무엇인지 파악할 수 있도록 계속 생각하고 연습해 봐야겠다.

인천○○종합사회복지관

〈실습일지 예시 2〉

실 습 일 지

일 시	2010년 07월 20일 화요일		실습회차	12회차
실습생	백○○		실습지도자	정신보건사회복지사 ○○○
목 표	1. study를 통한 전문지식 향상 2. 프로그램 진행을 통한 진행자로서의 역량강화 3. 팀별활동모임을 통한 회원과 친밀감 형성, 조력자의 역할 수행			
실습일정	시 간	내 용		
	09:00-10:00	study – 조울증		
	10:00-10:40	아침모임		
	10:40-12:00	프로그램 : 워드 1		
	13:00-15:00	팀별 활동모임		
	15:00-16:00	프로그램 : 폼아트		
	16:30-18:00	study – 해결중심모델 토론		
	18:00-	회식 및 feedback		
평 가	study – 조울증 • 기분장애의 전반적인 이해 • 조울증의 사례를 통한 정보습득 아침모임 • 회원 간 하루일정 공유 • 공지사항 알림 프로그램 : 워드 1 • 실기대비 프로그램 진행 팀별 활동모임 • 실기대비 모의고사 진행 프로그램 : 폼아트 • 팀별 활동모임 • 합동작품 통하여 ○○○○ 꾸미기 study – 해결중심모델 토론 • 토론을 통해 다양한 의견교류 • 사례를 통해 다양한 정보습득 • 토론을 통해 ○○○○ 사례회의의 개선되어야 할 점 의견교류 회식 및 feedback • 직원 선생님과 수련 선생님들로부터의 feedback			

comment & 문제제기	study – 조울증 정신보건 분야에서 기분장애에 대한 이해는 필수사항이라고 배웠다. 내용이 방대해서 다 기억에 남는 건 아니지만 그래도 많은 정보를 얻을 수 있는 시간이었다. 내가 미리 예습한 부분을 넘어선 설명을 들었기 때문에 깊숙이 알지 못한 아쉬움이 남기도 했다. 다음부터는 예습을 좀더 많이 해와야겠다는 생각을 했다. 매일 있는 study가 정말 재미있다. 많은 도움이 되어서 성장하는 기분이 든다. 프로그램 : 워드 1 실기대비해서 첫 프로그램을 진행하는 시간이었다. 회원들이 모두들 자신이 직접 컴퓨터를 만지면서 프로그램을 진행한다는 것에 만족감을 표현해 주셨다. 그리고 이 시간에 필기합격자에 한해서 실기응시료는 ○○○○이 대신 내준다는 말에 회원들이 뜨거운 반응을 보이셨다. 응시료 대신 내주는 것은 격려의 차원인 것인가? 물질적인 보상을 통해서 회원들을 지지하고 격려하는 것도 많은 도움이 되는 것 같다. 발표가 빨리 나와서 결과를 알고 싶다. ○○○○에 실습을 하면서 워드반 진행을 하는 것에 많은 보람을 느끼고 있다. 나중에 어딜 가더라도 자격증반을 지도했고 회원들이 자격증을 딸 수 있도록 도와줬다는 사실이 참 기억에 남을 것 같다. 팀별 활동모임 팀별 활동모임 시간에도 회원들의 자격증에 대한 열의는 끊이지 않아서 실기대비를 계속해서 했다. 모의고사 분량이 많아서 앞으로 팀별 활동시간에는 모의고사를 쿨 예정이다. 조금은 힘든 일정이지만 회원 모두가 합의하였고 만족해서 기분이 좋다. 프로그램 : 폼아트 협동작품을 만드는 것이 좋았다. 하지만 시간이 지체되어서 급하게 마무리하는 일이 종종 있으며 항상 시간을 넘겨서 끝내는게 아쉽다. 회원 모두가 불만을 표시하진 않지만 회원들끼리 인사하고 선생님께 인사하고 급하게 정리하는 모습이 항상 아쉬움이 남는 건 사실이다. 폼아트 시간을 좀더 조정해 보아서 회원 모두가 sharing 하는 시간도 있었으면 하는 생각이 든다. study – 해결중심모델 토론 토론을 통해서 많은 걸 배웠다. 지난 시간에 궁금했었던 질문사항에 대해 답변도 들어서 좋았다. 내가 질문했던 것은 본인의 의지가 없는데 어떻게 강점관점에 입각하여 실천을 할 수 있는가에 대한 것이었는데 의지가 없어 보인다는 것 자체가 나의 생각이, 나의 주관이 개입되었다는 사실을 알았다. 궁금한 것에 대해 끊임없이 토론하고 서로 feedback을 해주니까 좋았다. 토론을 통해서 내 생각이 정리되고 조금씩 성장한다는 기분이 들었다. 회식 및 feedback 무언가 하나를 더 얻어가려는 태도도 보이고 적극적이며 미리 미리 준비하는 태도가 좋았다는 피드백을 받았다. 처음 실습을 하면서 걱정도 많았고 내가 잘 할 수 있을까란 고민도 있었지만 막상 그 상황 속에서 내가 던져져 있으니 더 열심히 하려고 했던 것 같다. 앞으로도 더 열심히 해서 좋은 모습으로 기억되고 싶다.

2. 기관분석보고서

실습생들은 기관분석을 통해 기관의 설립취지 및 역사, 조직구조, 클라이언트의 특성, 지역사회의 특성에 따른 기관의 사업내용, 사회복지사의 업무 및 역할 등에 관한 이해를 높일 수 있다. Johnson(1986)은 사회복지기관에 대한 이해를 증진하기 위해 알아야 할 내용으로 다음과 같은 항목을 제시했다.

(1) 기관의 목적과 가치

기관이 갖고 있는 가치와 우선순위는 서비스 전달에 중요한 영향을 미친다. 기관의 공식적 문서나 안내책자에 제시되어 있는 내용뿐 아니라 실제의 서비스 전달과정에서 이것이 어떻게 전달되는가를 분석하고, 기관의 역사적인 발전과 변화를 파악함으로써 기관의 목적과 가치를 이해할 수 있다.

(2) 기관의 조직구조

기관 내 공식적·비공식적 조직과 행정방침, 규범, 의사결정과 의사소통과정, 통제방식 등을 통해 기관의 조직구조를 파악할 수 있다.

(3) 기관 직원과 자원봉사자를 포함한 인적 자원과 재정적 자원

기관 직원과 자원봉사자를 포함한 인적 자원과 기관소유의 건물이나 설비와 같은 물적 자원, 후원금이나 보조금 등의 재정적 지원을 포함한 재정상태는 기관 운영에 영향을 미치는 중요한 요인들이다.

(4) 기관이 선호하는 서비스 전달방식 등 기관의 업무방식

기관이 선호하는 서비스 전달방식(개별, 가족, 집단, 지역사회, 장기, 단기, 위기개입 등)은 기관이 가지고 있는 이론적 접근이나 모델, 대상 집단의 특성에 따라 달라지며, 직원들의 교육적 배경과 주요 업무에 의해 영향을 받기도 한다.

(5) 기관 직원의 개인적·전문가적 특성, 타 직원과 집행부와의 관계를 파악해야 한다.

(6) 기관을 이용하는 클라이언트도 기관의 한 구성요소로서 기관 특성을 이해하는 데 중요하게 고려되어야 한다. 기관의 기능이 클라이언트의 욕구나 기대를 수용하며 클라이언트중심의 서비스 전달방식에 따라 이루어지고 있는가에 관한 중요성이 점차 강조되고 있다.

(7) 운영위원회나 이사회, 자문위원회, 비영리 사회복지기관에서의 이사회는 조직의 총체적 관리를 위해 재가 받은 조직체로서 조직의 정책결정이나 인사, 기획, 기금조성 등에 책임을 진다. 한편 공공기관의 자문위원회는 기관의 기능을 평가, 의사결정과정에서 조언을 제공하지만 기관운영에 대한 법적 책임이나 권한은 없다.

(8) 기관의 서비스와 프로그램, 구성원의 관심, 공식구조, 권력체계, 환경 등을 파악해야 한다.

기관의 운영체계 및 제반 상황이 기관홈페이지나 홍보책자 등과 차이가 날 수 있다. 기관분석보고서 작성 시 기관홈페이지나 홍보책자에만 의존하는 학생들이 종종 있는데, 명확한 분석을 위해 실습생들은 오리엔테이션, 실습 교육자로, 기관 관계자와의 인터뷰 등 가능한 여러 출처로부터 객관적이며 구체적인 자료를 수집해야 한다.

다음은 기관 분석 보고서 작성 시 주의할 사항들이다.

(1) 정확한 정보를 바탕으로 명료하고 구체적으로 기술한다.
(2) 최대한 객관적인 정보를 바탕으로 논리적으로 분석한 내용을 제시한다. 주관적이거나 감정적인 평가가 되지 않도록 주의하고 현실적으로 가능한 대안을 제시하려고 노력한다.
(3) 기관 사업의 역사적 변천은 우리나라의 사회복지정책 및 서비스의 변화를 반영하므로 이를 참고하여 분석한다.
(4) 기관의 주요 사업 및 프로그램에 대해 분석할 때에는 다음과 같은 사항을 고려한다. 주요 클라이언트 대상이 누구이며 서비스대상지역은 어디까지인

지, 기관이 선호하는 서비스 전달방식이나 업무방식이 존재하는지, 지역적 특성과 여건 그리고 주요 클라이언트 대상의 특성과 욕구를 반영한 특성화된 프로그램이 존재하는지, 다른 기관과 차별화된 사업은 무엇인지 그리고 서비스 전달체계는 어떻게 구성되었는지를 파악하는 것이 중요하다.

(5) 기관의 재정을 파악하는 것이 중요하다. 기관에서 부족한 재정을 보완하기 위해 어떠한 노력을 하고 있는지 구체적으로 파악해야 한다.

(6) 지역사회 개요에서는 지역사회환경, 지역주민의 인구사회학적 특징, 대중교통편의성, 접근 용이성 등을 기술한다. 기관이 위치한 지역적 특성과 접근성에 대해 파악하는 것이 중요하다. 지역사회의 인구사회학적 특징과 기관에서 운영하는 서비스 간에 어떠한 연관이 있는지, 지역사회의 변화와 발전이 기관에 어떠한 영향을 미쳤는지 파악한다.

(7) 지역사회자원과 후원자 관리 등을 어떻게 운영하고 있는지를 파악한다. 기관에 자원목록 리스트가 구비되어 있는지도 파악하고 만약 자원목록리스트가 존재하지 않을 경우, 실습생 스스로 작성해 보도록 한다. 사회복지사로서 자원개발 및 관리는 부족한 사회복지재정을 보완하기 위해 요구되는 기술이기 때문에 물적·인적 자원개발을 위해 사회복지사 선생님들이 사용하고 있는 전략을 전수받도록 노력한다. 만약 실습기관의 자원개발이나 후원자개발이 미비하다면 이 부분에 대한 현실적인 대안을 제시하도록 한다.

(8) 사회복지기관은 각 기관이 충실하게 서비스를 수행하는 것도 중요하지만 기관 간에 유기적 협력관계를 통해 시너지 효과를 기대할 수 있다. 그러므로 실습기관이 타 기관들과 어떤 관계를 형성하고 그 관계의 질은 어떠하며 이를 통해 클라이언트들은 어떠한 이익을 얻을 수 있는지 분석한다.

다음은 한국사회복지대학교육협의회에서 제시한 기관분석 보고서 양식이다.

〈기관분석보고서 양식〉

실습기관 분석 보고서

실습생명		기관명	
기관주소	(전화 :)		
기관소개자	(부서 : 직책 :)		

1. 기관의 역사
   (1) 기관 설립동기 및 설립목적
   (2) 기관사업의 역사적 변천
   (3) 기관역사에 대한 실습생의 평가

2. 기관의 목적

3. 기관의 주요 사업 및 프로그램
   (1) 클라이언트 및 대상 지역
   (2) 주요 사업
   (3) 서비스 전달체계
   (4) 기관의 대상층 및 주요 사업에 대한 실습생의 평가

4. 기관의 행정사항
   (1) 기관의 조직구조
   (2) 예산, 후원 및 지원사항
   (3) 기관의 행정구조와 예산 사용 및 후원에 대한 실습생의 평가

5. 기관이 속한 지역사회, 물리적 환경의 특징
   (1) 지역사회
   (2) 물리적 환경(시설, 공간 등)

6. 사회복지기관으로서 지역 내 타 기관들과의 연계
   (1) 관계유형 및 내용
   (2) 기관의 타 기관과의 관계유지에 대한 실습생의 평가

7. 기관의 특별한 면이나 전반적인 사항에 대한 인상이나 느낌

〈기관분석 예시 1〉

실습기관 분석 보고서

실습생 명	정 ○○	기관명	○○정신장애인사회복귀시설
기관주소	서울시 ○○구 ○○2동 330-1 00종합사회복지관 3층		
기관소개자	이 ○○ (부서 : 재활팀 / 직책 : 사회복지사)		

1. 기관의 현황

1) 시설현황

설치운영자 (대표자)	조 ○○	시 설 장	이 ○○
주 소	서울시 ○○구 풍○○ 330-1 (138-876)		
전화번호	02) 400 - 2228	팩스번호	02) 400 - 7733
E-mail	songpacmh@hanmail.net	홈페이지	songpacmh.or.kr
운영체	사회복지법인 다○복지재단	시설유형	종합훈련시설(이용)
정 원	50명	현재 이용인원	50명
프로그램 시작시기	1997년 6월 1일	신고일시	1997년 12월 3일
시설소유유형	법인위탁운영	실제 공간면적	425㎡
시설위치	복지관 내	국고보조 여부	국비/ 시비보조

2) 설치시설물 현황

용도별	면 적	비 고
계	673.93	
사무실	41.06	전용면적 (425.49㎡)
상담실	16.06	
생활훈련실	44.42	
집단활동실	36.57	
작업훈련실	55.53	
휴게실	44.35	
컴퓨터실	25.19	
복도 및 계단	161.81	
화장실	28	
강 당	162	복지관 공동사용
식 당	86.44	

2. 기관의 역사

1) 기관 설립동기 및 설립목적

– 지역사회 내에서 사회복귀서비스를 통해 정신장애인의 손상된 사회적 기능을 회복하고, 취업 및 기타 사회활동에 복귀하여 지역사회 내에서 건강한 사회구성원으로 살아갈 수 있도록 한다.

2) 기관사업의 역사적 변천

– 1995년 11월 사회복지법인 ○○복지재단 설립
1997년 12월 3일 ○○정신장애인 사회복귀시설 인가
1999년 보건복지부 및 서울시(국비, 시비) 지원 시작
2월 11일 만성정신장애인 보호작업장(분식센터) 국내 최초 개관
2월 취업회원 자조모임 "어○샘" 시작(매월 15~20명 취업회원 참석 중)
1999년, 2000년, 2001년, 2002년 ○○사회복귀시설 주최 '직업재활 workshop' 실시
1999년, 2000년, 2001년 3년 연속 '정신장애극복 재활대회' 입상
2000년 1월 정신장애인 월례 가족모임 시작(매월 1회 실시 중)
2월 정신보건전문요원 수련기관 지정 및 1기 수련 시작
3월 정신장애인 임시취업 프로그램. 삼성복지재단 '작은나눔큰사랑' 지원사업선정
12월 이용정원 증원 40명 → 50명
2001년 정신장애인 지원고용 프로그램. 삼성복지재단 '작은나눔 큰사랑' 지원사업 선정
2002년 3월 삼성복지재단 '작은나눔 큰사랑' 사업수행 우수기관 선정
2003년 1월 장애인 내부보호작업장 설치
3월 무료직업소개소 인가
3월 정신장애인 가족위기개입 프로그램. 삼성복지재단 '작은나눔 큰사랑' 선정
4~12월 삼성지원 가족개별면담 실시
10월 삼성지원 가족 workshop '정신장애인 가족치료 전문가 훈련과정' 실시
10월 서울시 음악회 출전 대상수상
2004년 3월 삼성복지재단 '작은나눔 큰사랑' 2003년 사업수행 우수기관선정 상패수여
4월 외부보호작업장 개척(대명상사, 상일동)
9월 한국장애인고용촉진공단 연계 정신장애인 대상 pc마스터과정 실시
10월 미술치료 특강 실시, 음악치료 특강 실시
2005년 7~8월 회원대상 역량강화 프로그램 실시
8월 한국사회복귀시설 협회 주최 우수 프로그램 당선
10월 사회복귀시설 협회 주최 실무자 단기연수 프로그램 실시
11월 사회복지협회 평가 총점 92.19점으로 상위 10%의 우수기관 선정
12월 풍납복지관 3층으로 확장 이전
2006년 1월 ○○정신보건센터와 서비스 협약서 체결
2월 한국정신보건가족협회 ○○지회 결성
4월 정신건강캠페인 실시(천호역)
4월 한국장애인고용촉진공단 장애인상담원 실습기관 선정

7월 일산직업능력개발센터 직업탐색 프로그램 참여
8월 한국장애인고용촉진공단 공직체험 프로그램 실시
9월 사회복지사의 날 보건복지부 장관상 수상

3) 기관역사에 대한 실습생의 평가

○○정신장애인사회복귀시설 ○○○○은 지난 10년 동안 지역사회의 정신장애인들을 위한 무수한 업적을 남겼다. 정신장애인들이 사회로 복귀할 수 있게끔 하는 재활 프로그램과 다양한 서비스를 제공해 왔으며, 내부・외부적으로 인정을 받는 수상들도 받게 되었다. 또한 내부・외부적으로 정신장애인 보호작업장을 설치하여, 그들의 사회복귀와 취업에 대한 욕구를 돕고자 하였고, 대기업으로부터 정신장애인 임시취업 프로그램 사업도 지원받아 많은 정신장애인들에게 취업의 경험기회도 마련해 주었음을 알 수 있었다. 이에 10년이 지난 지금 정신장애인사회복귀시설들 중 가장 인정받는 국내 최고의 복지관형 사회복귀시설로 알려져 있고, 정신장애인들의 재활에 앞장서는 다양한 취업장 및 자원의 적극적 개발 및 연계 사업을 유지하고 있기에, 앞으로도 많은 기대가 되는 기관이다.

3. 기관의 목적

- 정신장애인과 가족이 정신장애에 대해 정확한 이해를 가지고, 효과적으로 대처해나갈 수 있도록 한다.
- 일상적인 개인생활이나 대인관계상의 필요한 사회기능을 향상시켜 지역사회에서 독립적으로 살아갈 수 있도록 한다.
- 정신장애인 가족의 심리・정서적, 사회적, 경제적 부담의 경감과 삶의 만족도를 증진시킨다.
- 정신장애에 대한 사회적 편견 극복 활동과 옹호활동을 통해 지역사회복귀 프로그램의 확산 및 정신보건정책의 개발에 기여한다.
- 정신장애인 통합적 직업재활서비스를 통하여 경제적 독립이 가능토록 한다.

4. 기관의 주요 사업 및 프로그램

1) 클라이언트 자격 및 대상현황

< 대상 >

: 정신장애로 어려움을 겪고 있는 만 15세 이상으로 정신과 치료경험이 있거나 현재 약물치료를 받고 있으며, 단체생활이 가능하고 체계적인 재활치료를 받고자 하는 자
: 6개월~1년간 이용을 통한 사회로의 복귀를 희망하는 자
: 알코올중독, 치매, 중복장애 등은 이용불가

시설종별	이용자(명)				취업현황(명)						
이용시설	계	유료	무료	1일 평균	실인원(명)	업종별					
						계	제조업	서비스업	식품유통	음식점	기타
	50	45	5	48	37	42	21	10	7	0	4

이용기간					연령별						병명별						
6월 이하	6월-1년	1-2년	2-3년	3년 이상	계	20세 미만	20 대	30 대	40 대	50 대	계	정신 분열증	조울 증	알콜 약물	우울 증	정신 지체	기 타
20	8	7	7	8	50	0	17	24	7	2	50	38	4	0	3	2	3

〈신회원 등록절차〉

안내 → 초기면접(등본 / 주치의 의뢰서 / 등록비 및 월 회비 / 수급권증명서 혹은 장애인카드 해당자만 지참) → 임시 등록기간(한 달간의 적응기간) → 정회원

〈회원등록〉

: 회원등록은 매달 첫째 주 월요일(1일) 또는 셋째 주 월요일(15일) 등록을 원칙

: 기존회원은 월 회비를 전달 넷째 주에 납부하고 늦어도 당월 첫째 주 내에 납부해야 함

〈신회원 회비체계〉

회원 구분	참여기간	비용수납 한도액			
		회원등록비	이용료	식 대	계
일반회원	첫 달	30,000	44,500	40,000	114,500
기초생활보장수급권자		30,000	면제	40,000	70,000

* 등록 첫 달은 회원등록비를, 취업 후 첫 달은 회비납부(6개월간 사례관리비)
* 환불규정 : 신회원 등록비는 환불되지 않음. (통장사본, 영수증 지참)
  등록 후 보름(2주) 미만에 종결 시 금액의 50% 환불
  등록 후 보름(2주) 이후 종결 시 환불 불가. 1주 이내 환불신청 해야 함

2) 주요 사업

- 생활훈련사업
  ① 일상생활기술훈련
  ② 약물관리 증상관리 교육
  ③ 긴장이완 및 여가활동훈련
  ④ 사회기술훈련
  ⑤ 지역사회적응훈련(외출, 캠프, 주말 프로그램, 체육대회, 견학)
  ⑥ 초기상담
  ⑦ 개별상담 및 집단상담
  ⑧ 가족상담/ 가족교육/ 가족캠프

- 직업재활사업
  ① 보호작업장(작업치료 및 job club) 및 취업준비교육
  ② 부서활동
  ③ 기술훈련, 사회교육

④ 취업장 개발(임시취업, 지원고용, 독립취업) 및 연결
⑤ 취업회원 사후관리(상담, 취업장 방문, 고용주 교육, 자조모임)

– 교육 및 연구사업
① 시설종사자 보수교육 및 자문
② 전문가 및 일반인 대상 교육실시
③ 보조인력 교육(수련생, 실습생, 자원봉사자) 및 관리
④ 학술활동(proposal 응모, workshop 실시, 외부 세미나 원고발표)
⑤ 프로그램 및 서비스 만족도 조사(가족, 회원, 자원봉사자 대상)

– 홍보사업
① 소식지, 홍보책자 발간 및 발송
② 사업안내 및 홍보(대중매체, 기관방문자, 유관단체, 관련전문가 대상)

– 기획 및 연계사업
① 유관기관 서비스 의뢰(회원의뢰 및 자문, 보고서 발송)
② 연계사업(정신건강의 날/ 서울시사회복귀시설협회/ 복지관형 사회복귀시설장 모임/ 지역사회정신보건전문가 모임/ 직업재활실무자모임 등)

3) 단위 프로그램
– 부서활동
환경관리부 : ○○○○ 전체 환경을 관리하는 부서
(청소기 돌리기, 걸레질, 화장실청소, 먼지제거, 비품관리)
취업부 : 3단계 이상으로서 취업준비교육을 수료 후 취업을 본격적으로 준비하는 부서
(취업관련 서류, 매너교육, 인터넷을 통한 자발적 구직활동)
사무홍보부 : 취업 전 사회생활 준비를 목적으로 사무업무를 훈련하는 부서
(회원생일카드 준비 및 선물포장/ 은행 & 우체국업무/ 회원 출근부 체크/ 월말회원출근통계/ 이면지 정리/ 월말 회원활동 보고서, 소식지 우편발송/ 남여 화장실청소/ 명언개시/ 음악 DJ/ 공문정리/ 회원활동보고서 차트 정리/ 기타 행정업무주간소식지/ 월간소식지/ 생일카드 쓰기/ 신회원생일자 알아오기/ 우편발송작업/ 월말회원출근통계/ 타임카드변경/ 홈페이지 관리/ 기관방문일 개시)

	월	화	수	목	금
1주	신회원부 소개 신회원 개인소개 ○○○○ 규칙 출・퇴근 관리방법 타임카드 찍는 법	O.T 자기표현 연습	장애등록절차 장애등록 시 혜택 지원고용 장애인복지관 이용	정신장애의 종류 및 원인 (정신분열병과 우울병)	행동목표 실천평가 주간활동 평가 주말계획 세우기 화장실 청소
2주	연간사업/ 재활 프로그램 안내	자기표현 연습	정신보건센터 주거시설 직업훈련시설 이용하기	정신장애의 발병원인	

3주	취업과정 안내	공감하기와 경청하기	직업 탐색방법 고용관련 인터넷 검색실습	항정신병약물의 효과와 특성	행동목표 실천평가 주간활동 평가 주말계획 세우기 화장실 청소
4주	부서활동 단계조정 재활목표 세우기 부서전환 정하기 부서파견	감정관리 연습	구직등록하기 실습	부작용, 잔존증상 관리하기 재발방지	

신회원부 : 등록한 지 1달 미만의 신회원을 대상으로 기관적응을 돕는 부서

– 대표자회의 / 자치회의

매주 금요일 1:00-1:30/ 3:00-4:00 실시

각 부서대표자 및 조장이 참석하여 ○○○○ 공동의 문제를 토론하고 의견수렴하고 결정

모든 부서장과 조장이 참여. 자치회의의 경우 모든 회원이 참여

조장 발표/ 부서장 발표/ 주간소식지 내용 발표 및 평가/ 건의사항/ 공지사항

주간별 특별 주제

(1주 : 전달 우수회원 선정, 외출지 결정 / 2주 : 생일축하 / 3주 : 취업현황 발표 / 4주 : 한 달간 프로그램평가, 출석우수회원 발표, 부서장 & 조장선출, 프로그램 변경 욕구조사 실시)

– 단계조정 회의

빈도 : 월 1회 단계조정 실시, 단계에 따라 참여 프로그램 취업가능 여부가 결정

평가기준 : 출석률, 증상관리, 프로그램 참여도, 대인관계능력 등의 요소를 봄

평가방법 : 자원봉사자 실습생의 프로그램 운영일지 기록, 회원의 차트기록, 담당직원과 회원의 면담을 바탕으로 결정

효과성 : 회원에게 구체적인 동기유발, 목표를 가시화. 회원의 준비상태에 맞는 서비스 제공이 가능. 단계조정 결과와 기관 프로그램 참여 전반에 대한 보고서를 작성해 주치의와 가족에게 발송을 통해 상호협력체계 구축

〈단계 상승목표〉

	회원 참여도	재활서비스
1단계	• 등록 후 첫 한 달이 되었는가? • 출·퇴근 시간을 잘 지키는가? • 프로그램을 끝까지 참여하는가? • 위생관리가 잘 지켜지고 있는가? • 증상으로 인해 부적절한 말이나 행동을 하는가? • 약물관리를 스스로 하는가?	• 등록면담 & 가족면담 • 재활목표수립 • 신회원부참여 • 재활 프로그램 안내 • 약물증상관리교육 • 성활훈련 프로그램 참여
2단계	• 출·퇴근 시간을 지키는가? • 프로그램을 집중하여 참여하는가? • 위생관리를 청결히 하는가? • 증상은 있으나 통제가능하고 약물관리 스스로 할 수 있는가?	• 성활훈련 프로그램 참여 • 사무, 소식, 환경관리부 참여 • 취업준비교육 참여가능

<table>
<tr><td>3단계</td><td>• 프로그램시간을 지키며 집중력이 우수한가?
• 외모관리, 복장, 화장 등 self-care를 적절히 하고 있는가?
• 증상의 통제력 및 병식이 있고 스스로 약물관리 외래치료를 하고 있는가?
• 적절한 말과 행동으로 대인관계를 하고 있는가?
• 부서활동 등에 자발적으로 참여하는가?
• 보호작업장 근무에서 출·퇴근 작업시간을 지키는가?</td><td rowspan="2">• 보호작업장 참여가능
• 조장, 부서장 역할가능
• 구직활동 참여가능</td></tr>
<tr><td>4단계</td><td>• 출·퇴근, 개인위생, 증상약물관리를 도움없이 독립적으로 수행할 수 있는가?
• 업무를 정확히 혼자서 해 낼 수 있는가?
• 대인관계를 자발적 적극적으로 하고 있는가?
• 조장, 작업반장 등 리더의 역할을 하고 있는가?
• 취업준비교육, 구직활동, 기술교육 등을 받고 있는가?
• stress 대처능력이 있는가?
• 보호작업장 근무가 불량이 없고 작업장 규칙을 잘 지키는가?</td></tr>
<tr><td>5단계</td><td>• 대인관계에서 자발성, 적극성이 높은 편인가?
• 높은 수준의 업무를 정확히 혼자서 해낼 수 있는가?
• 업무의 지속성, 책임감, 자신감이 높은 편인가?
• 여가활용 금전관리 등을 잘 하고 있는가?
• stress 대처능력, 문제해결능력이 높은 편인가?
• 취업준비교육, 구직활동 등을 수료 후 독립적으로 취업준비, 진학준비 등을 하고 있는가?
• 보호작업장 근무에서 리더의 역할을 해내고 작업량, 작업속도 정확성이 높은 편인가?</td><td>• 구직활동 참여
• 임시취업, 지원고용, 독립취업 가능
• 기술교육, 진학 등 외부기관 연결</td></tr>
</table>

– 가족교육

기관 이용 중인 가족을 대상으로 월 1회 매월 셋째 주 화요일 오후 4~6시 실시 (60분 특강 60분 각 재활팀 개별면담으로 진행)

월	주 제	강 사
1	연간사업안내 / 재활치료가 성공하려면	이○희
2	정신분열증병의 원인과 증상 대처방법	촉탁의
3	직업재활, 보호작업장 사업안내	장○은, 장○하
4	정신분열병의 약물치료	촉탁의
5	재활관련기관 탐방	이○희
6	정신분열병의 재발 및 재발 경고 징후	촉탁의
7	개별면담	재활팀
8	정신분열병의 예후와 재활치료	촉탁의
9	가족 – 가을 캠프	민○조
10	정신분열병 환자의 결혼과 성	촉탁의
11	정신장애에 대한 가족 질의응답	촉탁의
12	송년잔치	재활팀

– 자원봉사자교육

(기관 자원봉사자를 대상으로 월 1회 매월 마지막 주 화요일 교육 실시. 연 2회 캠프 실시)

월	주 제	강 사
1	약물학	촉탁의
2	특강	외부강사
3	진단분류	촉탁의
4	특강 2 해결중심단기가족치료	송○희
5	증상론	촉탁의
6	자원봉사자 캠프 & 감사장 전달	송○희
7	주요 정신장애 – 정신분열병, 기분장애	촉탁의
8	특강 3 – 심리극	이○희
9	정신상태 검사	촉탁의
10	특강 4 – 비폭력대화	외부강사
11	자원봉사자 가을등반대회	송○희
12	송년잔치 감사장 전달	촉탁의

– 보호작업장

기간 : 연중 매주 월요일 ~ 금요일

근무시간 : 오전 9시 ~ 오후 4시

정원 : 20명

운영방향 : 회원의 주체적인 참여 통한 역량 강화

회원의 직업능력 향상을 위한 다양한 프로그램 개발

취업을 위한 자아 존중감 향상 프로그램 개발

개별적인 평가를 통한 취업계획 수립

– 취업준비교육

회기	제 목	진행내용 및 목표
1	오리엔테이션	– 프로그램의 목적과 진행방식 소개 – 그룹원 소개 – 프로그램의 진행일정 알리기
2	개인정보 수집 및 직장생활의 장·단점과 직업조건 고려	– 구직경험 나누기 – 취업의 장·단점 파악을 통해 직업에 대한 개인적 기준설정
3	희망직업선택	– 개인의 희망직업 선택 – 개인이 찾은 희망직업의 발표 – 과제제시(구직정보 수집)

4	정보수집과 선택	- 현실적 구직의 고려사항 - 여러 직종에 대한 정보수집요령 - 최종 세 가지 직종 확정 - 인터넷 사용법
5	구인광고이용과 전화문의 연습	- 구직정보 나누기와 구인광고 이해하기 - 고용주와 전화문의 준비 및 연습
6	자기소개서와 이력서 작성	- 자기소개서와 이력서 작성요령 습득
7	채용면접의 준비	- 채용면접의 준비 및 병력문제에 대한 대응
8	구직활동에서의 문제해결	- 문제해결 5단계 소개 - 구직활동에서 생기는 문제의 해결에 대한 논의
9	취업 후 부딪히게 되는 문제	- 동료와의 갈등에 대한 준비 - 상관과의 갈등에 대한 준비 - 취업 중 발생하는 어려움
10	증상 및 약물관리	- 취업상태에서의 약물 및 증상관리
11	금전관리 문제해결과 이력서와 자기소개서 마무리	- 금전관리 문제설정과 해결제시 - 이력서와 자기소개서 완성하기
12	면접을 위한 역할연습과 종결모임	- 채용면접을 위한 역할연습 - 종결모임

– 직업재활사업

단위사업	사업명	목 표	담당자	사업진행내용
준비단계	Orientation	20명 * 3기 = 60명	직업재활담당	사업소개 및 프로그램 동의서를 작성
	구직면담	20명 * 3기 = 60명	직업재활담당	사례관리 교육 및 사업에 대한 OT 실시 사례관리자 계약서를 작성
	직무능력평가 실시	20명 * 3기 = 60명	보호작업담당	프로그램 사전에 작업능력평가를 실시
훈련단계 취업 전 프로그램	OJT (실제업무 훈련)	20명 * 20일 * 12개월 = 4,800회	보호작업담당	취업을 준비하는 회원이나 보호작업에 참여하고자 하는 회원들을 대상으로 주 5회 4시간 이상을 작업에 참여
	취업준비교육	15명 * 3기 15회 = 675회	보호작업담당	취업을 준비하는 회원들을 대상으로 하여 구직활동 및 취업을 유지하는 데 필요한 전반적인 방법 습득
	JOB CLUB	10명 * 3기 15회 = 450회	직업재활담당	경쟁적인 고용이 가능한 회원들을 대상으로 구직활동에 필요한 전반적인 과정에 주체자로서 활동
실행단계 1 취업 활성화 프로그램	임시취업	월 3명 * 12개월 =36명	직업재활담당	회원의 욕구와 개별적 능력에 맞게 취업장을 회원과 함께 개척하여 취업연계
	지원고용			
	독립취업			

실행단계 2 social support system 구축 프로그램	고용주 및 직원교육	수시로	직업재활담당	취업장의 고용주와 직원들의 정신장애에 대한 이해를 돕기 위해 취업 시 한 달 이내에 교육을 실시
	어울샘	15명 * 2개월 =180명	직업재활담당	취업한 회원들 간의 지지와 상호교류를 통해 취업을 유지할 수 있도록 하며 다양한 문제상황에 대처하는 방법들을 나눌 수 있도록 한다.
	지역사회홍보	수시로	직업재활담당	소식지 및 인터넷홍보 판촉물 등을 이용하여 지역사회에 사업에 대한 홍보와 함께 취업장을 발굴할 수 있도록 한다.

4) 기관의 대상층 및 주요 사업에 대한 실습생의 평가

- ○○○○의 대상은 정신장애로 어려움을 겪고 있는 만 15세 이상으로 정신과 치료경험이 있거나 현재 약물치료를 받고 있으며, 단체생활이 가능하고 체계적인 재활치료를 받고자 하는 자이었고, 사회적으로 취약한 클라이언트의 비율은 소수였다. 대부분의 클라이언트들은 병원, 정신보건센터 등으로부터 의뢰되어 등록하거나, 홍보물, 인터넷 홈페이지를 통해서 등록하게 됨을 알 수 있었다.
- 전체적인 프로그램들은 정신장애인들의 취업을 준비시키기 위한 과정으로 이루어져 있어 회원들을 사정단계에서부터 기능에 따라 A(하위그룹), B(상위그룹), C(취업준비반)로 나누어 차별적인 서비스 계획을 수립하고, 각 회원에게 직업재활계획을 설명해 줌으로써 취업에 대한 욕구를 촉진시키고 있었다. 이에 직업재활의 단계가 다양하여 기능이 낮은 회원들에게도 취업을 경험할 수 있도록 하며, 회원의 기능과 참여할 취업의 형태에 따른 개별적 취업준비교육을 실시하고 있어 매우 효과적으로 구성되어 있음을 알 수 있었다.

  그리고 회원들의 취업 가능성, 취업 적극성, 문제해결능력, 작업능력에 대해서 회원들, 가족, 재활팀, 자원봉사자 등이 종합적으로 평가를 실시하여, 월 1회 건강 및 기능과 과제수행능력을 평가하여 단계를 조정하고, 이 과정에서 회원들은 자신의 목표수립에 적극 참여하며 스스로 성취를 평가해볼 수 있도록 되어 있다. 이는 다양한 기능의 회원들에게 단계별로 차별화된 서비스를 제공해줄 수 있고, 회원들의 발전, 변화에 효과적으로 도울 수 있는 장점을 가지고 있다. 또한 프로그램에 참여하는 모든 회원들에게 최종목표를 사회복귀와 취업에 두어, 만성환자나 취업에 욕구가 없는 회원들에게도 효과적인 동기화를 끌어낼 수 있는 장점이 있음을 알 수 있었다.

5. 기관의 행정사항

1) 기관의 조직구조

☞ 직원구성

- 원장 : 장** (정신보건 사회복지사)
- 팀장 : 백** (정신보건 사회복지사)
- 직업재활팀장 : 김**
- 정신보건간호사 : 신**
- 사회복지사 : 전**
- 정신과자문의 : 박** (박** 신경정신과 원장)
  배** (** 마음 크리닉 원장)
  이** (**대학교병원 정신과 교수)

– 정신보건 임상심리사 : 김**
– 정신보건 사회복지사 수련생 : 고**, 한**, 오**
– 서포터즈 : 사회복지학, 간호학, 임상심리학 관련 전공자들

구 분	계	센터장	팀 장	간호사	서무/ 자원봉사	자문의	임상심리사	수련생
계		1	2	1	1	3	1	4
비 고		• 정신보건사회복지사 : 4인 • 정신과자문의 : 3인 • 정신보건간호사 : 1인 • 정신보건자문임상심리사 : 1인 • 정신보건 사회복지사 수련생 : 4인						

☞ 조직도

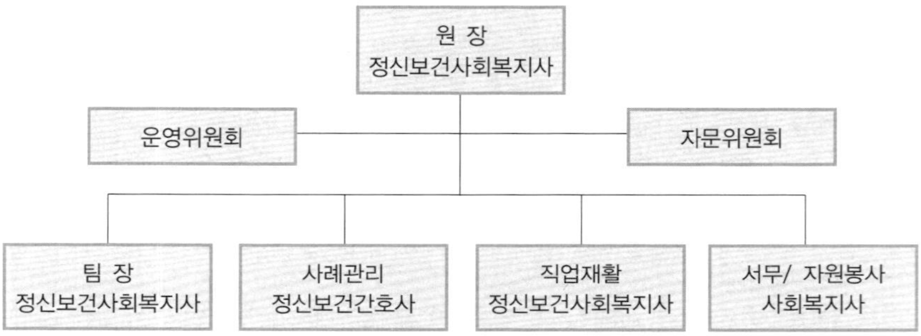

2) 예산, 후원 및 지원사항

-

(단위 : 천 원)

세입					세출			
보조금	자부담	이월금	잡수입	사업수입 (이용료수입)	사무비	재산조성비	사업비	기타비
170,791	517	2,191	13	69,600	148,019	4,862	77,280	1,027
계 : 243,112					계 : 243,112			

3) 기관의 행정구조와 예산 사용 및 후원에 대한 실습생의 평가

– 기관의 조직구조는 전문성을 중심으로 5명의 직원들에게 적합한 업무배치와 역할이 나누어져 있었고, 기관 내 회원들을 관리하는 보고계통이나 수퍼비전 체계가 시설장을 중심으로 명확하게 유지되고 있었다. 기관 내부의 공식적 회의는 정기적으로 주 1회 진행되고 있었으며, 비공식적 모임으로는 직원집단상담 시간을 갖는 것으로 파악되었다.

– 기관의 예산은 할당받은 금액이 넉넉치 않아, 지원사업에 참여하여 시행하거나 후원금을 받아 운영되고 있었고, 1년 예산 안에서 많은 프로그램 사업과 서비스, 홍보활동을 진행 & 평가하면서, 10년 동안 긍정적으로 유지되고 있음을 알 수 있었다.

6. 기관이 속한 지역사회, 물리적 환경의 특징

1) 지역사회

- ○○정신장애인사회복귀시설 ○○○○이 위치하고 있는 ○○구는 계획적으로 설립되어 주거환경, 도로, 교통편, 공원, 병원, 교육기관들, 복지시설, 여가시설, 주거시설과 다양한 지역사회 시설이 잘 구비되어 있는 대형구이다. 고밀도 지역인 잠실에는 재건축을 허가하여, 새로운 주거환경을 조성하고, 지하철 2, 5, 8호선과 지역버스들의 편리한 교통편이 마련되어 있으며, 130개 이상의 교육기관들, 400개 이상의 의료시설들, 290개의 복지시설들이 존재하여, ○○구의 주민들은 다양한 자원들을 쉽고 편리하게 이용할 수 있겠다. 또 ○○구는 같은 강남권 내에 있는 강남구, 서초구와 비교해 보았을 때, 다양한 범위의 주민들이 편리한 생활을 할 수 있도록 복지기관과 시설들을 더 많이 갖추고 있었다. 반면 ○○구청을 중심으로 구청 주변에 있는 잠실동, ○○동의 여유 있는 주민들과 구청에서 떨어져 있는 풍남동, 거여동, 장지동 등의 여유롭지 못한 생활환경의 조화가 좀더 필요한 듯 느껴졌다. 이에 ○○구 내에 존재하는 주민들의 생활환경 격차(아파트 단지와 주택지의 교통편 차이와 문화, 여가시설의 접근정도의 차이 등)를 줄여나가기 위한 노력들이 필요할 것으로 생각되었다.
- 지역사회 내 기관의 인지도는 매우 낮다. 풍○동 주민들 중 ○○종합사회복지관이 어디에 위치하고 있는지 모르는 분들이 대부분이었고, ○○정신장애인사회복귀시설 ○○○○가 존재한다는 것은 시설을 이용하는 회원들, 정신보건사회사업 관련자들 외에는 거의 없었다. 이에 ○○○○에서는 벼룩시장이나 구청 홈페이지, 정신보건 관련 사이트에 홍보활동을 하고, 각종 세미나 참석 시에도 구두적으로 홍보를 한다. 그 외 ○○정신보건센터, 보건소, 아산병원, 주변 관련기관들로부터 의뢰받거나 그 기관들에 홍보물을 배치하여 알려지고 있는 실정이었다.

2) 물리적 환경(시설, 공간 등)

- ○○정신장애인사회복귀시설 ○○○○이 위치하고 있는 ○○구 풍○동에는 풍○복지관, ○○○○ 등 사회복지서비스 기관이 잘 보이지 않는 곳, 찾기 어려운 곳에 위치하고 있다, 이용하고자 하는 서비스 대상자들이 접근하기 어려움을 가지고 있다. 또한 기관 주변에 주거환경이 빽빽하게 갖추어져 있지만, 이에 맞는 주차공간이 부족하고, 풍○동 내에 다양한 노선의 버스와 지하철이 존재하지만, ○○○○에서 대중교통을 이용하기에는 거리가 있어 많이 걸어야 하는 불편함이 있다. 이에 사회복지서비스 기관(○○복지관)과 ○○사회복귀시설을 이용하는 대상들을 위해 기관의 안내도와 표지판 설치를 늘려 쉽게 찾아 이용할 수 있도록 하고, 다양한 홍보활동들을 실천하여 주민들의 접근성을 확장시켜나가야 할 것으로 생각되었다.

7. 사회복지기관으로서 지역 내 타 기관들과의 연계

1) 서비스 의뢰 및 연계체계

사업명	대 상	협력기관	서비스 프로그램	서비스 조정전략
회원보고서 발송	이용 중인 모든 회원	각 병원 정신과	의뢰회원보고서 발송	회원의 증상 약물조정 상의
정신장애인 무료건강검진 회원의뢰	이용 중인 모든 회원	○○구보건소	무료건강검진 보건소행정지도	보건소와 협의 연 1회 이용자 건강검진 실시

회원의뢰 사례관리의뢰	정신보건센터 이용이 필요한 정신장애인	○○정신보건센터 광진구정신보건센터	주간재활서비스 사례관리서비스 약물증상관리	양성증상이 심하거나 주간재활이 필요한 회원의 의뢰
위기상담 주거시설연결	서울시거주 정신장애인	서울광역정신보건센터	주거시설 연결	광역센터에서 운영하는 주거시설에 입소대상 회원의뢰
소아청소년 정신보건사업	서울시거주 정신장애를 가진 소아청소년	서울광역소아청소년 정신보건센터	상담 및 재활서비스	정신보건서비스가 필요한 소아청소년에게 서비스연결
주거시설	주거가 필요한 정신장애인	서울시내 주거시설	주거서비스	주거시설입소가 필요한 회원에게 정보제공 및 주거시설 연결
취업장 연결사업	취업예정회원	직업재활실무자모임 장애인고용촉진공단	취업장 정보제공 취업메뉴얼개발	회원의 욕구에 맞는 취업장 연결
알콜중독환자 서비스 연결	알콜중독 정신장애인	잠실알콜상담센터 중랑한울알콜상담센터	알콜중독재발방지교육 사례관리연결	기관에 서비스의뢰
보호작업장	보호작업장 참여회원	중일기업 준악세사리 외 2곳	보호작업	일거리제공
임시취업	취업예정회원	종로구립장애인 보호작업장 진○사	임시취업장 제공	사례관리 위기개입
지원고용	장애등록이 된 취업예정회원	S○S 나○통상 비○시스템 한국지체장애인협회 인쇄소 방○홈패션 IPS이미지 EM실천/ 부경광고기획	지원고용업체 연결	사례관리 직무지도 위기개입 사례회의
기술훈련 사회교육	기술훈련이 필요한 이용회원	상○직업전문학원 성○기능대학 서○직업전문학교	자격증반 운영 취업관련기술습득	자원연결 자격증과정 수료지원

2) 기관의 타 기관과의 관계유지에 대한 실습생의 평가

○○○○의 타 기관연계는 병원의 정신과, 보건소, 정신보건센터, 주거시설, 공단, 작업장 등 정말 다양한 기관들과 함께 이루어지고 있다. 이에 회원들은 기관 내 재활 프로그램들과 보호작업장의 경험을 바탕으로, 타 기관들이 마련해준 정신장애인들의 사회복귀, 취업준비기능 강화를 위한 서비스, 프로그램들에 적극적으로 참여하고 있다.

8. 기관의 특별한 면이나 전반적인 사항에 대한 인상이나 느낌

1) 대외수상 경력

1999년 12월 7일 대한신경정신의학회 주최 정신장애극복재활대회 사회적응훈련부문 밝음상 수상
2000년 11월 15일 보건복지부 주최 정신장애극복 재활대회 인기상 수상

2000년 11월 15일 보건복지부 주최 사회적응훈련대회 미소상 수상
2001년 2월 9일 연세사회문화센터 주최 제1회 컴퓨터한마당 단체전 버금상 수상
2001년 5월 10일 서울시정신건강홍보기획단 주최 제2회 서울시 정신장애인 인터넷서바이벌대회장려상
2001년 5월 10일 서울시정신건강홍보기획단 주최 서울시 정신장애인 계주대회 준우승
2001년 11월 14일 한국정신보건사회사업학회 주최 제3회 정신장애극복재활대회 미소상 수상
2002년 4월 19일 서울시정신건강홍보기획단주최 제3회 정신장애인사이버대회 문서작성릴레이 1등
2002년 4월 24일 ○○구 주최 ○○장애인한가족한마당 축제 노래자랑 우수상 수상
2002년 5월 3일 서울시정신건강홍보기획단 주최 제3회 정신장애인 축구대회 mvp
2002년 9월 17일 ○○구청 주최 구민의 날 기념 시설장 이근희 공로상 수상
2003년 4월 4일 서울시 정신건강의 날 기념 시설장 이근희 공로상 수상
2003년 4월 15일 ○○구 주최 ○○장애인한가족 한마당축제 노래자랑 우수상 수상
2003년 12월 8일 서울시주최 제1회 Hi seoul 아름다운 사람들 음악회 대상 수상
2004년 3월 30일 삼성복지재단 2003년 작은나눔큰사랑 사업 수행우수기관 수상
2004년 3월 30일 삼성복지재단 2003년 작은나눔큰사랑 사업 실무자인증서 수상
2006년 9월 7일 우수사회복귀시설 보건복지부장관상, 한국사회복지협의회 추천

2) 인상과 느낌

00정신장애인사회복귀시설 ○○○○을 살펴보면서, ○○○○은 대표적인 정신장애인사회복귀시설들 중 하나로, 정신장애인들의 직업재활을 위해 보다 체계적인 사정과 분류, 단계적 접근 프로그램, 서비스를 시도하고 있음을 알 수 있었다. ○○사회복귀시설은 회원들의 직업재활이라는 분명한 목표를 향해, 재활 프로그램부터 독립취업까지 전체과정을 잘 구성하고 있었고, 효과적인 재활 프로그램을 수행하기 위해 각 회원들의 다양한 기능 및 증상, 과제수행 능력, 직업관련 적성과 욕구, 직업 적응기술을 향상시키도록 노력하고 있다. 내부적으로는 회원들의 정보관리를 그때그때마다 기록하고 저장하여 보관하고, 정보시스템 관리에 신경 쓰고 있지만, 한 가지 아쉬운 점은 ○○○○ 홈페이지 관리에 투자를 하지 않아, 기관에 대해 알아보고 싶거나, 최근 프로그램에 대한 정보를 얻을 수는 없었다.

3. 실습 중간 평가서

실습생은 실습 중반기에 자신의 실습과 수행 전반에 대해 중간 평가서를 작성하고 이를 토대로 실습지도자와 실습중간평가를 진행한다. 실습지도자의 별다른 지시가 없을 경우에도, 실습일정의 중간시점에 중간평가서를 작성하여 실습지도자와 학교에 제출한다.

실습중간평가는 초기 자신이 수립한 실습목표가 잘 수행되고 있는지에 대해 실습생 스스로 점검한다는 데 그 의미가 크다. 뿐만 아니라 실습지도자와 동료 실습생 그리고 기관종사자들의 피드백을 통해 실습생의 성장한 점과 추후 노력해야 할 부분을 확인하여 실습 종결시점까지 자신의 성장을 위해 구체적으로 노력할 수 있다. 이를 통해 보다 질 높은 실습이 가능하게 되므로 학습효과를 극대화할 수 있다.

다음은 중간평가서 작성 시 주의사항이다.

(1) 평가 시에는 실습초기에 계획했던 목표 및 계획에 기초하여 객관적으로 평가해야 하며 실습생 자신의 느낌에 따라 주관적으로 장황하게 기술하지 않도록 주의한다.
(2) 실습생은 중간평가서의 세부항목에 따라 자신이 수행한 역할과 과업을 제시한 뒤 이를 평가하고 종결시점까지 자신이 노력해야 하는 부분을 구체적으로 제시한다.
(3) 자신이 수행한 실습 내용과 역할을 구체적으로 기록한다.
(4) 기관 및 실습지도자에 대한 건의사항은 논리적으로 타당해야 하며 최대한 공손하게 기록한다.

다음은 기관에서 가장 보편적으로 사용하는 실습중간평가서 중 대표적인 두 가지 양식을 제시한 것이다.

〈실습 중간 평가서 양식〉

실 습 중 간 평 가 서

* 본 평가서는 실습지침서를 참고하여 중간평가와 종결평가 내용을 실습생 본인이 작성합니다. 서술양식으로 작성한 뒤 실습 실습지도자와 평가회를 갖는 것이 좋습니다.

실습생 명		실습기관	
실습기간		실습지도자	
실습평가일		실습지도교수	

1. 실습목표와 관련된 실습 내용 및 역할에 대한 평가
   1.1. 수행한 실습 내용 및 역할의 요약
   1.2. 평가
   1.3. 앞으로의 계획

2. 실습에 임한 자세 및 노력

3. 실습을 통해 배운 점

4. 앞으로 더 필요한 지식과 기술

5. 실습에서 어려웠던 점

6. 기관 및 실습지도자에게 건의할 점

〈실습 평가서 양식〉

실 습 평 가 서[1]

* 본 평가서는 실습지침서를 참고하여 중간평가와 종결평가 내용을 실습생 본인이 작성합니다. 서술양식으로 작성한 뒤 실습 실습지도자와 평가회를 갖는 것이 좋습니다.

실습생 명		실습기관	
실습기간		실습지도자	
실습평가일		실습지도교수	

1. 실습일정에 대한 평가

2. 실습 내용 및 역할에 대한 평가

3. 실습목표에 대한 평가
   1) 구체적이고 적절한 목표 설정 여부
   2) 목표의 달성 여부

4. 서비스 실천과정에 대한 평가/ 정책 및 행정 실습에 대한 평가
   1) 문제파악 및 자료수집능력/ 문제인식능력
   2) 문제사정능력/ 문제분석능력
   3) 개입기술/ 문제해결을 위한 대안제시능력
   4) 면접기술/ 기존지식과 정보의 사용능력
   5) 기록기술/ 기록기술
   6) 클라이언트와의 전문적인 관계형성/ 유관기관 및 관련된 사람들과 전문적인 관계형성

5. 실습생의 자원활용에 대한 평가(인적, 물적 자원)
   1) 기관 외의 자원활용
   2) 실습과 관련된 참고서적의 활용

1) 본 평가서는 실습지침서를 참고하여 중간평가와 종결평가 내용을 실습생 본인이 작성한다. 서술양식으로 작성한 뒤 실습지도자와 평가회를 갖는 것이 좋다.

6. 실습에 임하는 자세에 대한 평가
   1) 업무관리
      (1) 시간 준수, 과제제출
      (2) 주어진 일에 대한 업무조절능력
   2) 직원과의 관계(실습지도자, 타 직원, 타 전문직 직원)
   3) 다른 실습생과의 관계
   4) 실습에 있어서의 적극성 및 자발성

7. 전문적 태도에 대한 평가
   1) 사회복지사로서 실습생 자신의 장·단점에 대한 인식
   2) 전문가로서 윤리 및 가치관의 이행

8. 실습지도 활용정도에 대한 평가
   1) 실습생 자신의 실습지도 활용정도에 대한 평가
      (1) 기관 실습지도
      (2) 학교 실습지도
   2) 실습지도 자체에 대한 평가
      (1) 기관 실습지도
      (2) 학교 실습지도

9. 기관 이해도에 대한 평가
   1) 실습생의 과업과 관련된 기관의 목적, 정책, 행정절차에 대한 이해
   2) 실습생으로서의 기관 내의 권한과 한계에 대한 인식

10. 기타 하고 싶은 말
    (실습에서 어려웠던 점, 앞으로의 계획, 실습지도자, 실습기관 및 학교에의 건의사항 및 바라는 점)

〈중간 평가서 예시〉

실 습 중 간 평 가 서

○○○정신장애인사회복귀시설

학교/학과	○○대학교 사회복지학과	성 명	홍길동
실습기관	○○○정신장애인사회복귀시설	실습지도자	이기자 정신보건사회복지사
실습지도 교수	지화자 교수님	실습기간	2011.1.5. ~ 2011.2.18.

실습전체 일정 및 실습개요 정리

		1/5	1/6	1/7
		- 정신의학용어시험 - 수련생스터디참관 - 팀별 아침모임 - 명상 - 컴퓨터동아리활동 - 신종플루 및 화재 예방 교육 - 개별활동시간 - 수퍼비전	- 정신의학용어시험 - 수련생스터디참관 - 팀별 아침모임 - 명상 - 컴퓨터동아리활동 - 신종플루 및 화재 예방 교육 - 개별활동시간 - 수퍼비전	- 수련생수퍼비전참관 - 팀별 아침모임 - 독서토론 - 컴퓨터동아리활동 - 외출 - 실습생 스터디
1/10	**1/11**	**1/12**	**1/13**	**1/14**
- 전체직원회의 참관 - 직원회의 - 자치회의 - 주간목표수립 - 컴퓨터동아리활동 - 개별활동시간 - 실습생 수퍼비전	- 수련생스터디 참관 - 아침모임 - 세상읽기 - 인간학 특강	- 사례회의 참관 - 아침모임 - 명상 - 동아리 - 청소 - 동영상 프로그램 & 개별활동시간 - 회원차트정리	- 리더십 프로그램 - 아침모임 - 필라테스 - 동아리 - 팀 회의 및 소모임 - 실습생 스터디	- 수련생수퍼비전참관 - 아침모임 - 테마독서(독서토론) - 동아리 - 회원차트정리 - 실습생 스터디
1/17	**1/18**	**1/19**	**1/20**	**1/21**
- 직원회의 - 자치회의 - 주간목표수립 - 웃음치료 - 동아리 - 개별활동 - 실습생 수퍼비전	- 수련생스터디 참관 - 아침모임 - 소모임 - 동아리 - 대청소(회원심사 분석)	- 아침청소 - 아침모임 - 명상 - 동아리 - 동영상 - 개별활동 - 시간관리세미나	- 사례회의 - 필라테스 프로그램 준비 - 필라테스 - 동아리 - 나도가수왕 - 개별활동 - 약물증상교육 - 회원심사분석 마무리	- 하루일정점검 및 행정업무 인수인계 - 아침모임 - 세상읽기 - 동아리 - 사무실 행정업무 보조 - 개별활동 - 기관홍보보조 및 매점 정산 보조 - 자조모임준비

실습에 대한 평가

1) 실습목표달성에 대한 평가

1	지역사회 정신보건 및 정신장애인 재활의 제 이론과 실제 서비스를 익힌다.	1 2 3 4 ⑤

지난 실습기관은 병원세팅이다보니 지역사회세팅과 다른 부분이 많았다. 재활보다는 치료의 위주였으며, 사회복지적 개입보다는 약물치료 위주였다. 하지만 본 기관은 지역사회세팅이고, 사회복귀시설이기 때문에 정신장애인의 재활위주의 서비스를 제공하고 있다. 현재 본 기관에서 실습생으로서 진행되는 모든 프로그램들을 참관 또는 보조진행, 주진행을 해 봄으로써 현장감을 익히고 있다. 또한 약물증상교육, 수련생 스터디, 실습생 스터디 등을 통해 정신질환에 대한 이론적인 부분도 보충하고 있어 많은 도움이 되고 있다.

2	집단지도를 실시해 집단의 역동성을 다루는 기술을 배운다.	1 2 3 ④ 5

현재 컴퓨터 동아리, 1팀의 동영상 프로그램 주진행을 맡고 있으며, 1팀의 팀 프로그램인 소모임, 독서토론, 나도가수왕, 세상읽기 등의 프로그램들의 보조진행을 맡으면서 장선하 선생님과 수련 선생님이 어떻게 진행을 하는지, 어떻게 회원들을 대하는지 보고 배우고 있다. 또한 주진행, 보조진행을 하면서 집단의 역동성을 느끼고, 다루는 연습을 하고 있다. 프로그램이 끝나면 장선하 선생님으로부터 피드백을 받으면서 잘했던 부분은 강화하고, 부족한 부분은 보완하도록 노력하고 있다. 본 실습생의 내성적인 성격, 경험부족 등으로 인해 집단을 이끌어가기보다는 회원들에게 동화되어 진행자로서의 역할을 제대로 하지 못할 때가 종종 발생하고 있어서 아쉬움이 남는다. 앞으로 더욱 많은 노력이 필요한 것 같다.

3	사례회의 참여를 통해 정신장애인 대상 위기개입법이 가능토록 한다.	1 2 ③ 4 5

매주 사례회의를 참여하면서 각 팀의 회원들이 어떻게 생활을 하고 있는지, 팀별 역동은 어떠한지, 팀별 선생님들이 어떻게 개입을 하고 있는지 보고 들으면서 배우고 있다. 사례회의 때 나온 발표와 의견들을 들으면서 본 실습생이 회원들에게 어떻게 대해야 하는지, 특정한 상황에서는 어떠한 개입을 해야 하는지 배우고 있으며, 평소에 회원들을 대할 때 적용하려고 노력하고 있다. 아직까지 특별한 위기의 상황은 없어서 다행인 것 같다.

4	집단지도서비스 계획을 세우고 그에 따른 개입과정을 경험한다.	1 2 ③ 4 5

프로그램 계획을 세우고 직접 진행하는 것은 실습일정에 없어서 한편으로는 안심이지만, 한편으로는 아쉬움이 남는다. 계획된 실습일정이 타이트하기 때문에 프로그램을 기획하고 직접 진행하는 것은 어려운 것 같다. 대신 팀별 프로그램들을 주진행, 보조진행을 맡으면서 매 시간을 어떻게 진행할지 고민하고 실행하면서 또 회원들에게 개입하는 과정들을 경험하고 있다.

5	회원 개별 인터뷰를 통해 면담기술 및 회원의 욕구를 파악한다.	1 2 ③ 4 5

실습생 신분이라서 면담을 할 수 있는 기회가 주어지지 않지만, 프로그램을 통해 또는 쉬는 시간 등을 통해 회원들과 이야기를 나누는 형식으로 대신하고 있다. 회원들의 이야기에 경청하려고 노력하고 있고, 공감을 해주기도 하면서 회원들이 어떠한 욕구를 가지고 있는지 알아가고 있다.

2) 전문성 개발에 대한 평가

보다 전문성을 갖추기 위해 실습생 스터디 및 수련생 스터디 시간에 열심히 참여하면서 이론적인 정리를 하고 있으며, 사례회의 등을 참관하면서 개별회원들에 대해 파악하면서 어떠한 개입이 이루어지고 있는지, 또 어떠한 개입이 더 필요한지 등을 보고 들으면서 실천기술들을 익히고 있다. 또한 회원심사분석을 할 때도 회원들의 차트를 읽는 것뿐 아니라, 개인적으로 자료검색 등을 해 봄으로써 그 회원에게 어떻게 접근을 해야 하는지, 어떻게 개입을 해야 하는지 고민하고, 정리해 보고 있다. 그리고 틈틈이 수퍼비전 받은 내용들을 점검해 보면서 본 실습생이 부족한 부분에 대해 개선하려고 노력 중이다.

3) 실습역할 수행자의 자세 및 노력평가

* 행정적인 면

일정표에 따라 업무수행을 잘하고 있는 편인 것 같다. 출근시간도 항상 엄수하여 지각하지 않으려고 노력하고 있다. 과제도 제 시간에 하려고 노력하고 있으며, 기관 내의 다양한 프로그램들의 특성들에 대해서 파악하는 등 매 시간 열심히 하려고 노력 중이다. 특별히 크게 문제가 되는 부분은 없는 것 같다.

* 교육적인 면

사례회의를 참관하면서 각 팀의 개별 회원들에 대해 파악하고, 어떻게 개입하는 지 등을 배우고 있으며, 회원차트를 보고 분석해 봄으로써 간접적으로 심리사회적 사정을 해보고 있는 중이다. 단순히 코멘트로만 끝나는 것이 아니라, 직접사정 및 개입이론들을 적용해 보려고 시도하고 있다. 실습일지와 프로그램일지는 매일매일 작성하고 있으며, 매주 수퍼비전을 통해 받은 피드백에 따라 수정·보완하고 있다.

* 이론적인 면

실습생 스터디를 통해 예습을 하고, 요약과제를 통해 복습을 한 번 하고 있으며, 수련생 스터디 때보다 심화적으로 학습을 함으로써 정신질환에 대해 익히고 있다. 많은 내용을 다루지는 못했지만 한 가지 내용을 집중적으로 다룰 수 있어서 좋았던 것 같다.

4) 남은 기간을 통하여 배워야 할 점 또는 배우고 싶은 점

남은 기간 동안에도 기관 선생님들이 회원들과 관계형성을 어떻게 하는 지, 어떻게 실무를 보는 지 등을 더 보고 배우고 싶다. 또한 아직 남은 스터디 시간들을 통해 정신질환에 대해 보다 자세히 알아가고 싶다.

5) 실습을 통해 느낀 점 및 실습기관 및 지도자에 대한 건의사항

지난 실습 때에는 00치료감호소(국립법무병원)에서 실습을 하였다. 원래 실습생을 받는 기관이 아니라서 실습일정이 짜여져 있지 않은데다가, 병원이면서, 감호소이다보니, 사회복지 프로그램도 거의 없어서 본 실습생이 참여 할 수 있는 활동들이 많이 제한되었었다. 따라서 혼자서 지난 수련생들의 과제집을 보면서 간접경험을 하고, 정신장애와 관련된 서적들을 읽으면서 시간을 보냈었다. 겨우겨우 참여할 수 있었던 프로그램은 alcoholic들을 대상으로 한 인지행동치료 프로그램과 병동 라운딩 등이었다. alcoholic, MR, 종류별 schizophrenia, 종류별 PD, 기분(정동)장애, 이상성욕을 가진 pt 등 다양한 병명의 pt들을 볼 수 있었지만, 보는 것이 끝이었기 때문에 pt들과의 인터랙션이 어려웠었다.

하지만 이번 실습은 schizophrenia와 기분(정동)장애를 가진 회원들이 대부분이지만, 기관 내 모든 프로그램에 참여 또는 진행을 할 수 있고, 회원들과의 인터랙션도 쉽게 이루어질 수 있어서 정말 좋은 것 같다. 그래서 모든 프로그램에 항상 재미있게 참여하고 있다. 또한 본 실습생의 부족한 부분, 실수를 하는 부분들에 대한 피드백을 그때 그때 들을 수 있어서 정말 좋은 것 같다. 처음에는 6주나 되는 실습기간과 빡빡한 일정에 겁이 났었는데, 지금은 매일 매일이 재미있고, 하루하루 지나가는 것이 아쉽다. 앞으로 남은 시간도 열심히 배우고, 회원들과도 잘 지내면서 실습을 잘 마무리 하고 싶다.

4. 공문서 작성

기관에서 이루어지는 모든 공식적 업무는 문서작성을 통해 기안하고 이에 대한 결재를 득해야만 추진할 수 있다. 또한 기관 내, 외부와의 공식적 의사소통은 모두 문서를 통해 이루어지므로 공식적으로 규정된 양식과 절차에 따라 문서를 작성해야 한다. 따라서 문서작성능력은 사회복지사가 갖추어야 하는 가장 기본적 요소이다. 그러므로 실습생은 문서작성지침과 결재과정을 숙지하고 실제 문서작성능력을 갖추어야 한다.

1) 문서의 종류

(1) 작성주체에 의한 분류

① 공문서 : 행정기관 또는 공무원이 직무상 작성하거나 접수한 문서

② 사문서 : 개인이 사적인 목적으로 작성한 문서, 그러나 사문서가 행정기관에 제출하여 접수될 경우 공문서에 해당

(2) 유통대상에 의한 분류

① 대내문서 : 기관 내부의 지시, 명령 또는 협조를 하거나 보고 또는 통지를 위해 수발하는 문서

② 대외문서 : 국민, 단체, 타 행정기관에 수발하는 문서

③ 전자문서 : 컴퓨터 등을 활용하여 작성하거나 소프트웨어나 인터넷 등을 활용하여 결재 또는 송・수신하거나 저장된 문서

(3) 문서처리단계에 의한 분류

① 접수문서 : 외부에서 보내온 문서를 주관부서에서 일정한 절차에 의해 접수한 문서

② 기안문서 : 기안서식에 따라 사무처리 초안을 기재하여 상급자의 결재를 득하기 위해 작성한 문서, 결재문서라고 하기도 함

③ 시행문서 : 결재문서의 내용을 시행하기 위해 규정된 서식과 절차에 따다 작성되고 해당 부서나 타 기관에 발송되는 문서

④ 보존문서 : 자료적 가치가 있어 보존하는 문서

⑤ 협조문 : 합의문서에 해당하며 해당내용과 관계되는 다른 부서의 협조를 얻기 위해 작성하는 문서

⑥ 폐기문서 : 보존연한이 지나 문서가치가 상실되어 폐기처분되는 문서

⑦ 마이크로필름문서 : 마이크로필름에 주요 문서나 영구보존이 필요한 문서를 보관

2) 문서작성의 원칙

(1) 하나로 원칙

① 용지의 규격은 하나로 통일한다(One size) : 현재는 A4용지 규격으로 통일되었다. 용지규격이 통일되면 용지수급 및 문서정리가 쉬워진다.

② 문서작성매수는 1매가 가장 적절하다(One paper) : 업무내용을 정확하게 파악하여 도입부분의 의례적·형식적 내용을 생략하고 핵심적 내용만 논리적으로 서술한다.

③ 문서작성횟수는 1회로 최소화한다(One writing) : 동일 문건을 여러 번 재작성하는 데 따른 비능률과 낭비를 방지하자는 것이며 오자나 탈자를 철저히 점검하여 1회에 완성될 수 있도록 노력한다.

④ 한 문서에 한 가지의 내용을 작성한다(One matter) : 한 문서에 성질이 다른 여러 내용이 섞여 있을 경우 문서수발 및 파일링 시스템에 문제가 생길 수 있다.

(2) 문장구성의 세 가지 기본 원칙

① 정확성 : 문서는 정보전달을 목적으로 하므로 정확해야 한다. 사실내용을 정확히 파악해야 할 뿐 아니라 표현에 있어서도 정확성을 기해야 한다.

② 간결성 : 단문으로 쓴다.

③ 경제성 : 문서는 경제적이고 신속하게 처리한다.

3) 문서작성

(1) 문서의 구성 : 기안문, 시행문의 구성

① 두문 : 기관명, 수신자

② 본문 : 제목, 내용 및 붙임

③ 결문 : 발신명의, 수신자, 기안자, 검토자, 협조자, 결재권자의 직위 또는 직급, 서명, 문서생성번호와 시행일자, 문서 접수등록번호, 접수일자, 기관의 우편번호, 주소, 홈페이지, 전화번호, 팩스번호, 직원의 공식 전자우편번호 및 공개 구분 등

(2) 문서의 기안

① 기안 : 기관의 의사를 결정하기 위해 당해 사안에 대한 문안을 작성하는 것으로 발의하는 형식 또는 그 과정을 말한다.

② 기안자 : 기관에서 지정된 자로서 처음 발의하는 자, 즉 최초로 기안을 올리는 자가 기안자가 된다.

③ 기안의 요인

- 접수한 문서의 내용을 처리하기 위한 경우
- 상급자의 지시사항을 처리하기 위한 경우
- 순수하게 자신이 발의하는 경우
- 법령이나 훈령 · 예규 등의 근거에 의한 경우 등이다.

④ 기안의 종류

- 일반기안 : 하나의 안건을 처리하기 위한 기안
- 일괄기안 : 상호 관련성 있는 2개 이상의 안건을 동일한 기안용지에 일괄 작성하는 기안
- 수정기안 : 기안한 문서 자체에 간단히 수정하거나 필요한 사항을 추가하여 기안에 대신하는 경우
- 서식에 의한 기안 : 경미한 사항의 인 · 허가 시 또는 각종 증명서, 교부서, 별도의 기안문 및 시행문을 작성하지 아니하고 일정한 서식을 설계 · 제작하여 비치해 두고 기안문에 갈음하여 서식으로 처리하는 방법

⑤ 기안의 준비 및 고려사항

- 기안자는 기안에 앞서 안건에 관련된 문제를 파악하고 관계규정 및 과거 행정선례를 숙지하고 있어야 한다.
- 당해 사안을 기안하는 목적과 필요성을 고려해야 한다.

(3) 기안의 방법

① 기안용지 및 형식은 해당 기관의 것을 따른다.

② 수신란에 수신기관의 장을 표시하고 괄호 안에는 처리할 자(보조기관 또는 보좌기관)의 직위를 쓴다. 수신기관이 두 개 이상인 경우는 수신란의 내용을 수신처 참조로 표기하고 결문에 따로 수신자 또는 수신처 칸을 마련하여 수신자 또는 수신처들을 기재한다.

③ 본문내용을 항목으로 구분하여 작성할 시에는 다음과 같이 나누어 표시한다.

구 분	항목부호
첫째항목	1,2,3,4,....
둘째항목	가, 나, 다, ...
셋째항목	1), 2), 3), 4) ...
넷째항목	가), 나), 다), 라)....
다섯째항목	(1), (2), (3), (4)....
여섯째항목	(가), (나), (다)..
일곱째항목	①, ②, ③, ④, ⑤...
여덟째항목	㉮, ㉯, ㉰, ㉱ ....

④ 문서번호, 즉 '기관번호 + 분류번호 + 등록번호'로 구성된 문서번호를 기재한다(㉺ 문서번호 : 재가 제 6825-359호).

⑤ 본문내용 중 날짜표기시 연월일 사이를 한 칸씩 띄우고, 연월일의 문자 대신 온점(.)을 적어 구분하고 연도는 완전히 표기한다[2011. 8. 17(O), 11.8.11(X)].

⑥ 시행일자는 문서를 발생했거나 시행한 날짜를 기재한다.

④ 본문내용 작성 시 문장은 최대한 간결하고 정확하게 작성한다.

⑤ 붙임물 표시는 본문내용이 끝난 다음 왼쪽 기본선부터 붙임이라고 표기하고, 한 자(두 칸)의 빈 칸을 띄운 다음 붙임물의 명칭과 수량 등을 적는다. 붙임물이 두 개 이상일 때에는 '아라비아' 숫자로 항목을 표시한다.

⑥ 본문이 끝날 때에는 한 자(두 칸)를 띄우고 "끝"를 표시하며 "끝"자 다음에 온점(.)을 붙인다. 붙임물이 있을 시 첨부표시 다음에 두 칸을 띄우고 "끝"자를 쓴다.

⑦ 문서는 해당기관장 명의(관장, 총장, 시설장)로 발신하고 발신자란에 표시한다.

4) 기안 시 주의사항

(1) 적합한 결재과정과 담당자를 제시했는지 점검한다.
(2) 수신처와 참조가 적절하게 제시되었는지 점검한다.
(3) 문서번호와 시행 일자가 정확한지 점검한다.
(4) 문서 제목은 문제의 목적과 내용에 적합하게 간단명료하게 제시되었는지 점검한다.
(5) 오자나 탈자 여부, 문장구조, 줄 바꿈 등이 적절한지 점검한다.
(6) 문서의 하단에 '.끝.'으로 문서를 마무리했는지 점검한다.
(7) 필요할 경우, 첨부 또는 덧붙임 자료를 제시했는지 점검한다.
(8) 내부기안문서인지 외부시행문서인지에 따라 문서형식과 내용 모두 달라지므로 유의한다.

5) 문서의 보존과 폐기

(1) 문서는 생산기관, 보존기관, 생산년도 및 분류번호별로 구분하여 관리하게 된다. 문서관리 및 현황파악을 위해 문서기록대장을 작성하여 비치하고, 보관 중인 문서는 보존기관에 따라 처리한다.

(2) 보존기간

① 문서는 보존기관을 영구, 준영구, 10년, 5년, 3년, 1년 등 총 6종으로 구분하되, 문서의 종류별 보존기관 책정기준을 별도로 한다.
② 문서의 보존기관 기산일은 당해 문서를 처리·완결한 날이 속하는 해의 다음해 1월 1일로 정한다.
③ 기관장은 매년 1회 해당기관에서 보존하고 있는 문서의 보존기관 변경 필요성을 검토하고, 행정여건 변화 등에 따라 그 보존기관을 새로이 설정할 수 있다.

〈문서작성의 실예〉

00시정신장애인사회복귀시설/00대학교 운영

강점 실천 0000 누리

수신자 내부결재
(경 유)
제 목 2010년 하반기 0000누리 가족모임 계획

0000누리에서는 회원 가족을 대상으로 2010년 하반기 활동 보고를 위해 아래와 같이 하반기 가족모임을 진행하고자 합니다. 이에 계획서를 제출하오니 검토하여 주시기 바랍니다.

-아 래-

1) 일 시 : 2010년 12월 30일(목) 14:00-16:00
2) 장 소 : 0000누리 회의실
3) 내 용 : 2010년 하반기 활동보고 및 인생파트너와의 만남

붙 임 (1) 2010년 하반기 0000누리 가족모임 계획서 1부. 끝.

0000시설장

담 당 백00 팀 장 박000 시설장 김000
협조자
시 행 고운2010-277(2010. 12. 27) 접 수 ( )
우)461-805 경기도 성남시 수정구 00동 0000번지 00빌딩 5층 / http://www.goun000.net
전 화 031)753-0000/80 전 송 031)750-0000 이메일 gounn000@hanmail.net / 공개

2010년 하반기 0000누리 가족모임 계획서

작성일시 : 2010년 12월 24일(금) / 작성자 : 백00

1. 목적

0000누리를 이용하는 회원의 가족을 대상으로 2010년 하반기 0000누리 가족모임을 진행함으로써 강점실천을 통해 0000누리가 변화하고 성장하는 모습을 확인하고, 앞으로의 방향을 논의하며 가족 · 회원 · 재활팀이 함께 만들어가는 0000누리가 될 수 있도록 한다.

2. 일시 : 2010년 12월 30일(목) 14:00~16:00

3. 대상 : 0000누리 이용 회원 가족(내소, 취업회원 포함) 25명

4. 장소 : 0000누리 회의실 / 각 방 활용

5. 내용 *직원 5명, 수련생 2명(양은창-사진/열공-박애희) 참석

시 간	내 용	비 고	준비물
13:40~14:00	사진으로 보는 0000누리	*2010 하반기 활동사진	빔프로젝트, 노트북 스피커, 멀티탭, 음악
14:00~14:10	인사 및 소개 (재활팀, 가족)	*사회: 박종숙 팀장	음료 및 다과, 사진기
14:10~14:30	영상으로 보는 10주년행사 및 여행	*UCC, 하모니, 세미나 *10주년 여행 사진/영상	빔프로젝트, 노트북 스피커, 멀티탭, 음악
14:30~14:50	하반기 활동 보고 (욕구별 팀 운영, 당사자 역량강화 활동, 2011년 사업 비전)	*진행: 김00 시설장	빔프로젝트, 노트북 스피커, 멀티탭
14:50~15:00	공지사항 (방학안내, 회비인상, 센터와 함께하는 가족교육)	*진행: 박00 팀장	빔프로젝트, 노트북 스피커, 멀티탭
15:00~15:05	쉬는시간	*파트너 모임 방 안내	음료 및 다과 세팅
15:05~15:50	인생파트너와의 만남	*인생파트너별 모임	음료 및 다과, 사진기
15:50~16:00	욕구조사(설문형식) 및 평가	*인생파트너별 진행	설문지, 펜

6. 타임스케줄 및 역할분장 *보조인력(주용하,신수용,전정숙) 활용하시길!

일 정	내 용	담당자
12월 24일	가족모임 계획서 작성	백00
12월 27일	역할분장 확인, 가족 전화연락(참석여부 확인)	재활팀 모두
	홈페이지 가족모임 공지	김00
	10주년기념 여행 영상 제작	백00, 이00
	욕구조사 설문지 작성	백00
12월 28일	가족 참석인원 최종 확인 및 준비 점검	백00
12월 29일	다과구입	문00, 김00, 박00
12월 30일 (당일)	**오전 9시) 최종점검 회의**	재활팀 모두
	오후) 가족모임 진행	
	1) 전체적인 사회 및 진행	박00 팀장님
	2) 2010년 하반기 활동보고	김00나 시설장님
	3) 리플렛, 음료 및 다과준비 등 테이블 세팅	문00은, 김00, 박00
	4) 방명록 작성 안내	정00
	5) 사진촬영	양00
	6) 빔 프로젝트 설치 및 영상준비	이00
	7) 안내문, 모임별 방 안내문, 화살표 부착	박00
	8) 가족모임 중 전화수신	이00, 주00
12월 31일	결과보고서 및 품의서 작성	백00

7. 예산

구 분	산출내역	금 액
경상보조금 (프로그램비)	다과비 25명*4,000원=100,000원	100,000원
계		**100,000원**

00시정신장애인사회복귀시설/00여자대학 운영

강점 실천 0 0 누 리

수신자 한국장애인고용공단 경기지사
(경 유) 고용촉진팀
제 목 2010년 중증장애인 지원고용 민간위탁사업 실시 결과보고(2차)

1. 귀 기관의 무궁한 발전을 기원합니다.
2. 강점실천 취업지원센터 00누리는 강점관점(Strengths Perspective)실천을 바탕으로 지역사회 안에서 다양한 경험과 체험활동을 통하여 정신장애인의 사회적 기능을 향상시키고 취업 및 기타사회활동에 참여할 수 있도록 지원하는 직업재활전문기관입니다.
3. 00누리에서는 2010년 중증장애인지원고용 민간위탁 기관으르 수탁되더 지원고용 훈련을 실시하였고, 결과를 보고하고자 하오니 검토해 주시길 부탁드립니다.

- 아 래-

가. 실시인원: 2명(홍**, 유** 회원)
나. 실시기간

구 분	기 간	장 소
사전훈련	2010년 4월 1일	oo제일주유소
현장훈련	2010년 4월 2일~4월 22일	

다. 훈련업체: 분당제일주유소
라. 훈련직무: 세차마무리
마. 결산 (단위: 원)

내 역	금 액	합 계
훈 련 수 당	336,000	1,007,750
사업주보조금	264,750	
직무지도원 수당	400,000	

붙임 (1) 사전훈련출석부, 현장훈련출석부, 훈련일지, 훈련생 종합평가기록부, 훈련수당 지급명세서 각 1부.
(2) 사업주보조금 지급명세서 1부.
(3) 직무지도원 출석부, 직무지도원 수당 지급명세서, 지원고용훈련 결과보고서 각 1부. 끝.

0 0 누 리 시 설 장

담 당 박00 팀 장 박00 선임팀장 김00 시설장 김00
협조자
시 행 고운2010-108 (2010.4.30) 접 수 ( )
우) 461-180 경기도 성남시 수정구 수진동 2193번지 금성빌딩 5층 / http://www.gcunnuri.net
전 화 031)753-2490,80 전 송 031)753-2491 이메일 joy-0622@hanmail.net / 공개

Ⅲ. 실습종결 시 부여되는 과제

1. 종결평가

실습종결평가는 실습을 마무리하며 실습생이 자신의 실습수행 전반에 대해 평가하는 것이다. 기관에서 특별한 요구가 없을 경우에도 실습생은 실습종료 1주일 전에 작성하여 실습지도자에게 제출한다. 이를 토대로 기관 실습지도자, 동료 실습생, 기관종사자 등과 더불어 실습과정 전반에 걸친 실습생의 역할과 실습 내용에 대해 총 평가를 진행한다.

실습종결평가는 실습을 통한 실습생 개인의 성장과 변화, 보완점에 대해 다른 사람들의 의견을 겸허하게 받아들여 실습생 스스로 자신의 장점을 강화하고 단점을 보완하여 훌륭한 사회복지사로서의 기초를 다지는 계기가 된다. 또한 기관에서는 기관업무 및 실습일정 및 내용에 대한 실습생들의 피드백(Feedback)을 통해 기관 발전의 계기를 만들 수 있다.

그러므로 실습종결평가 시 기관과 실습지도자, 실습생들은 서로에 대해 정확하고 발전적인 피드백을 교환할 수 있는 분위기를 조성하도록 노력한다. 특히 실습생은 기관이나 실습과정 및 실습지도자에 대해 평가할 때 공손하고 긍정적인 자세로 임하는 것이 중요하다.

다음은 가장 많이 쓰이는 종결평가서 양식들이다.

〈실습종결평가 양식 1〉

실습종결평가 I

실습생 성명 :
실 습 기 관 :
실 습 기 간 :
실습지도자 :

1. 실습내용 및 역할에 대한 평가

2. 실습목표에 대한 평가(실습생의 목표)
   1) 구체적이고 적절한 목표설정 여부
   2) 목표의 달성 여부

3. 서비스 실천과정에 대한 평가
   1) 문제파악(자료수집)능력
   2) 문제사정능력
   3) 개입기술
   4) 면접기술
   5) 기록기술
   6) 클라이언트와의 전문적인 관계형성

4. 실습생의 자원활용에 대한 평가
   1) 기관 내외의 자원활용
   2) 실습과 관련된 참고서적의 활용

5. 실습에 임하는 자세에 대한 평가
   1) 업무관리
   2) 실습지도자 및 타 직원과의 관계
   3) 다른 실습생과의 관계
   4) 실습에 있어서의 적극성 및 자발성

6. 전문적 태도에 대한 평가

1) 사회복지사로서 실습생 자신의 장・단점에 대한 인식

2) 전문가로서의 윤리 및 가치관의 이행

7. 실습생의 실습수퍼비전 활용 및 평가

1) 실습생 자신의 실습수퍼비전 활용정도에 대한 평가

2) 실습수퍼비전 자체에 대한 평가

8. 기관 이해도에 대한 평가

9. 기타 실습에서 가장 어려웠던 점, 기관 및 학교에 대한 건의사항

〈실습종결평가 양식 2〉

실습종결평가 Ⅱ

1. 실습생 개요
   1) 성명
   2) 소속학교

2. 실습개요
   1) 실습기관 및 기관실습 담당자
   2) 실습 지도교수
   3) 실습 전체일정 및 실습개요 정리

3. 실습에 대한 평가
   1) 실습목표달성에 대한 평가
   2) 전문성 개발에 대한 평가
   3) 실습역할 수행상의 자세 및 노력평가
   4) 기관이해 및 인간관계
   5) 전체 실습을 통해 느낀 점 및 실습기관 및 지도자에 대한 건의사항

〈실습종결평가서 예시〉

종 합 평 가 서

실습생명	최○○	학교 및 지도교수	○○대학교 김○○ 교수
실습기간	2011. 1. 4 - 1. 31	실 습 지 도 자	오○○ 선임사회복지사

1. 수행한 실습내용 및 역할의 요약

날 짜	실습내용 및 역할
1월 4일	• 실습생 오리엔테이션 참여
1월 5일	• 실습공통교육에 참여
1월 6일	• 실습공통교육에 참여 – 자발적으로 가족복지팀 실습생 반장 지원
1월 7일	• 실습계약서 관련 개별수퍼비전 지도 받음 • 실습내용 공유 집단수퍼비전 지도 받음 • 실습계약서 작성 및 제출
1월 10일	• 직원예배 참여 • 실습계약 확인 집단수퍼비전 지도 받음 • 사례관리교육 받음 • 우리들세상 아동의 특성 이해 • 실습과제 공유 집단수퍼비전 받음 – 빈곤가정 아동 특성에 대한 논문 · 요약한 과제를 가지고 발표하고 의문점에 대해 질문하고 논의함
1월 11일	• 사례관리교육 받음 • 우리들세상 집단 프로그램 기획 – 의사소통 관련 집단활동 경험에 대해 이야기나눔 – 집단 프로그램 계획의 전반적 방향을 정함 • 우리들세상 아동관찰 • 우리들세상 아동 개별학습지도 – 대상아동이 프로그램에 참여하지 못해 다른 아동을 관찰함 – 우리들세상 담당 선생님께 대상아동의 특성을 들음 – 간접적으로 이해한 아동의 특성을 바탕으로 개별학습지도서 작성
1월 12일	• 의사소통 훈련 참여 – 역할극에 적극적으로 참여함 • 동료 수퍼비전 실시 – 동료실습생의 강점을 찾아 강점카드 전달 – 받은 강점에 대한 느낌과 생각을 나눔 • 지역사회조사 및 기관방문 준비 – 지역사회분석보고서 작성에 필요한 역할분담 – 방문기관 선정 • 우리들세상 집단 프로그램 기획

1월 13일	• 개별수퍼비전 지도 받음 - 계약서 피드백 받음 - 개별학습계획서 작성의 어려움에 대해 지도받음 • 애니어그램 성격유형검사 실시 - 동료 실습생이 개별수퍼비전 받는 동안 개별적으로 애니어그램 성격유형검사 실시 • 초록교실 특수체육 프로그램 참여 - 발달장애아동의 언어적·행동적 관찰 및 이해 - 발달장애아동 특수체육 프로그램 참여보조 • 개별학습지도 - 첫 개별학습지도 진행 - 아동의 학습욕구 충족을 위해 개별학습지도 진행 - 중간에 틈틈이 아동의 심리적 역동 관찰 - 아동에 대한 이해를 바탕으로 개별학습지도 계획서 수정
1월 14일	• 집단 프로그램 계획서 검토 집단 수퍼비전 지도 받음 • 교육복지투자우선지역지원사업의 이해교육 참여 • 우리들세상 눈썰매장 현장학습 보조참여 - 저학년 아동을 담당하여 아동의 활동보조 및 관찰 - 사진기를 가지고 참여하여 아동의 활동을 사진으로 남김
1월 17일	• 직원예배 참여 • 우리들세상 집단 프로그램 계획서 작성 - 피드백 받은 내용을 바탕으로 수정함 • 집단 계획서 집단수퍼비전 지도 받음 • ○○ 누리누비 자원봉사단 홍보 준비 - 자원봉사단 선생님을 직접 만나 홍보의 전반적 방향을 잡음 - 앞으로 준비하고 제작해야 할 물품 확인 - 구입해야 할 목록 확인 • 실습생 간담회 참여 - 실습생 보고회 오리엔테이션 - 실습생 보고회 컨셉 선정 및 역할분담 결정 - 가족복지팀 전반적 실습내용을 다른 동료실습생에게 소개함
1월 18일	• 중간평가회 • 우리들세상 집단 프로그램 준비 - 프로그램계획서 수정 및 준비물 만들기 • 우리들세상 아동 보호 및 관찰 2 • 개별학습지도 3 - 아동학습(국어, 수학, 과학) 지도
1월 19일	• 공문작성법 교육 - 공문 작성방법 학습 • 애니어그램 성격유형검사 평가 • 집단수퍼비전-집단 프로그램 준비 • ○○ 누리누비 자원봉사단 홍보 준비 2
1월 20일	• 실습세미나 - '북한이탈주민 청소년의 교육지원을 위한 복지서비스' • 우리들세상 집단 프로그램 준비 - 집단 프로그램 1회기 교구제작 및 준비물 작성 • 우리들세상 집단 프로그램 운영 및 평가 1 - 집단 프로그램 1회기 지도자
1월 21일	• 기관방문(○○○종합사회복지관) • 우리들세상 집단 프로그램 운영 및 평가 2 - 집단 프로그램 2회기 관찰기록자

1월 24일	• ○○예배 참여 • 간담회 - 실습보고회 담당 : 레터링 제작 및 무대세팅, 레크리에이션 진행 • ○○누리누비 자원봉사단 홍보 준비 3 - 홍보판넬 제작 및 물품 사전 확인 • 개별수퍼비전 - 위기 청소년 학습지도 방안 논의 - 개별아동 학습지도 보고
1월 25일	• ○○ 누리누비 자원봉사단 홍보 - 물품 정리 및 세팅 - 관내 홍보 - 수서역 홍보 • 누리누비 자원봉사단 홍보평가 • 우리들세상 아동과 저녁식사
1월 26일	• 집단수퍼비전 7 - 프로그램 중간평가 - 역할극 준비 및 시연 • 동료수퍼비전 2 - 사회복지사 역량 • 우리들세상 집단 프로그램 운영 및 평가 - 집단 프로그램 3회기 보조진행자
1월 27일	• 실습 공동세미나 - 공동세미나 자료 준비 및 발제 • 우리들세상 집단 프로그램 운영 및 평가 - 집단 프로그램 4회기 보조진행자

2. 실습을 통해 배운 점 및 실습목표성취도에 대한 평가

1) 전문적 발달 측면

내 용	실행 여부	점수(20점)
자신에 대한 인식을 위해 101가지 강점 목록을 작성한다.	1월 17일 118가지 강점목록을 제출하였음	7/7점
자신에 대한 인식을 위해 애니어그램 성격유형 검사를 실시한다.	1월 13일 애니어그램 성격유형검사를 실시하였음	7/7점
사회복지사로서 지녀야 할 윤리강령을 이해하기 위해 사회복지 윤리강령 세미나를 실시한다.	1월 27일 세미나를 실시하였음	6/6점
총 점수		20/20점

→ 118가지 강점목록을 작성을 통해 타인이 생각하는 나의 강점을 이해하고 자존감을 높일 수 있었으며, 애니어그램 성격유형 검사를 통해 다른 사람의 마음을 고려하는 리더십이 필요하다는 것을 알게 되었다. 사회복지사로서 다른 사람의 마음을 고려하기 위한 노력이 필요하다는 것을 깨달았고, 나의 계획을 충족시키고자 하는 욕심으로 인해 클라이언트의 욕구를 외면하지 않도록 노력해야 한다는 것을 깨닫게 되었다.

→ 본래 '사회복지윤리강령'을 주제로 세미나를 진행하려 계획했으나 사회복지사가 지녀야 할 '강점관점'에 대해 논의하는 것이 더 적합할 것이라 생각되어 '사회복지사의 강점관점'으로 주제를 변경하여 세미나를 진행하였다.

2) 행정적 측면

내 용	실행 여부	점수(20점)
기관의 역사, 주요 사업, 기관구조를 이해하기 위해 기관분석보고서를 작성한다.	1월 24일 기관분석보고서를 제출하였음	20/20점
총 점수		20/20점

→ 기관분석보고서를 통해 기관의 역사, 주요 사업, 기관구조를 이해할 수 있었으며, 나아가 기관의 목표와 사명, 역사에 대해 알 수 있었다.

3) 지역사회 · 정책적 측면

내 용	실행 여부	점수(20점)
○○기독교 사회복지관이 속한 지역사회를 이해하기 위해 지역사회 내 청소년복지 서비스를 제공하는 기관을 조사한다.	지역사회 청소년복지 서비스지도를 제출하였음	7/7점
○○기독교 사회복지관이 속한 지역사회를 이해하기 위해 지역사회 타 기관을 방문하여 주요 사업에 대해 이해한다.	기관방문보고서를 제출하였음	7/7점
○○기독교 사회복지관이 속한 지역사회를 이해하기 위해 지역사회 분석보고서를 작성한다.	지역사회분석보고서를 제출하였음	6/6점
총 점수		20/20점

→ 지역사회를 탐방하고 이를 바탕으로 지역사회 청소년복지서비스지도를 만들고, 지역사회 분석보고서를 작성함으로써 복지관 이용자의 빈부격차가 큼을 발견할 수 있었다. 보편적 복지서비스의 제공과 함께, 소외된 계층의 욕구를 충족시켜 주는 본래의 ○○기독교사회복지관의 역할을 함께 수행하기 위해 어떤 노력을 해야 하는지에 대해 고민해 보는 시간이 되었다.

4) 기본적 대인관계기술 측면

내 용	실행 여부	점수(20점)
동료 실습생의 강점을 파악하기 위해 3회 이상 강점카드를 작성하여 전달한다.	총 6명에게 3회에 나누어 전달하였음	7.5/7.5점
타 분야 실습생과의 관계를 형성하기 위해 3회 이상 간담회에 참석한다.	총 3회 간담회에 참석하였음	7.5/7.5점
동료 실습생과 공동과제를 실시하기 위해 공동과제 역할분담표를 작성하고 실행한다.	공동과제 역할분담표를 작성하였으나, 과제 수행 여부를 평가하지 못하였음	5/5점
총 점수		20/20점

→ 동료 실습생 간 강점발견 수퍼비전을 통해 서로 지지하였으며, 강점카드 및 칭찬카드를 동료실습생에게 3회에 나누어 전달하였다. 또한 간담회 3회와 그 외 두 번의 식사를 통해 타 분야 실습생과의 관계를 형성하였다. 또한 공동과제 역할분담표를 작성하여 모든 실습생이 과제에 참여하도록 하였다.

5) CT체계 개입기술 측면

내 용	실행 여부	점수(20점)
개별사례개입을 통해 사례아동을 이해하기 위해 아동관찰일지를 작성한다.	관찰일지를 총 3회 제출하였음	10/10점
집단 프로그램 운영기술능력 향상 기회를 가지기 위해 집단 프로그램 계획서를 작성하고, 실행하고, 평가서를 작성한다.	• 집단 프로그램 계획서를 제출하였음 • 집단 프로그램 과정기록서를 제출하였음 • 집단 프로그램 평가서를 제출하였음	10/10점
총 점수		20/20점

→ 개별학습지도와 관찰을 통해 총 3회의 관찰일지를 제출하였고 이 과정을 통해 아동의 전반적 이해 및 심리적 특성, 욕구를 파악할 수 있었다. 또한 '의사소통교육' 집단 프로그램 4회기를 계획, 진행, 평가함으로써 집단 프로그램 운영기술능력을 향상하는 기회를 가졌다.

3. 실습과정상 어려웠던 점

- 우리들세상 개별학습지도 시간에 개별사례관리를 해야 하는 것이 어려웠다. 개별학습지도 담당 선생님이 계셨고, 아동에게 개별학습지도 시간에 공부해야 하는 할당량이 있었기에 그 시간 동안 아동의 특성을 이해하고 개별사례관리를 하는 것은 무리가 있지 않은가 하는 생각이 들었다. 개별학습지도 이외의 프로그램을 계획했으나 대상아동이 원하지 않아 아동의 특성 이해와 함께 개별학습지도를 중점적으로 진행하였다.
- 개별학습지도 시간에 실습생이 개별아동사례관리를 하는 것과 관련하여 우리들세상 선생님과 개별학습지도 선생님과의 충분한 이야기가 이루어지지 않아 개별학습지도 선생님이 기분을 상하게 하였다. 이후 실습생과의 대화를 통해 오해를 풀었지만 사전에 더 확실히 공지가 되었으면 좋겠다.

4. 기관에 대한 제언

- 실습 초반에 오리엔테이션과 공통교육이 진행되는 기간에 실습지도자 선생님과의 만남이 없어 실습계획에 대한 막연함과 불안함이 있었습니다. 오리엔테이션 첫 날 실습지도자 선생님과의 만남시간이 주어진다면 보다 안정적인 마음으로 실습을 시작할 수 있을 것 같습니다.

5. 실습지도자에게 하고 싶은 말

- 4주의 실습기간 동안 많은 관심 가져주시고, 정성껏 지도해주셔서 감사합니다. 실습을 통해 행정적 업무능력뿐 아니라 사회복지사로서의 가치와 관점까지도 배울 수 있었습니다. 항상 실습생의 입장에서 고려해 주시고, 실습생의 마음까지 살펴주셔서 너무나 감사했습니다. 앞으로 계속해서 인연의 끈이 이어졌으면 좋겠습니다. 감사합니다.

○○기독교사회복지관

실 습 종 결 평 가 서

* 본 평가서는 실습지침서를 참고하여 실습생 본인이 작성합니다. 서술양식으로 작성한 뒤 실습지도자와 평가회를 갖도록 합니다.

실습생 명	유○○	학교 명	○○대학교
학 번	2○○○○○○	실습지도교수	김○○ 교수님
실습기관 명	○○구노인복지관	실습기간	2011년 1월 3일(월) ~ 1월 28일(금)
실습지도자 (수퍼바이저)	김○○ 과장	종결평가일	2011년 1월 28일(금)

1. 실습일정에 대한 평가

주 차	평가내용
1주차	○○구노인복지관에서 진행되고 있는 사업들에 대한 전반적인 교육이 이루어졌다. 복지관 사정에 의해 교육시간대가 변경된 것이 있긴 하였으나, 대체적으로 실습 일정표에 나와 있는 일정에 따라 진행되었다.
2주차	소득지원팀에서 실습을 하였는데, 노인일자리사업이 진행되고 있지 않았고, 만족도 조사나 평가, 계획서 작성으로 인해 업무가 과중되다 보니, 실습 일정표대로 진행되지 않았다.
3주차	복지1팀인 사회교육・후원홍보팀에서 실습을 하였는데, 대체로 실습 일정표에 나와 있는 일정에 따라 진행되었다.
4주차	장기요양팀에서 실습을 하였는데, 중간 중간에 요일별로 진행되는 프로그램만 달라질 뿐 대체적으로 반복되는 패턴을 보인다.

2. 실습내용 및 역할에 대한 평가

주 차	평가내용
1주차	전반적인 교육을 통해, ○○구의 지역적 특성을 이해하게 되었고, ○○구노인복지관이 진행하고 있는 사업의 내용과 특성을 파악할 수 있었다. 또한 사회복지사에게 있어서 예산에 대해 알고, 형식에 맞게 예산을 짜며, 올바르게 사용하는 법을 아는 것도 중요하다는 것을 배웠다.
2주차	고령자취업알선 프로그램을 통해 직접 구직자와 구인처를 매칭해 보았고, 노인일자리 사업에 대한 전반적인 교육을 받았다. 노인일자리의 경우 사업이 시행되기 전이었기 때문에, 다양한 노인일자리 파견처를 방문해 보지 못한 게 아쉬웠다. 문서화 작업을 하면서 사회복지사에게 있어 기본적으로 필요한 프로그램들을 능숙하게 다루는 능력이 필요하다는 것을 느꼈다.
3주차	사회교육을 참관하면서, 어르신들의 열정을 느낄 수 있었으며, 자원봉사와 홍보에 대한 전반적인 교육을 받을 수 있어 좋았다. 사회복지사에게 있어 중요한 자원인 자원봉사자를 어떻게 관리하는 것이 바람직한 것인가에 대한 고민이 필요하다는 것을 느꼈다.
4주차	실버센터에서 어르신들과 대화하고 프로그램에 참여하며, 설날행사계획서를 짜보는 일을 하였다. 사회복지사에게 있어 생각을 글로 표현할 수 있는 능력이 요구되며, 어르신들과 라포를 형성하는 능력 또한 중요하다는 것을 느꼈다.

3. 실습목표에 대한 평가

<table>
<tr><td>구체적이고 적절한 목표설정 여부</td><td colspan="3">실습 전에 작성한 목표설정은 노인복지관의 특성을 반영하지 못한 목표설정이었다. 이후 중간평가 때, 목표를 다시 설정을 하였다.
다시 설정한 목표는 구체적으로 설정하려고 하였으며, 실습 전에 작성한 것보다 적절한 목표를 설정한 것 같다.</td></tr>
<tr><td rowspan="10">목표의 달성 여부</td><td>목표</td><td>실습생, 실습지도자와 유기적인 관계 맺기</td><td rowspan="2">85</td></tr>
<tr><td>평가</td><td>☞ 실습생들과 세대문화공연 준비를 하면서 많은 시간을 보냈다. 이 시간 동안 이야기를 많이 하게 되었고, 서로에 대해 이해하고 알아갈 수 있는 시간이 되지 않았나 싶다.
수퍼바이저가 중간에 바뀌었지만, 세대문화공연 준비시간 동안 중간 중간 체크해 주시고, 과제에 대한 피드백 시간을 가지면서 가까워지지 않았나 싶다.</td></tr>
<tr><td>목표</td><td>복지관에서 부서별로 진행되는 프로그램 이해하기</td><td rowspan="2">80</td></tr>
<tr><td>평가</td><td>☞ 첫 주에 부서별로 진행되는 프로그램 교육을 통해 복지관에서 진행되고 있는 프로그램들을 전반적으로 이해하였고, 분야별 실습에서 교육을 받으면서 좀더 깊이 있는 내용을 배울 수 있었다.</td></tr>
<tr><td>목표</td><td>지역사회 내에서 복지관이 어떠한 역할과 서비스를 제공하고 있는지 파악하기</td><td rowspan="2">70</td></tr>
<tr><td>평가</td><td>☞ ○○구 내에서 주로 고학력 어르신들을 위한 사회교육 및 특화 프로그램을 제공하고 있는 것을 파악하였다.</td></tr>
<tr><td>목표</td><td>사회복지사로서의 자질을 점검하기</td><td rowspan="2">80</td></tr>
<tr><td>평가</td><td>☞ 실습을 통해 다방면으로 재능을 고루 갖추어야 한다는 것을 느꼈다. 분야별 실습을 통해 내게 부족한 자질이 무엇인지 파악하는 시간이 되었다.</td></tr>
<tr><td>목표</td><td>CT에게 정서적 지지를 하고, 상담기술을 익히기</td><td rowspan="2">65</td></tr>
<tr><td>평가</td><td>☞ 실버센터에서 어르신들과 비교적 오랜 시간을 함께 하면서, 어르신들과 일상생활에서 일어나는 일들을 얘기하면서 친해질 수 있는 기회가 되어 좋았다. 그러나 전문적으로 상담을 하기엔 기술이 부족해 보인다.</td></tr>
</table>

4. 실습에 임하는 자세에 대한 평가

1) 업무관리

(1) 시간준수, 과제제출

☞ 실습에 임하면서 과제를 시간 내에 제출하려고 노력하였으며, 모든 과제를 시간 내에 제출하였다.

(2) 주어진 일에 대한 업무조절능력

☞ 주어진 일에 대하여 우선순위를 정해 놓고 업무를 처리하려고 노력하였다. 그러나 후반에 세대문화공연과 과제제출일이 겹치게 되면서, 업무를 조절하지 못하고 몰아서 하다보니, 내용면에서 조금 부실하지 않았나 싶다.

2) 직원과의 관계(실습지도자, 타 직원, 타 전문직 직원)

☞ 실습지도자가 중간에 바뀌게 됨에 따라 관계를 다시 어떻게 쌓아야 하나 걱정되는 점이 있었으나, 분야별 실습 때 교육을 받고, 세대문화공연 준비로 자주 마주하게 되면서 가까워지지 않았나 싶다. 분야별 실습을 받으면서 많은 사회복지사선생님과 사적인 얘기나 업무에 대한 얘기를 나누면서 가까워질 수 있었으나, 분야별 실습에 들어가지 않은 복지2팀 선생님들과는 얘기할 기회가 없어 가까워지지 못한 점이 아쉽다.

실버센터에서 교육을 받으면서 요양보호사 선생님들과 많은 얘기는 못 나누었지만 많이 챙겨주셔서 감사했고, 마음으로는 가깝게 느껴진다.

3) 다른 실습생과의 관계

☞ 실습생들과 1달여의 시간 동안 밥도 같이 먹고, 세대문화공연도 같이 준비하고, 얘기도 하면서 많이 친해진 것 같다. 또한 실습을 처음 하였기 때문에 모르는 점도 많고, 궁금한 점도 많았는데 물어보면 언제나 친절하게 답해주어 고마웠고, 이들에게 많이 의지하였던 것 같다.

4) 실습에 있어서의 적극성 및 자발성

☞ 실습을 할 때 모르는 점이 있을 때마다 적극적으로 질문하였고, 다음 번에 무엇을 배울지 여쭤보아 적극적으로 수업에 참여하려고 노력하였다.

5. 전문적 태도에 대한 평가

1) 사회복지사로서 실습생 자신의 장·단점에 대한 인식

☞ 사회복지사로서 나의 장점은 다른 사람의 말을 귀기울여 듣는다는 점이다. 이러한 점은 어르신들과 대화할 때나 과제를 수행할 때 도움이 된다.

사회복지사로서 나의 단점은 내성적인 성격이라는 점이다. 사회복지사는 대상자를 대할 때 먼저 다가가 말을 걸어야 하는 경우가 많은데, 먼저 다가가 말을 건네기가 조금은 두려운 부분이 있다. 그러나 이번에 노인복지관에서 실습하면서 복도에서 뵙는 어르신들이나 실버센터 어르신들께 먼저 다가가 인사함으로써 조금은 극복하지 않았나 싶다.

2) 전문가로서 윤리 및 가치관의 이행

☞ 클라이언트의 정보에 대한 비밀보장의 원칙이 적용되어야 한다. 이에 따라 실습을 통해 보았던 클라이언트에 대한 자료는 비밀보장을 원칙으로 한다.

6. 기관 이해도에 대한 평가

1) 실습생의 과업(과제)과 관련된 이해

- 실습일지를 매일 작성함으로써 하루일과에 대해 생각하고 정리할 수 있는 시간이 된다.
- 프로포절을 작성하는 것이 쉽지는 않았지만 작성한 것에 대해 개선해야 할 부분을 피드백 받음으로써, 나중에 작성할 때 더 발전된 프로포절을 작성할 수 있도록 도움을 준다.
- 세대문화공연을 통해 프로그램을 기획하고 진행해 봄으로써, 사회복지사로서 프로그램을 기획하고, 문서화하고, 어르신들 앞에서 진행하는 것 등에 대한 능력을 체크해 볼 수 있는 시간을 제공한다.

2) 실습생으로서의 기관 내의 권한과 한계에 대한 인식

☞ 세대문화공연을 제외하고, 실습을 하면서 느낀 실습생의 위치는 기관이 어떠한 프로그램이나 사업을 진행하는지 전반적으로 배우는 학생의 입장이라는 것을 느꼈다. 그렇기 때문에 주어진 교육이나 업무에 대해 수행하는 정도였다고 생각하며, 어르신들이 물어보시는 사항에 대해 답변을 해줄 수 없는 한계를 느꼈다.

7. 실습기간 중 가장 유익했던 내용

☞ 실습을 하면서 가장 유익했던 것은 세대문화공연을 준비한 것이다.
사회복지사 선생님들의 조언이 있긴 하였지만 전적으로 실습생들이 고민하여 프로그램을 기획하고 준비하였다. 사회복지사로서 프로그램 계획서를 작성하여 진행하게 된다면, 이와 같은 준비과정이 이루어질 것이라 생각하기 때문에, 세대문화공연의 준비과정을 통해 사회복지사로서 프로그램을 준비하는 전 과정을 느껴볼 수 있지 않았나 싶다.
또한 프로그램이 진행될 때, 대상자들의 참여와 반응을 통해 프로그램의 성공 유무가 결정되는데, 공연을 선보이고 어르신들의 반응을 확인하면서 우리가 만들어낸 결과물이 '헛수고는 아니였구나'를 느낄 수 있었으며, 이러한 경험이 나중에 담당자가 되었을 때, 많은 도움을 줄 것이다.

8. 실습기간 중 가장 안 좋았던 내용

☞ 공연 당일 날 점심시간에 총리허설을 진행하지 못했던 점이 아쉽다. 총리허설을 했다면, 시간배분이나 동선 등을 체크할 수 있었고, 본 공연 때 좀더 원활한 진행을 할 수 있지 않았나 싶다. 또한 찬조공연 때, 음향체크를 해보지 못해, 실질적으로 소리가 어느 정도로 들리는지, 밸런스가 맞는지 파악할 수 없었는데 이러한 부분을 체크해 볼 수 있었다면 좋았을 것 같다.
공연의 특성상 연습의 필요성과 준비물에 대한 부분을 말씀드렸는데, 공연 전 날 필요한 물품이 준비되지 않았음을 알았을 때, 대처방안조차 없어 당혹스러웠다. 앞으로 이러한 부분에 대해서는 미리 얘기해 주어, 대처방안을 생각해 볼 수 있는 시간적 여유를 주었으면 좋겠다.

9. 실습기관, 실습 지도자, 대학에 대한 건의사항

◈ 실습기관에 대한 건의사항

1. 기관에 대한 전반적인 교육이 끝난 후(분야별 실습에 들어가기 전)에, 분야별 실습을 통해 얻고자 하는 목표를 설정하는 과제가 이루어졌으면 좋겠다. 이렇게 설정한 목표를 분야별 담당자가 확인하여, 계획했던 부분 이외에 추가적으로 교육이 필요한 부분이 있다면 그 부분에 대해서 교육이 이루어질 수 있도록 하였으면 좋겠다.
2. 실습자료에 대한 업로드가 이루어졌으면 좋겠다.

10. 기타 하고 싶은 말

☞ 1개월이라는 짧은 시간동안 사회복지사로서의 기본자세와 실천현장에서의 역할을 알게 되었습니다. 선생님들을 뵈면서 사회복지사가 어떤 철학과 태도로 클라이언트를 대해야 하는지 배울 수 있었습니다. 바쁘신 와중에도 교육해 주셔서 감사합니다.

2. 실습종결과 관련된 기타 양식

실습을 마무리하면서 가장 중요한 과업인 실습종결평가는 실습생이 자신의 실습수행에 대해 평가하는 것이라면 실습지도평가서는 실습생이 실습지도자의 지도에 대해 평가하는 것이다.

실습지도평가서 작성 시 실습생은 자신의 실습지도자에 대해 주관적이고 감정적인 평가가 아니라 객관적이고 이성적인 평가를 수행할 수 있도록 노력한다. 부정적인 시각이 아닌 긍정적인 시각으로 자신이 실습지도를 통해 성장한 점을 반추하며 실습지도자의 지도와 긍정적 영향력을 분석하여 작성하고 건의할 내용은 논리적으로 그러나 공손한 표현으로 제시하도록 한다. 종결보고서는 학과에 비치되어 차기 실습생들이 실습지 선택의 참고자료로 활용하게 되므로 정직하고 구체적으로 작성하도록 한다.

다음은 실습종결과 관련된 양식들이다.

실습지도평가서

실습기관		실습지도자	
실습부서		실습지도교수	
실습기간			
실 습 생		평가일시	

다음은 실습지도자에 관한 평가입니다. 실습지도자가 실습지도 기간 동안 실습생에게 보여주었던 태도와 행동을 기준으로 지식정도, 관계형성 및 유지, 기능수행, 지도활동에 관하여 솔직하게 평가해 주시기 바랍니다.

1. 실습분야에 대한 지식정도

2. 실습생과의 관계형성 및 유지

3. 실습생을 위한 지도활동과 기능수행

4. 실습기간 중 가장 유익했던 내용

5. 실습기간 중 가장 안 좋았던 내용

6. 기관에 건의하고 싶은 내용

7. 기타 건의사항

실습생 :

실습종결보고서

실습기관		실습지도자	
실습부서		실습지도교수	
실습기간			
실습생		종결일시	

다음은 실습을 종결하면서 한 학기 동안 실습한 내용을 요약·정리하고 목표 달성정도와 소감을 간략히 정리하는 보고서입니다. 이 종결보고서는 파일에 정리되어 전공 사무실에 비치되며 다음 실습을 준비하는 학생에게 실습지 선정의 지침이 되는 자료로 활용될 것입니다.

1. 실습기관 소개

2. 실습기간 및 시간

3. 실습목표
   1) 실습생의 목표
   2) 실습기관의 목표

4. 실습내용 소개
   1) 실습일정
   2) 교육·참관사항
   3) 담당업무

5. 실습목표 달성정도

6. 실습지도자와 실습지도 내용소개

7. 실습소감
   1) 힘들었던 것
   2) 제기되었던 질문들
   3) 배운 것

8. 향후 실습을 위한 제언

9. 기타 꼭 하고 싶은 이야기

10. 실습지도자와 기관에 대한 감사의 글

Social Work Field Practicum

04

사회복지현장실습의 기초지식

사회복지현장실습의 기초지식

Ⅰ. 사회복지실천원리

1. 전문가로서 알아야 할 사회복지실천원리

1) 사회복지실천은 사회복지사 자신의 인식과 성찰이 기반이 된다

사회복지사는 클라이언트의 삶의 일부분이 되어 변화시키는 전문직이다. 사회복지사가 클라이언트를 진정으로 이해하고, 존중하며, 그들과 함께 문제에 직면하여 진정으로 돕기를 원한다는 자기표현을 할 때 클라이언트도 비로소 사회복지사에게 마음을 열고 자신의 문제를 해결하려는 의지를 표명할 수 있다. 이를 위해 사회복지사는 먼저 자신의 가치관, 윤리, 편견에 관해 자기인식과 성찰을 해야 한다. 자신의 태도와 감정에 대한 인식은 매우 중요하다. 사회복지사의 주요한 실천도구는 자기 자신(self)이다. 숙련된 사회복지사는 타인과 관계할 때 자신의 독특한 태도와 스타일을 의도적으로 활용한다. 그러나 전문적 관계에서 직·간접적으로 자신의 가치, 스타일, 태도, 편견과 선입견 등 사회복지사 자신의 개인적 특성이 클라이언트를 원조하는 데 영향을 미치지 않도록 항상 스스로를 점검해야 한다. 사회복지사는 자신의 특별한 강점을 발견하고 형성하며, 자신의 약점이 미치는 부정적 영향을 최소화하기 위해 자기 자신에 관해 계속적으로 점검하고 성장할 수 있도록 노력해야 한다. 사회복지사가 자신에 관해 긍정적이지 못하고 강점보다는 약점 때문에 괴로워한다면, 클라이언트를 대할 때에도 강점보다는 문제에 집중하여 무기력감에 빠질 수 있다.

2) 사회복지사는 전문적 관계를 통해 클라이언트를 이해하고 수용하되 객관성을 유지함이 필요하다

초보 사회복지사일수록 클라이언트 문제에 지나치게 감정적이거나, 클라이언트의 모든 문제를 해결해 주어야 한다는 압박감을 가질 수 있다. 또는 클라이언트의 관심사를 지나치게 확인하는 사회복지사는 자신의 관점과 객관성을 잃을 수 있다. 또한 지나치게 정서적 거리를 두어 관계형성에 실패할 경우 클라이언트에게 필요한 변화를 일으킬 수 없게 된다. 사회복지사는 '통제된 정서적 관여'를 통해 이러한 균형을 유지할 수 있다. 사회복지사와 클라이언트 간의 적절한 정서적 거리는 건강한 것이며, 전문적 객관성을 유지하려고 노력하는 것이 사회복지사의 소진(burn out)을 예방하는 방법 중 하나가 될 수 있다.

3) 사회복지실천은 다양한 사람들과 함께 하는 활동이다

인간의 다양성은 개인, 가족, 지역사회 그리고 사회의 행동 속에서 표현된다. 사회복지사는 그러한 차이점과 인간의 독특성을 이해하고 존중해야 하며, 다른 사람이 경험하는 세상의 흐름을 읽고, 삶에 대한 개방적인 관점과 지식을 가져야 한다. 사회복지사는 개인의 삶에 영향을 주는 문화, 역사, 정치, 경제, 사회문제뿐 아니라 최신 실천지식과 방법을 습득할 수 있어야 한다.

4) 사회복지실천은 의식적으로 지식에 기반한 실천이 되어야 한다

사회복지사가 하는 일은 무엇이며 어떤 이유에서 전문직인지 질문을 받을 때가 있다. 사회복지사의 역할은 누구나 할 수 있는 게 아니냐는 질문을 받을 정도로 그 역할이 명확하지 못하고 이렇다 할 고유의 전문기술을 제시하기도 어렵다. 그러므로 사회복지사는 의식적으로 지식에 기반을 둔 실천을 해야 한다. 사회에서 전문직에 관한 신뢰의 핵심은 전문가가 가장 최신의, 가장 적절한 지식을 갖고 변화를 추구하는 노력을 할 것이라는 기대이다. 사회복지사는 자신의 실천활동과 직접적인 관련이 있는 가장 최근의 지식을 탐구하기 위해 끊임없는 노력이 필요하다. 또한 관련된 영역에서 필요한 지식을 활용하는 방법을 알고 있어야 한다.

5) 사회복지사는 사회복지사 윤리강령을 준수하고 그에 따른 실천을 해야 한다

클라이언트들이 도움을 요청하는 내용들은 대부분 다른 사람이나 집단, 지역사회 내에서의 갈등과 관련된 문제들을 포함한다. 사회복지사는 자신이 고용된 기관의 가치, 지역사회의 사회적 상황이나 정치상황, 지방자치단체나 정부의 정책과 프로그램 그리고 그에 따른 상황의 변화 등을 파악해야 한다. 사회문제를 해결함에 있어서 개인의 가치가 반영되는 기관의 사회복지사는 자신의 가치와 신념에 민감해야 하며, 부적절하게 자신의 가치와 신념을 클라이언트에게 부여하지 않도록 주의해야 한다. 사회복지사는 클라이언트의 권익을 보호하기 위해 집단의 권익을 침해하는 것은 아닌지, 또는 집단을 보호하기 위해 개인을 희생시키는 것은 아닌지 항상 주의 깊은 점검이 필요하다. 이러한 모든 것에 기준이 되는 것이 바로 사회복지실천 윤리이다.

6) 사회복지실천은 전체로서의 인간에 초점을 두는 독특한 전문실천이다

사회복지사는 전체로서의 인간, 즉 생물학적 · 심리적 · 사회적 그리고 영적인 측면 모두에 관심을 갖는 전문직이다. 전체로서의 인간에 관심을 두기 위해 클라이언트의 현재와 미래에 주의를 기울이고, 당면 문제나 클라이언트가 제시한 문제 이외에도 발생가능한 다른 쟁점에도 주의를 기울여야 한다. 사회복지사가 '환경 속의 개인(person in environment)'이라는 기본 개념을 유지하면서 클라이언트의 복지(wellbeing)에 관심을 기울여야 하고, 또한 클라이언트의 행동과 사회복지사의 개입에 의해 영향을 받을 다른 사람들에게도 관심을 두어야 한다.

7) 사회복지실천은 수용과 존중을 기반으로 클라이언트의 성장을 지원하는 것이다

사회복지사는 어떠한 사람이나 집단이든지 존중받고 이해받을 만한 자격이 있다는 것을 받아들여야 한다. '클라이언트를 있는 그대로 수용한다'라는 문구는 클라이언트의 행동, 외모, 지위 혹은 상황에 관계없이 존중받을 만한 존엄성을 지닌 인간으로 대우하라는 의미이다. 수용과 존중으로 의사소통을 하기 위해서는 사회복지사는 비심판적 태도를 유지해야 한다. 그러나 사회복지사는 클라이언트가 비합법적이거나 자신과 타인에게 해를 주거나, 또는 사회적으로 파괴적인 행동을 한 것에 대해 인정하거나 동조해서는 안 된다.

8) 사회복지실천은 클라이언트에게 미래에 대한 현실적인 희망을 갖도록 원조하는 것이다

원조를 요청하는 클라이언트는 문제를 해결하기 위해 많이 지쳐 있고 좌절과 실망에 빠져 있는 경우가 많다. 이때 사회복지사는 새로운 아이디어, 새로운 관점, 보다 효과적인 변화전략을 도입하여 클라이언트의 동기부여, 변화와 성장을 촉진할 수 있다. 사회복지사는 클라이언트에게 현실적인 희망을 심어주고 변화가 가능하고 그 상황을 개선할 수 있다는 신념을 제공해야 한다. 그러나 또한 사회복지사는 한계와 가능성에 대해 현실적이고 정직해야 한다. 클라이언트가 변화과정에 대해 잘못된 희망을 갖게 하거나 비현실적인 상황에 놓이지 않도록 해야 한다.

9) 강점에 기반한 사회복지실천이 이루어져야 한다

사회복지사는 강점지향적 사고를 가져야 한다. 흔히 사회복지사는 다른 전문직 중 일부와 같이 병리적 관점에 빠져 클라이언트를 범주화함으로써 클라이언트의 문제에 선입견을 갖고 문제중심의 사정에 상당한 시간과 노력을 쏟게 된다. Saleebey(1994)는 사회복지사가 클라이언트의 변화를 돕기 위해 가장 중요한 요소는 바로 클라이언트의 잠재력이라고 하였다. 클라이언트는 자신의 문제해결 및 변화의 주도자이므로 사회복지사는 강점사정을 통해 클라이언트가 자신의 강점을 인식하고 활용할 수 있도록 도와야 한다. 강점관점에 근거한 실천을 통해 클라이언트는 무기력하고 희망이 없어 보이는 문제상황을 해결가능하고 미래의 희망을 실현하는 성장의 기회로 그 의미를 전환할 수 있다.

10) 사회복지실천은 클라이언트를 개별화하고 클라이언트의 참여를 최대화해야 한다

사회복지사는 클라이언트를 개별화하여 '클라이언트가 있는 그곳'에서 시작해야 한다. 또한 클라이언트의 자기결정권을 존중하고 클라이언트에 대한 비밀을 보장해야 한다. 그리고 클라이언트의 참여를 최대화해야 한다. 위에서 언급한 바와 같이 개입과정에 있어서 변화의 책임은 일차적으로 클라이언트에게 있다. 클라이언트가 동기부여가 되어 있지 않고, 변화에 소극적이거나 부정적일 때 긍정적인 변화의 결과를 기대하기는 어렵다. 클라이언트가 변화과정 동안 적극적이고 주체적으로 참여할 때만이 의미 있는 변화가 일어날 수 있다. 이는 클라이언트의 자기결정권을 최대화하는 것과 관련이 있다. 사회복지사는 클라이언트의 욕구충족을 위해 다양한 선택의 기회를 제공할 뿐 클라이언트의 선택을 강요해서는 안 된다. 사회복지사는 클라이언트의 자기결정권을 최대한 존중한다. 사회복지사는 문제를 확인하고, 행동계획을 세우고, 계획을 실행하는 데 관련된 모든 사람들이 참여할 수 있도록 그 과정을 안내할 책임이 있다. 클라이언트의 참여를 최대화하기 위해서 사회복지사는 클라이언트에게 혹은 클라이언트를 위해서가 아니라 '클라이언트와 함께' 행동해야 한다.

때로 사회복지사가 클라이언트를 대신하여 의사결정을 해야 하는 상황이 발생한다(예를 들면, 아동, 정신장애인 등). 이때 사회복지사는 상황을 주의 깊게 관찰하고 전문가들에게 자문을 구한 후 사회복지실천윤리에 기반한 결정을 내릴 수 있도록 한다.

11) 사회복지실천은 클라이언트가 스스로 문제를 해결하도록 도와주는 것이다

가장 바람직한 원조는 현재의 문제를 해결하고 미래에도 발생할 수 있는 문제에 대해 클라이언트가 전문가의 도움 없이 스스로 문제를 해결하면서 건강하게 나갈 수 있도록 하는 것이다. 클라이언트가 독립적으로 자신의 삶을 꾸려 가는 방법을 습득하는 것이 원조의 궁극적인 목적이다. 클라이언트를 준비시키는 것은 그들이 인접환경에서 자원과 자연적인 원조자들을 확인하고 활용하는 방법을 가르쳐 주는 것이다.

12) 사회복지실천과정에 대해 지속적인 평가와 점검을 해야 한다

사회복지실천에서 원조활동의 목표는 클라이언트의 욕구와 관련되면서 측정 가능하고 구체적으로 규정해야 하고 또 정기적으로 검토되어야 한다. 개입전략 과정을 서술하고, 성취되어야 할 측정가능한 목표를 설정하여 이를 클라이언트와 공유한 뒤 개입한다. 이러한 개입과정은 지속적인 점검을 통해 수정·보완하여 클라이언트가 만족할 수 있는 전문적 개입이 이루어지도록 하는 것이 필요하다.

Ⅱ. 사회복지실천윤리

사회복지 전문교육에 있어 윤리는 오래 전부터 중요한 이슈였다. 이는 사회복지사가 규범에 입각한 전문직이기 때문이다(Hugman, 2005). 사회복지실천 윤리교육의 목적은 학생들에게 사회복지실천이 내포하고 있는 고유한 도덕적 특징과 이와 연관된 모호함을 알 수 있도록 돕는 데 있다. Reamer(2001)는 사회복지 전문교육에 있어 윤리교육의 목표를 ① 학생들의 도덕적 상상(moral imagination)을 자극하고, ② 분석적 기술을 개발하며, ③ 도덕적 의무감과 개인적 책임감을 이끌어내고, ④ 윤리적 논쟁과 모호함에 대응할 수 있는 능력을 개발하기 위함이라고 설명하였다.

반면 Loewenberg and Dolgoff(1996)는 전문사회복지 윤리교육의 목표를 다음과 같이 여섯 가지로 축약하였다. ① 전문직 실천에 있어 윤리적 이슈에 대해 보다 민감하게 반응하고 이에 대한 인식을 높이고, ② 경쟁적인 논쟁들의 제한점과 강점을 연구함으로써 이러한 논쟁들을 구별하고 다룰 수 있으며, ③ 실천상황과 연관된 윤리적 원칙을 알기 위해 학습하며, ④ 윤리적 결정과정에 대한 이해를 발전시키고, ⑤ 사려 깊은 논리적인 결정에 도달할 수 있고 그들의 직업활동에 윤리적 실천을 적용할 수 있으며, ⑥ 자신들의 도덕적 열망과 기준을 명료화시킬 수 있으며 실천현장에서 내린 윤리적 결정을 평가할 수 있도록 교육한다. 본 장에서는 사회복지 실천현장에서 윤리적 결정의 지침으로 사용되는 윤리강령을 살펴보고, 실천현장에서 사회복지사가 빈번히 직면하게 되는 가치갈등적인 상황과 윤리문제를 설명하고, 윤리적 의사결정과정에 대해 살펴보고자 한다.

1. 전문직에서의 윤리강령의 의미

최근 들어 법, 의료, 사회복지, 심리, 정신의료, 기술, 언론 등 각종 전문직에 종사하고 있는 실천가들의 행동에 대한 책임 추궁이 빈번히 발생하면서 전문직 윤리에 대한 중요성이 날로 강조되고 있다(Reamer, 1983). 모든 전문직들은 윤리강령을 가지고 있다. 가장 오랜 전통을 가진 의료윤리강령의 역사는 고대 그리스시대로 거슬러 올라간다(서미경 · 김영란 · 박미은 역, 2000). 히포크라테스(기원전 460~377)는 의사를 위한 윤리강령을 작성하여 의사들의 전문적이며 윤리적인 행위를 강조하였다. 그가 만든 의료윤리강령은 오늘날까지 의사들을 위한 행동지침으로 널리 사용되고 있다.

특정 직업을 전문직으로 발전시키기 위해서는 윤리강령이 필요하다. 사회복지도 예외는 아니다. 미국에서는 Flexner(1915)가 "사회복지는 아직 전문직이 아니다"라고 발표한 이후 Mary Richmond의 도움으로 1920년에 최초의 사회복지사 윤리강령 초안을 만들었다. 미국사회복지사협회(AASW : The American Association of Social Workers)에서도 사회복지를 전문직으로 발전시키기 위한 전문가 윤리강령의 중요성을 제시하였다. 1924년에 이 협회의 공식저널인 The Compass에서 "사람들이 과연 사회복지사가 일상적인 상황에서 어떻게 행동하는지를 알아야 할 권리를 갖고 있는가?"(서미경 · 김영란 · 박미은 역, 2000 : 56)라는 질문을 던짐으로써 윤리적 실천의 문제를 밝히고 사회복지사를 위한 윤리강령을 만들도록 재촉하였다. 1960년에 전국사회복지사협회(NASW : National Association of Social Workers)에서는 사회복지사들을 위한 공식적인 윤리강령을 채택하여 발표하였다. 그 후 미국에서는 사회복지사 윤리강령의 실천적 유용성과 현실성을 고려하여 1979년 그전의 것과는 다른 새로운 윤리강령을 선포하였고, 1990년에 개정하였다(김정자, 1993). 사회복지사 윤리강령은 사회복지 전문직의 위상을 높이고 실천의 지침을 제공한다는 점에서 큰 의미를 갖는다.

2. 사회복지실천에서의 윤리와 가치

사회복지실천의 윤리문제를 논함에 있어 가치문제를 중요하게 다루는 이유는 윤리적 원칙(ethical principle)이 가치를 기반으로 세워지기 때문이다. 그러므로 가치에 기반을 두지 않은 규칙이나 원칙은 윤리적 규칙(ethical rule)이라 할 수 없다. 일례로 미국인들은 자기결정권과 사생활권에 높은 가치를 두고 있다. 사실 모든 사람들은 언제, 어떻게, 어느 정도로 자신에 대한 정보를 나눌 것인지에 관한 자기결정권을 가지고 있다(Saxon, Jacinto, and Dziegielewski, 2006). 자기결정권과 사생활권은 다수의 사람들이 지향하는 사회적인 가치인 동시에 사회복지전문직의 가치이기도 하다. 따라서 사회복지사가 클라이언트와의 면접을 녹화하기를 원할 경우 사전에 클라이언트의 동의를 구해야 하며, 녹화의 순응 여부는 전적으로 클라이언트의 자기결정에 달려 있기 때문에 이를 강요해서는 안 된다. 사회복지사가 사전에 동의를 구하는 것은 사회복지실천에서 반드시 지켜야 할 윤리적 의무로 이는 자기결정권과 사생활권 존중이라는 가치에서 나온 것이다.

한편 Healy(2007)는 그동안 가치와 윤리의 통합이 사회복지전문직의 특징으로 간주되어 왔으나 글로벌 관점(global perspective)이나 다문화적 관점(multicultural perspective)에서 살펴볼 때 가치와 윤리는 통일되기보다는 분리되어 있음을 주장하였다. 그녀는 이러한 입장에서 두 가지 질문을 제시하였다. ① 사회복지에서 윤리적 원칙을 보편적으로 적용할 수 있는가? ② 사회복지실천윤리를 토대로 가치가 보편적인 것이라고 주장할 수 있는가? Healy의 주장은 윤리적 사고와 의사결정에 영향을 미친 윤리적 상대론(ethical relativism)과 윤리적 절대론(ethical absolutism)에 대한 논쟁과 연관이 깊다.

가치와 윤리의 차이점은 가치는 추상적이며 무엇이 좋고 바람직한가와 관련이 있고 윤리는 무엇이 옳고 그른가에 관한 것이다. 사회복지의 가치와 실천윤리에 대해 보다 구체적으로 살펴보면 다음과 같다.

(1) 가치(Value)

가치는 일종의 신념이며 선택이다. 이는 인간을 위해 좋은 것과 바람직한 것에 대한 가정이다. 가치는 지식과 달리 과학적인 근거를 가진 것도 아니며 객관적으로 증명할 수 있는 것도 아니다. 가치란 “주관적으로 선호하는 것으로 인간이 적절한 행동을 선택하는 데 있어서 지침이나 기준”이 된다(엄명용 · 김성천 · 오혜경 · 윤혜미, 2001 : 58).

> ◉ 사회복지의 중심가치
>
> 사회복지전문직의 사명은 일련의 중심가치에 기초를 두고 있다. 미국사회복지사협회(NASW : National Association of Social Workers)에서는 사회복지의 독특한 목적과 관점의 기초가 되는 핵심가치를 서비스(service), 사회정의(social justice), 사람의 존엄성과 가치(dignity and worth of the person), 인간관계의 중요성(importance of human relationships), 정직성(integrity), 역량(competence)으로 설명했다. 지금까지 여러 학자들이 제시한 사회복지가 지향해야 하는 핵심가치는 다양하지만 다음과 같은 공통된 기반을 갖고 있다. 인간의 존엄성과 개인의 유일성, 클라이언트의 자기결정권, 비밀보장과 사생활 보장, 개인의 잠재력을 개발할 수 있는 기회제공, 개인이 갖는 공통된 인간의 욕구를 충족시키는 것, 인간의 기본욕구를 충족시킬 적당한 서비스와 자원의 제공, 클라이언트 역량강화(empowerment), 평등한 기회, 다양성 존중, 사회문제 예방과 치료를 위한 노력 그리고 전문지식과 기술을 지속적으로 발전시키고, 다른 사람들과 함께 소유하고 교육하는 것이 자주 언급되는 중심가치이다.

(2) 윤리(Ethic)

윤리는 실질적인 결정을 내릴 때 필수적인 것으로 이것은 가치에서 비롯되었으며 옳고 그름을 판단할 수 있는 도덕적 지침이 되며(엄명용 · 김성천 · 오혜경 · 윤혜미, 2001), 실제 행위와 직접적으로 관련된 행동 철학이다. 전문가의 윤리는 어떤 특수한 역할의 입장, 즉 전문가 역할을 수행하는 데 수반되는 특수한 책임을 성문화한 것이다(김정자, 1993 : 16). 사회복지실천에 있어 전문가의 가치와 윤리기준은 시대에 따라 변천해왔다(오혜경, 2004). Reamer(2001)는 중세유럽의 종교적 도덕을 사회복지에 계승한 것을 시작으로 사회복지윤리가 발전해왔음을 설명했다. Reamer가 설명한 사회복지윤리의 점진적 변화(evolution of social work ethic)를 시대별로 살펴보면 다음과 같다.

① 도덕성 시대(morality period) : 온정주의에 기초한 실천을 통해 극빈한 클라이언트들의 도덕성을 회복하고 이들이 가난으로부터 벗어날 수 있도록 돕는 길을 마련하는 것에 관심을 둔 시기
② 가치 시대(values period) : 사회복지의 목적 및 가치에 관심을 둔 시기
③ 윤리이론과 결정의 시대(ethical theory and decision making period) : 실천상황에서 어떻게, 그리고 무슨 기준으로 사회복지사의 정당한 행동을 결정할 것인가에 관심을 둔 시기
④ 윤리기준과 위기관리 시대(ethical standard and risk management period) : 사회복지사의 업무상 과실(malpractice)과 신뢰성(reliability) 문제에 관심을 둔 시기

3. 윤리적 결정

윤리적인 결정을 하는 데 있어 사회복지사가 고려해야 할 3가지 요소를 살펴보면 다음과 같다.

(1) 윤리적 함축(Ethical Implications)

전문적인 활동을 펼치는 과정에서 사회복지사는 다음 6가지 사항을 항상 기억해야 한다.

① 사례에 적용될 수 있는 모든 윤리원칙들은 신중히 고려해야 한다.
② 법적인 책임과 의학적 고찰에 필요한 모든 변수는 조명되어야 한다.
③ 비밀보장은 사회복지사의 중요한 관심영역이며 이 원칙 때문에 사회복지사는 빈번히 임상적 딜레마에 빠지게 된다.
④ 클라이언트가 자신이나 타인의 생명에 위험하다고 판단될 경우 사회복지사는 비밀보장의 원칙보다는 생명존중의 원칙을 우선적으로 적용해야 한다.
⑤ 사회복지사는 지역사회의 도덕적 · 사회적 규약을 존중해야 한다.
⑥ 사회복지사는 자신들의 능력과 한계성을 인식하고 냉철하게 평가해야 한다.

(2) 법적인 면(Legal Aspects)

사회복지사가 하는 일들 중에 법의 제재를 받고 있는 활동이 있는지 혹은 없는지를 법적인 관점에서 살펴보아야 한다. 예를 들면, 사회복지사는 특정 업무를 수행하기 위해 자신이 자격을 갖췄는지 혹은 법에서 요구하는 면허증을 소지하고 있는지 등을 점검해야 한다. 사회복지사가 자신의 자격범위에서 벗어난 활동을 할 경우 이것은 비윤리적일 뿐만 아니라 불법행위이다.

(3) 도덕적-전문적인 판단(Moral-Professional Judgements)

도덕적-전문적인 판단은 개개인의 사회복지사가 갖고 있는 가치체계와 관련 있다. Barker(1988)는 가치란 그 시대의 문화, 집단, 그리고 사람들이 바람직하다고 생각하는 '관습, 기준, 원칙'임을 강조했다. 가치는 인간이 적절한 행동을 선택할 수 있도록 지침(guide) 또는 기준(criteria)을 제공하기 때문에 가치함유적인 전문직에 종사하는 사회복지사에게 중요한 잣대가 될 수 있다. 가치가 바람직한 행동을 선택하는 데 큰 도움을 주지만 가치에 기반한 결정과 행동이 항상 바람직한 결과를 가져오는 것은 아니다. 예를 들어, 사회복지사가 사회복지의 핵심 가치인 클라이언트의 비밀보장을 철저히 지킨 결과 타인의 생명에 위험을 주는 비극이 초래될 수도 있다.

4. 사회복지실천 과정에서의 윤리적 딜레마

사회복지사는 실천현장에서 종종 윤리적 결정을 내려야 한다. 그리고 이러한 윤리적 결정은 사회복지사로 하여금 윤리적인 딜레마에 빠지게 한다. Reamer (1983)는 사회복지사들이 실천현장에서 자주 부딪히게 되는 윤리적 딜레마를 크게 세 가지 — 1) 개인과 가족에 대한 직접적인 서비스, 2) 사회복지정책과 프로그램의 구성과 제공, 3) 전문직 동료 간의 관계와 관련된 윤리적 딜레마 — 범주로 구분하였다.

1) 직접적인 서비스

사회복지사가 직접실천을 하면서 직면할 수 있는 윤리적 이슈는 다양하다. 예를 들어, 클라이언트에게 진실을 밝히는 문제, 법, 규칙 또는 정책과 치료 목적의 상충, 클라이언트의 결정에 반(反)한 서비스 종결, 클라이언트가 원하지 않는 서비스를 제공 등 사회복지사는 여러 가지 상황에서 윤리적인 갈등을 경험한다.

일례로 우리나라 입양기관의 사회복지사를 인터뷰한 질적 연구에서 밝혀진 입양실무에서 사회복지사가 경험하는 윤리적인 딜레마는 다음과 같았다. 실무자들은 입양서비스를 하는 데 있어 실천의 중심이 누가 되어야 할 것인지(아동 대 부모 중심의 실천)의 문제, 비밀보장, 자기결정권 등과 관련된 윤리적 딜레마를 직면한다. 실무자들은 입양실무에 있어 누구를 주체로 개입할 것인가 또한 하고 있는가의 차원에서 딜레마를 경험한다. 원칙적으로 입양실무는 아동복지서비스의 일환이므로 입양아동의 입장에서 아동의 이익이 최우선 되어야 하지만, 종종 입양부모의 입장에서 혹은 기관의 입장에서 일을 진행하게 되는 경우가 있다. 예를 들어, 입양아동과 입양부모를 매칭(Matching)시킬 때 입양아동에게 가장 적합한 입양부모를 연결시키기보다는 입양부모의 요구에 맞춰서 아동을 연결시킬 때가 있다. 또한 실무자들은 비밀보장의 딜레마를 경험하게 되는데, 혈통주의로 인한 비밀입양에 대한 선호가 큰 우리나라에서는 미혼부모, 입양부모 쌍방이 비밀유지를 원하는 경우가 많다. 그러나 이들이 원하는 비밀을 보장할 수 없을 때가 있다. 현재 우리나라 입양의 주류를 이루고 있는 미혼모의 자녀가 입양되기 위해 미혼부와 가족에게 임신과 출산 사실을 알리고 입양에 대한 동의를 받아야 하기 때문이다. 반면 입양부모에 대해서는 공개입양의 이슈와 관련하여 자기결정권의 딜레마에 빠질 수 있다. 입양실무자들은 공개와 비밀입양의 장단점을 입양부모에게 충분히 설명한 후 입양부모가 선택하도록 안내해야 한다. 그러나 문제는 우리나라 입양정책이 공개입양을 지향하고 있다는 것이다. 따라서 정책과 실무 간의 괴리가 존재하며 이로 인한 윤리적인 딜레마를 경험하게 된다. 덧붙여 입양부모에게 입양아동에 대한 정보를 얼마나 공개할 것인가 하는 것도 어려운 과제이며, 또한 입양된 아동이 자신의 친생부모를 찾고자 할 때도 친생부모에 대한 비밀보장의 이슈가 남아 있다(권지성 · 김진숙 · 정정호, 2007).

직접 서비스와 관련된 윤리적 문제는 일반적으로 가치상충(competing values), 의무상충(competing loyalties), 다중 클라이언트 시스템(multiple client system), 결과의 모호성(ambiguity), 힘의 불균형(power imbalance)으로부터 발생함을 알 수 있다. 이러한 다섯 가지 상황을 보다 구체적으로 요약·정리하면 다음과 같다(김정자, 1993).

(1) 가치상충(competing values)

사회복지사는 두 개 또는 그 이상의 경쟁적인 가치와 직면했을 때 윤리적 딜레마에 빠진다. 가치상충으로 인해 사회복지사가 윤리적인 딜레마에 빠지는 일은 실천현장에서 가장 빈번히 일어나는 일이라 할 수 있다. 다음은 클라이언트의 자기결정(self-determination) 및 비밀보장(confidentiality)이 생명존중과 상충되는 상황이다.

> "P씨는 78세로 병원에서 갓 퇴원하여 혼자서 아파트에서 살고 있다. P씨의 동생은 같은 아파트, 같은 동에서 살고 있다. 당신은 호스피스 사회복지사이다. 금요일 오후 3시 50분에 당신은 초기 심리사회사정을 끝마치기 위해 P씨를 방문했다. 사정을 하는 동안 당신은 P씨가 독립적으로 자신을 돌볼 수 있는 능력이 없기 때문에 혼자 생활하는 것이 안전치 못함을 알게 되었다. 매우 병약한 상태에 있는 P씨는 거동하는 것도 어려웠고 돌봐 줄 사람도 없었다. P씨의 사람, 정서, 시간에 대한 지각력은 좋은 편이었다. 그는 양로원이나 요양시설에 입소하는 것을 동의하지 않았다. 만약 P씨가 외부로부터 특정 도움을 받는 것에 동의할지라도 [오늘이 금요일 오후이기 때문에] 주말 동안에 이러한 서비스를 받기란 불가능한 일이다. 당신은 P씨에게 동생이 주말 동안 P씨를 도울 수 있으리라 제안했으나 P씨는 혼자 있어도 괜찮다고 하면서 동생에게 알리지 말 것을 요청했다. P씨의 다른 형제는 다른 주(state)에 살고 있기 때문에 주말 동안 그를 도울 수 있는 입장이 아니다. 이런 상황에서 당신은 비밀보장의 원칙을 깨고 P씨의 동생에게 주말 동안 P씨를 돌볼 것을 요청할 것인가?"(Saxon, Jacinto, and Dziegielewski, 2005).

Saxon, Jacinto, and Dziegielewski(2005)의 연구에서 위의 상황을 80명의 사회복지학과(55명의 대학원 학생과 25명의 학부학생) 학생에게 제시한 결과, 응답자의 37명(46.3%)이 자기결정의 원칙을 지키지 못할 것이라고 답했고, 나머지 43명(53.7%)은 자기결정의 원칙을 지킬 것이라고 밝혔다.

미국사회가 자기결정권과 사생활에 매우 높은 가치를 두고 있고 사회복지윤리강령에서도 클라이언트의 자기결정의 중요성을 강조하고 있지만, 대부분의 사회복지사들은 모든 상황에서 클라이언트의 자기결정을 적용하는 데는 제약이 있음을 동의한다. 또한 자기결정의 중요성에 대한 학자들의 의견은 상이하다. Bernstein(1960)은 자기결정이 그 자체로서 "최고는 아니지만 무엇보다 중요하다"고 주장한 반면 Perlman(1965)은 "자기결정은 중요하지만 10분의 9는 망상이다"라고 역설했으며, Rothman(1989)도 "자기결정은 전문직에서 클라이언트를 궁극적으로 존중하는 것과 부합하지만 그것의 의미와 적용은 명확하지 않다"고 주장하였다. 클라이언트의 자기결정권과 관련된 문제는 사회복지사가 가장 흔하게 접하면서도 매우 복잡한 문제이기도 하다(서미경 · 김영란 · 박미은, 2000 : 137-138). 비밀보장도 자기결정과 마찬가지로 복잡한 과정이며, 특정 상황에서는 국가법이나 전문직의 기준(standards)에 의해 비밀보장이 허락되지 않을 수도 있다(Saxon, Jacinto, and Dziegielewski, 2005).

(2) 의무상충(competing loyalties)

기관에 대한 의무와 클라이언트에 대한 의무가 서로 경쟁적인 위치에 있을 경우 사회복지사는 갈등을 경험한다. 사회복지사는 자신을 고용한 기관의 정책에 따라야 하지만 이러한 기관의 정책이 항상 클라이언트의 이익과 일치하지는 않는다. 다시 말해 사회복지사의 소속 기관의 정책과 목표가 클라이언트의 이익과 갈등관계에 있으면 사회복지사는 윤리적 딜레마를 경험하게 된다. 또한 한정된 자원으로 운영되는 비영리단체의 사회복지사의 경우 자원부족과 예산 삭감으로 인해 클라이언트에게 최선의 서비스와 프로그램을 제공하지 못할 때가 빈번하다.

(3) 다중 클라이언트 체계(multiple client systems)

하나 이상의 복잡성을 가진 클라이언트 체계도 윤리적인 갈등을 야기할 수 있다. 실천현장에서 흔히 사회복지사는 "누가 클라이언트인가?"라는 질문을 하게 된다. 전술한 바와 같이 입양기관에 일하는 사회복지사들은 입양실무를 구성하고 있는 다중의 클라이언트체계—아동, 친부모, 입양부모—와 일하면서 윤리적 갈등을 겪게 된다. 아동의 관점에서, 생부모의 관점에서, 혹은 입양부모의 관점에서 입양을 둘러싼 복잡한 윤리적인 이슈(입양부모와 아동 매칭, 아동의 알 권리를 우선으로 할 것인지 아니면 입양부모와 생부모의 비밀보장을 우선으로 할 것인지 등)에 직면하게 된다.

(4) 결과의 모호성(ambiguity)

개입의 장기적 효과가 모호할 때 사회복지사는 선택의 딜레마에 직면한다. 입양을 예로 들면, 미혼모의 해외입양이 과연 아동을 위해 최선의 결정인지 그 결과를 예측할 수 없을 때 또한 이러한 개입의 효과성에 대한 실증적인 증거가 충분하지 않을 때 아동을 위한 최선의 결정을 내리는 데 갈등을 겪게 된다.

(5) 힘의 불균형(power imbalance)

사회복지사와 클라이언트 관계에서 힘의 불균형이 일어나는 것은 사실이며, 결과적으로 이러한 상황이 윤리적 딜레마를 가져온다. 클라이언트가 도움을 구하는 위치에 있기 때문에 클라이언트와 사회복지사 간의 수평적인 관계형성이 힘들 때도 있다. 사회복지사가 클라이언트의 자기결정권과 최상의 이익, 의사결정에서의 클라이언트 참여에 높은 가치를 둔다. 하지만 실제 사회복지실천 과정에서는 이를 충분히 적용할 수 없는 상황이 종종 발생한다. 특히 클라이언트의 기능이 손상된 경우 중요한 결정과 선택을 전문가에게 의존함으로써 클라이언트는 그들의 자유와 알 권리를 포기하는 경우가 생긴다.

2) 사회복지정책과 프로그램 구성과 제공

직접적인 개입에 있어 직면할 수 있는 윤리적인 딜레마와 마찬가지로 사회복지정책, 프로그램 구성 및 제공과 관련된 윤리적 딜레마도 매우 광범위하다. 그럼에도 불구하고 가장 일반적으로 제기되는 문제는 제한된 자원을 분배하는 기준, 복지권, 그리고 사회복지 서비스 제공에 있어 국가의 역할과 관련된 윤리적인 딜레마를 꼽을 수 있다.

3) 동료 간의 관계와 관련된 윤리적 딜레마

일반적으로 동료 간의 윤리적 갈등은 전문직 동료의 잘못된 행위(wrongdoing)와 무능력을 보고해야 하는 사회복지사의 의무와 관련이 있다. 예를 들어, 사회복지사가 동료의 비윤리적 행동(예 전문직 자격증이 없이 클라이언트에게 서비스 제공, 클라이언트를 차별함 등)을 목격했을 때 어떤 행동을 취해야 될지 윤리적인 딜레마에 빠지게 된다. 이 경우 사회복지사는 동료의 행동을 수퍼바이저에게 보고할 의무가 있는가? 경우에 따라 잘못된 행위를 무시해도 되는가? 실천가들은 동료의 잘못된 행위와 무능함(무자격)을 보고하는 데 있어 어디에 기준을 둘 것인지 갈등을 경험하게 된다.

5. 윤리적 의사결정지침과 결정의 우선순위

윤리적 의사결정은 단순하지가 않다. 앞서 언급한 바와 같이 윤리강령이 의사결정의 지침이 되기도 하지만, 윤리강령 자체가 분명하지 않고 포괄적이어서 강령만으로 결정을 내리기 힘든 상황이 사회복지 실천현장에서 종종 발생한다. 또한 특정 상황에 적용할 수 있는 사회복지실천 원칙과 가치가 하나 이상 존재하며, 서로 상충된 경우에는 더욱 그렇다. Loewenberg와 Dolgoff는 윤리적 의사결정을 하는 데 도움을 줄 수 있는 2가지 지침인 윤리적 규칙 스크린과 윤리적 원칙 스크린을 제시했다(서미경 · 김영란 · 박미은, 2000 : 88-92).

〈표 4-1〉 **윤리적 규칙 스크린(ERS : Ethical Rules Screen)**

1. 윤리강령을 살펴보고 어떤 규칙을 적용할 수 있는지 결정한다. 이러한 규칙들은 사회복지사 개인의 가치체계보다 우선이 되어야 한다.
2. 적용가능한 한 가지 혹은 여러 가지의 강령규칙을 따른다.
3. 구체적인 문제에 대해서 강령규칙이 직접적으로 부합되지 않거나 혹은 여러 개의 강령규칙들이 상충되는 경우에는 윤리적 원칙 스크린(EPS)을 활용한다.

윤리강령을 토대로 사회복지사가 직면한 갈등상황을 해결하기 힘들 때, 윤리적 원칙들을 서열화시켜 우선이 되는 원칙부터 윤리적 결정을 내리는 데 적용하

는 것이 중요하다. <표 4−2>에서 보는 바와 같이 윤리원칙의 제1순위는 생명보호의 원칙으로 다른 어떤 원칙보다 윤리적 결정에서 우선적으로 적용된다.

〈표 4-2〉 **윤리적 원칙 스크린(EPS : Ethical Principles Screen)**

−윤리원칙 1	생명보호의 원칙
−윤리원칙 2	평등과 불평등의 원칙
−윤리원칙 3	자율성과 자유의 원칙
−윤리원칙 4	최소한 손실의 원칙
−윤리원칙 5	삶의 질의 원칙
−윤리원칙 6	사생활 보호와 비밀보장의 원칙
−윤리원칙 7	진실성과 정보개방의 원칙

출처 : 서미경 외(2000 : 90).

6. 윤리적 결정에 관한 사례

사회복지실천에서 윤리적인 문제가 포함되어 있지 않은 사례는 거의 없기 때문에 사회복지사는 일상의 실천에서 끊임없이 윤리적인 함의가 있는 결정을 내려야 한다. 특히 정신보건 영역에서 일하는 사회복지사의 경우 개입의 전 과정에서 사회복지 가치철학과 상충되는 상황을 빈번히 직면하게 된다. 미국의 경우 사회복지사의 윤리적인 실천을 돕고 클라이언트의 이익과 권리를 옹호하기 위해 구체적인 윤리지침을 제시하고 있어 이를 기초로 윤리적 행동을 판단할 수 있다. 그럼에도 불구하고 아직도 사회복지사가 실천현장에서 직면하는 여러 가지 윤리적 이슈를 효율적으로 대처할 수 있도록 안내해 주는 윤리적 행동지침에 대한 요구가 높다. 이는 시대변화로 인해 윤리적인 결정을 내려야 하는 상황이 더욱 복잡해지고, 이와 관련하여 사회복지전문직의 윤리적인 판단과 결정이 더욱 중요시 되기 때문이다. 결론적으로 사회복지실천에서 윤리적 문제가 관여되지 않는 상황은 없기 때문에 사회복지사가 윤리강령을 준수하여 의사결정을 내리는 것이 중요하다.

윤리적 결정 Exercise

다음의 사례들은 사회복지실천현장에서 사회복지사가 흔히 접할 수 있는 윤리적 딜레마 상황이다. 이러한 상황에서 사회복지사가 취한 행동에 대한 당신의 의견은?

[사례 1]

최근 K여사는 이혼으로 인해 심각한 심리적 스트레스를 받고 있다. 이러한 정신적 고통을 해결하고자 K여사는 S정신보건사회복지사와 만나 상담을 받고 있다. 3회 상담을 진행할 때 S정신보건사회복지사는 K여사가 다른 정신보건사회복지사에게 지난 3개월 동안 전문상담서비스를 받아 왔음을 알게 되었다. 두 정신보건사회복지사의 개입방법이 다름에도 불구하고 K여사는 그녀를 담당하고 있는 두 사람의 사회복지사와 계속 상담받기를 원했다. K여사의 의견에 따라 K씨와의 상담이 성공적으로 진행되어왔기 때문에 S사회복지사는 K여사에게 계속적인 상담 서비스를 제공하기로 결정했다. 이 사례에서 S사회복지사의 행동은?

1. 윤리적이나 합법적이지는 않다.
2. 합법적이며 윤리적이다.
3. 윤리적이 아니다.
4. 비합법적이다.

[사례 2]

M은 22세 여대생으로 지역정신보건센터의 사회복지사에게 상담을 받고 있다. M은 남자친구와 헤어진 후 우울증으로 고통 받고 있으며, 새로 사귄 남자친구와 건전한 이성관계를 발전시키는 데 어려움이 있음을 호소했다. 상담 도중 M은 남자를 신뢰할 수 없으며 남자에 대한 극심한 공포감을 표현했다. M은 대학교 1학년 때에도 심한 우울증 때문에 Y병원의 정신과에서 치료를 받은 경험을 이야기하면서 남성에 대한 분노와 비합리적인 사고를 표현했다. 그녀에게 과거 상담경험에 대해 상세한 설명을 요청했을 때 M은 이전의 정신보건사회복지사와 성관계가 있었음을 보고했다. 이 상황에서 사회복지사가 해야 할 일은?

1. 부정행위를 한 M의 정신보건사회복지사를 대면해야 한다.
2. 사회복지사협회에 M의 정신보건사회복지사를 신고해야 한다.
3. 클라이언트의 비밀을 유지해야 한다.
4. 전문 사회복지사의 성적 비행을 가까운 경찰서에 신고해야 한다.

[사례 3]

S장애인복지관의 사회복지사는 L직업재활기관의 사회복지사에게 클라이언트를 의뢰했다. L시설의 사회복지사는 감사의 표시로 선물을 보냈고, S시설의 사회복지사는 L시설에서 보내온 선물을 기꺼이 받았다. 이러한 상황은?

1. 작은 선물이면 윤리적이다.
2. 클라이언트가 L시설에 지불해야하는 프로그램 사용료보다 액수가 작으면 윤리적이다.
3. 클라이언트 의뢰에 대한 답례로 선물교환에 대한 계약을 미리 하지 않았으면 비윤리적이다.
4. 윤리강령에 의하면 비윤리적이다.

[사례 4]

복합적인 문제와 욕구를 가진 클라이언트를 보다 효율적으로 돕기 위하여 타 기관의 전문인에게 사례에 대한 자문을 요청할 경우, 사회복지사가 반드시 해야 하는 일은?

1. 자문(consultation)을 위해 동의서(정보누설에 동의하는)에 클라이언트의 서명을 미리 받는다.
2. 클라이언트에게 자문에 관해 이야기한다.
3. 클라이언트에게 구두로 동의를 구한다.
4. 클라이언트의 비밀을 다른 전문인들과 이야기하는 것은 비윤리적인 행위이므로 자문을 구하지 않는다.

[사례 5]

S사회복지사는 P에게 지난 6개월 동안 놀이치료를 주 1회 진행해왔으나 P에게는 아무런 변화가 없었다. 이러한 상황에서 S사회복지사가 취할 수 있는 행동은?

1. 치료를 종결해야 한다.
2. 사례회의(case conference)를 통하여 supervisor와 동료에게 자문을 구한다.
3. 책이나 연구논문을 통하여 효율적인 개입방법을 모색한다.
4. P에게 서비스 종결의 가능성과 다른 치료사에게 P의 사례를 의뢰하는 것에 관하여 의논한다.

[사례 6]

C씨는 항우울증 치료약을 복용하면서 정신과의 S정신보건사회복지사에게 상담치료를 함께 받고 있다. 어느 날 자신의 우울증 증세가 많이 호전되었다고 생각한 C씨는 담당 사회복지사인 S에게 약에 관한 조언을 요청했다. 이 상황에서 S정신보건사회복지사의 윤리적인 행동은?

1. 약을 중단하라고 조언한다.
2. 서서히 약을 줄이라고 조언한다.
3. 약을 중단하라고 권하면서, 우울 증상이 재발했을 때 즉시 보고해 줄 것을 요청한다.
4. C씨가 약물치료에 대한 평가를 담당의사와 함께 할 수 있도록 도와준다.

[사례 7]

사회복지사인 Y씨에게 친한 이웃인 P씨는 남편의 외도 때문에 심리적인 고통을 받고 있음을 알려왔다. Y사회복지사와 P씨는 평소에 가까운 이웃으로 서로 몇 해 동안 친구관계를 유지하면서 지역사회 봉사를 함께 해왔다. P씨는 다른 전문상담가에게 자신의 문제를 상담하기보다 Y사회복지사가 자신에 대하여 가장 잘 알고 있다고 생각했기 때문에 Y씨와 전문상담 계약을 원했다. 이 상황에서 Y사회복지사의 윤리적인 행위는?

1. Y씨는 친구 P씨에게 그들이 친구관계에 있기 때문에 상담 서비스를 제공할 수 없음을 설명하고 유능한 동료에게 P씨의 사례를 의뢰하거나 P씨에게 타 기관의 상담정보를 제공한다.
2. 공식적인 상담계약을 하지 말고 P씨와 임시적인 상담을 한 후 결과가 효과적이면 공식적인 상담계약을 한다.
3. 클라이언트가 원하는 상담 서비스를 Y씨는 거절해서는 안 된다.
4. 결정을 하기 전에 수퍼바이저에게 자문을 구한다.

[사례 8]

S사회복지사는 대인공포증으로 고통 받고 있는 J씨를 10회 상담했으나 그의 증상에는 아무런 변화가 없었다. J씨를 돕기 위한 방편으로 J씨와의 상담 내용을 녹화하여 효과적인 개입방법과 기술에 관하여 외부 전문인의 자문을 구하기로 했다. 이러한 상황에서 S사회복지사의 윤리적인 행동은?

1. 테이프 녹화에 관한 사항을 J에게 미리 알려주면 J가 녹화를 의식하여 의도적인 행동을 하게 되므로 상담이 끝난 후에 녹화사실을 J에게 설명을 한다.
2. J씨의 이익을 위한 녹화이므로 J씨에게 알려 줄 필요가 없다.
3. 상담 내용을 녹화하기 전에 J씨에게 동의를 반드시 얻어야 한다.
4. 상담 내용을 녹화하는 것은 J씨에 대한 개인적인 사생활 침해이므로 절대로 해서는 안 된다.

[사례 9]

사회복지사인 L씨는 동료인 S씨가 전도사로 일하고 있는 친구에게 자신이 담당하고 있는 클라이언트의 문제에 대하여 이야기하면서 조언을 부탁하는 것을 알게 되었다. 이러한 상황에서 L씨의 윤리적인 행위는?

1. 동료 S씨의 친구가 클라이언트를 돕기 위해 유익한 조언을 했으므로 아무런 행동을 취하지 않는다.
2. 동료의 행동에 간섭하는 것은 사회복지의 가치에 어긋나기 때문에 아무런 행동을 취하지 않는다.
3. 사회복지사는 다른 동료의 인격과 전문성을 최대한으로 존중해야 되기 때문에 아무런 행동을 취하지 않는다.
4. 적절한 절차를 통하여 클라이언트의 비밀을 존중하지 않았던 동료 S씨의 비윤리적인 행위에 대처한다.

[사례 10]

P씨는 규모가 작은 노인복지시설에서 사회복지사로 일하고 있다. 모 신문사에서 P씨가 실시하고 있는 프로그램을 취재하여 전국에 소개하길 원했다. 신문사 측에서는 P사회복지사와 클라이언트의 사진을 인터뷰 내용과 함께 기사화함으로써 독자들에게 사실적인 감동을 주길 원했다. 기사취재를 제시한 신문사는 P씨가 클라이언트를 위하여 계속적으로 서비스를 제공할 수 있도록 든든한 후원자를 모집할 수 있게 도와줄 것을 약속했다. 하지만 노인복지시설의 클라이언트들과 이들의 가족들은 신문사의 인터뷰와 사진촬영을 거부했다. 이 상황에서 P씨는?

1. 프로그램을 위한 재정적인 원조를 받기 위하여 클라이언트를 설득시켜 인터뷰에 응하도록 한다.
2. 기관의 홍보와 자신이 개발하여 실시하고 있는 프로그램을 다른 사회복지사들과 함께 공유하기 위하여 클라이언트의 의사와는 상관없이 인터뷰에 응한다.
3. 클라이언트의 동의 없는 취재는 비윤리적인 행위이므로 신문사의 제의를 거절한다.
4. 기관의 자원이 절대적으로 부족한 만큼 클라이언트의 적극적인 협조를 강요한다.

※ 사례 정답

1. ③ 2. ③ 3. ④ 4. ① 5. ④ 6. ④ 7. ① 8. ③ 9. ④ 10. ③

Ⅲ. 기 록

실습생의 기록은 자신의 역할수행과 자기 성장에 대한 자기반성적 고찰의 근거가 되고, 실습지도자와 실습지도교수에게는 수퍼비전과 평가의 근거자료가 된다. 뿐만 아니라 사회복지실천에 있어서 기록은 사회복지사의 책무성을 평가하는데 있어서도 매우 중요한 요소로 인식되어, 사회복지서비스의 책무성 측면이 강조되면서 기록의 중요성 또한 강조되고 있다. 그러므로 실습생은 예비사회복지사로서 기록하는 방법을 숙지하여, 클라이언트와 기관, 사회에 대해 윤리적·법적 책임을 갖고 서비스를 기록하고 평가할 수 있어야 하며, 기록에 대한 공식적 지침이나 양식을 숙지하고, 보다 효과적이고 효율적으로 보관하거나 전달할 수 있는 방안을 모색하여야 한다.

1. 사회복지실천 기록의 목적

(1) 사회복지실천활동의 문서화

사회복지사는 실천 초기단계부터 종결단계까지 클라이언트의 상황, 제공한 서비스 내용과 과정, 목표 달성 여부와 성과 등을 기록하여 문서화해야 한다. 실천 내용을 문서화하는 것은 기관의 서비스에 대한 책무성을 보장하는 것이며, 사회복지사의 전문활동을 입증할 수 있는 근거자료가 되어 법적인 증거나 재원 확보의 근거자료로 활용될 수 있다.

(2) 효과적인 서비스를 위한 모니터

실천과정을 기록하면서 사회복지사는 자신의 활동에 대해 점검할 수 있다. 체계적 기록을 통해 제공된 서비스와 운영방법, 전달체계 등을 검토, 평가하여 수정 보완할 수 있다.

(3) 사례의 지속성 유지

부득이한 사정으로 담당자가 바뀌거나 다른 기관으로 클라이언트가 이동할 경우, 지금까지의 서비스 기록을 통해 서비스의 지속성을 유지할 수 있다.

(4) 전문가 간의 의사소통의 활성화

다양한 전문직이 함께 일할 경우 기록을 통해 각 전문직의 관점과 서비스 내용을 공유하여 팀활동의 시너지 효과를 기대할 수 있다.

(5) 수퍼비전의 활성화

기록을 통해 실습생은 자신의 활동에 대한 실습지도자의 피드백을 받게 되어 클라이언트에게 양질의 서비스를 제공할 수 있다.

(6) 클라이언트와 정보 공유

클라이언트 운동의 영향으로 클라이언트와 그 가족들의 기록 확인에 대한 욕구가 점점 높아지고 있다. 전문가의 기록을 통해 클라이언트는 자신에게 제공된 서비스에 대한 이해를 높일 수 있으며 자기결정권을 적절하게 행사할 수 있다.

(7) 행정적 과업을 위한 자료제공

기록은 기관 및 직원평가, 조직관리나 예산집행 등에 있어 근거자료로 활용된다.

(8) 연구조사를 위한 자료 제공

사회복지서비스에 대한 연구 시 기록은 매우 중요한 자료로 활용된다.

2. 사회사업기록(Social Work Recording)의 활용과 내용

사회사업기록은 클라이언트와 상황(환경) 그리고 그 관계에서 이루어지는 서비스(개입)의 특징들을 중심으로 이루어진다. 이는 사회복지실천과정 전반에 대해, 특히 각 사례에 대한 사회복지사의 독특한 접근방법을 반영한다. 따라서 사회복지사의 실천방법이나 그가 속한 기관의 특성, 서비스의 전달체계, 클라이언트의 특성 등에 따라 여러 가지 형식의 기록이 존재할 수 있다. 사회사업기록은 매우 다양하며 그 내용을 일반화하는 데에는 한계가 있다. 그러나 일반적으로 사회복지실천에 있어서 다음과 같은 활용도를 갖는다.

1) 기록의 활용

- 클라이언트의 욕구 확인
- 서비스 내용 보고
- 서비스의 지속성 유지
- 타 전문가와의 의사소통
- 클라이언트와의 정보공유
- 실습 수퍼비전에 활용
- 서비스 효과 점검
- 교육
- 행정절차에서의 자료 제공
- 조사를 위한 자료 제공

2) 기록에 포함되어야 할 내용

- 클라이언트의 욕구
- 서비스 제공 이유와 방법
- 클라이언트 상황에 대한 내용(과거, 현재) : 사회력
- 클라이언트체계와 환경의 특성
- 활용할 수 있는 자원과 제한 요인
- 수집된 정보에 대한 사정
- 서비스 제공에 영향을 미치는 요소
- 개입(서비스 제공)의 목적, 계획 및 전략
- 개입(서비스 제공)의 과정 및 내용, 평가

- 사례 종결 이유와 방법
- 사후계획(follow-up)

3. 과정기록

과정기록은 면접 동안 사회복지사와 클라이언트의 의사소통을 있는 그대로 기록하는 방식으로, 클라이언트와 사회복지사 간의 역동적인 상호작용과 반응, 사실과 클라이언트의 언어적·비언어적 행위에 대한 관찰 내용, 감정 등을 기술한다. 과정기록의 목적은 서비스 전달에 대한 수퍼비전을 위한 것과 또 하나는 임상실무이론의 발전을 위해 정보를 수집하기 위함이다. 다른 기록방법에 비해 클라이언트와의 상호작용을 있는 그대로 기술하고 있기 때문에 무엇보다도 사회복지실천임상교육이나 현장실습교육에서 유용하게 활용된다.

그러나 과정기록에도 몇 가지 한계가 존재한다. 서비스 과정에서 실제로 일어났던 일을 잘못 기록하거나 불완전하게 기록함으로써 왜곡된 정보를 제공할 수도 있다. 또한 시간 소모가 너무 많고 요약기술을 습득할 기회를 제공하지 않는다. 따라서 실제로 사회복지실습의 교육방법으로 활용하기 위해서는 녹음이나 녹화 등의 방법을 함께 사용하는 것이 바람직하다. 과정기록은 지나치게 많은 시간이 소요되는 단점이 있기 때문에 실무에서 활용하기에는 비효율적일 수 있다.

1) 과정기록의 형식

사회복지실습에서 주로 활용되는 과정기록의 형식은 대화형식, 평서문체 기술, 요약기록 등으로 그 종류는 다음과 같다.

(1) TL기록(Teaching/ Learning Record)

TL기록은 실무기술을 발달시키기 위해 고안된 기록양식으로 인지적, 개인적, 이야기체 형식으로 서술된다. 실습생은 TL기록을 통해 클라이언트 환경, 서비스의 제공, 자신의 실무기술을 확인할 수 있는 기회를 갖게 된다. TL기록은 기본적으로 이야기체 형식을 따른다. 이야기체 형식의 기록은 모든 실무영역에서 기본적으로 활용되기 때문에 TL기록을 함으로써 실습생들은 다양한 실무역할에 요구되는 기록과 글쓰기 능력을 향상시킬 수 있다.

(2) 요점기록(Essential Recording)

요점기록은 클라이언트와의 상담 내용을 녹음한 후, 이를 토대로 녹음 내용의 중요 내용만을 요약하여 기록하는 방법이다. 따라서 실습생은 녹음 내용을 들으면서 사례에 대해 주의 깊게 분석한 후 이야기체 형식으로 내용을 요약하게 된다. 이러한 과정을 통해 실습생은 서비스 제공과정에 대해 분석적으로 사고할 수 있게 됨으로써 인지적이고 대인적인 기술을 발전시키는 장점을 갖는다. 그러나 요점기록을 모든 사례에 적용하는 것은 불가능하며, 테이프로 녹음한 내용의 비밀을 보장하는 데에도 주의를 기울일 필요가 있다.

2) 과정기록의 내용

과정기록의 내용은 다음과 같다.

① 참석자 이름
② 날짜, 장소, 회기 진행시간
③ 목적
④ 계획
⑤ 상호작용 내용 : 회상할 수 있는 모든 일에 대한 자세한 기술
⑥ 사회복지사의 역할과 활동
⑦ 클라이언트의 관심사, 상황 또는 문제, 클라이언트의 반응, 클라이언트 반응에 대한 사회복지사의 사정
⑧ 회기 내 사회복지사의 활동에 대한 자기분석 내용
⑨ 차기상담계획

다음은 과정기록의 예이다.

① **대화형식** : 클라이언트와 실습생 간의 상호작용을 그대로 기록하고 비언어

적 행동은 ( ) 안에 적는다. 일반적으로 다음과 같이 기록한다(Wilson, 1980; 서진환 재인용, 2001).

지도내용	면접내용	실습생의 느낌	실습생의 분석
• 실습지도자의 면접 내용 혹은 실습생의 느낌이나 분석에 대한 피드백	• 클라이언트와의 상호작용 내용을 대화형식으로 기술 • 언어적 · 비언어적 의사소통 내용이 모두 기록됨	• 대화가 진행됨에 따라 실습생의 느낌을 기록 • 클라이언트의 반응에 대한 실습생의 코멘트 기록	• 클라이언트의 반응에 대한 분석 • 느낌과 분석을 분리하여 기록하여 객관적이고 전문가적 입장을 유지할 것

② **서술적 기술형식** : 클라이언트와 실습생 간의 상호작용 및 비언어적 행동을 서술적으로 기술한다. 객관적 사실이나 사건 그대로를 기록하는 것이다.

㉮ 클라이언트는 계속 창문 밖을 바라보며 말없이 앉아 있었다. 실습생이 '지금 기분이 어떠시냐'고 묻자 벌떡 일어나 방안을 서성거렸다.

③ **요약 기록형식** : 요약기록은 클라이언트의 문제, 제공된 서비스, 클라이언트 상황의 진전과정에 대한 요약이다. 서비스 과정에서 일정 기간마다, 중반부나 종결 시 사용될 수 있다.

3) 과정기록 시 주의점

① 과정기록은 서비스 수행과정에서 일어나는 모든 것을 기록해야 하므로 빠른 시간 내에 작성하도록 한다.

② 면접의 목적을 고려하여 중요한 내용과 활동을 중심으로 기록한다.

③ 자신의 면접장면에 대해 정직하게 기록한다. 자신이 잘했다고 생각하는 면만 기록할 경우, 실습지도자의 수퍼비전을 통해 성장할 수 있는 기회를 놓치게 되는 것이다.

④ 클라이언트의 비밀보장을 유지하도록 최선을 다한다. 가명을 사용하고 기록보관에 유의한다.

⑤ 과정기록을 위해 면접 시 필기를 할 경우, 클라이언트가 불편해할 수 있으므로 면접 시 필기를 최소한으로 줄인다.

4. 컴퓨터의 사용과 기록의 표준화

최근 컴퓨터 사용이 보편화되면서 사회복지현장에서도 자료를 정리하고 보관하는 데 컴퓨터를 활용하기 시작하였다. 컴퓨터의 사용(자동화)은 기록의 내용이나 기능은 변화시키지 않았지만, 문서화 과정이나 정보의 사용에는 실질적인 변화를 가져왔다. 모든 기록 내용은 오류 없이 빠르게 분석, 사용할 수 있게 되었고 보다 효율적으로 축적하고 정정할 수 있게 되었다. 컴퓨터의 사용과 함께 표준화된 형식에 따라 기록하는 방법도 대부분의 기관에서 기관의 필요에 따라 일정 형식을 만들어 사용하게 되었는데, 이러한 표준화된 형식은 기록의 보관을 보다 간편하게 하고 정보에 보다 용이하게 접근할 수 있게 한다. 그러나 기록의 질적인 내용(클라이언트와 사례의 독특성 등)을 담을 수 없는 단점이 있다.

5. 좋은 기록과 잘못된 기록의 특징

1) 좋은 기록

좋은 기록은 간결, 구체적, 타당, 명확, 논리적, 시기적절, 의미 있고, 유용하며 사실에 근거, 전문가적 윤리를 바탕으로 하며, 수용된 이론에 기초한다. 무엇보다도 클라이언트의 관점을 존중한다.

- 서비스 결정과 행동에 초점을 둔다.
- 사정, 개입, 평가의 기초가 되는 클라이언트와 클라이언트 환경, 상황에 대한 정보가 들어 있다.
- 각 단계의 목적, 목표, 계획, 과정과 진행을 포함한 서비스 전달에 대한 정보가 들어 있다.
- 상황묘사와 사회복지사의 견해가 명확하게 분리되어 있어 읽는 사람들이 사회복지사의 관찰사항과 해석을 이해할 수 있다.
- 구조화되어 있어 정보를 효과적으로 문서화할 수 있고, 쉽게 색출해낼 수 있다.

2) 잘못된 기록

잘못된 기록의 특징은 초점이 없고, 모호, 편견, 추리에 의존, 정확치 않고, 정보의 양이 너무 많거나 너무 적고, 조직화되어 있지 못하고, 부정확한 사정, 잘못된 판단, 부적절한 개입, 내담자에 대한 무례한 표현 등을 담고 있다.

- 철자가 틀리고 잘 끊어지지 않은 문장
- 반복되고 장황한 문장
- 행위자가 식별되지 않는 문장
  ㉔ …에 대한 염려가 제기되었다. (누가?) → 사회복지사는 …에 대해 염려했다.(○)
- 의미 없고 과장되고 비판적 표현을 사용한 문장
- 근거 없이 내린 결론
- 상황에 대해 실습생의 독단적인 견해를 표현하고 클라이언트를 무조건 비난하거나 부정적으로 표현
  ㉔ 순이는 편집증이 강하고 고립되어 있으며 조작적이고 자기애적이다.

Ⅳ. 사회복지실천과정

학생들은 실습을 통해 실천과정을 경험함으로써 학교에서 배운 이론과 지식들이 실무에서 어떻게 활용되는지를 이해하게 되고 실무능력 또한 갖추게 된다. 또한 전문가로서의 자질과 능력을 스스로 평가하는 기회를 갖는다. 사회복지실천은 준거틀이나 적용이론 등에 따라 다양할 수 있지만, 사회복지실천과정에서 요구되는 기술들은 다음과 같이 요약된다.

〈표 4-3〉 사회복지실천 과정에 요구되는 기술

〈접수 및 관계성립〉
- 사회복지사와 클라이언트 간의 관계를 성립한다.
- 사회복지사는 클라이언트에게 기관의 서비스에 대해 소개한다.
- 클라이언트의 욕구를 파악한다.
- 클라이언트의 욕구와 기관의 서비스 내용이 관련성이 적거나 없을 경우, 클라이언트를 서비스를 줄 수 있는 다른 기관에 의뢰한다.

〈자료수집 및 사정〉
- 클라이언트의 욕구와 관련된 정확한 정보를 수집한다.
- 클라이언트의 상황과 관련된 심리 · 사회적 요인을 수집한다.
- 관련된 사회체계에 대해 정확하게 관찰하고 이해한다.
- 클라이언트의 심리 · 내적, 대인관계적, 환경적 요소에 대해 명확하게 이해하고 이들 간의 상호작용에 대해 이해한다.
- 클라이언트의 지각적 · 인지적 · 감정적 요인에 대해 평가한다.

〈목표설정 및 계약수립〉
- 클라이언트의 욕구와 사정에 기초하여 달성가능한 목표를 설정한다.
- 목표달성을 위해 클라이언트의 능력과 동기에 기초하여 개입전략을 수립한다.
- 개입전략에 대해 클라이언트와 합의하여 수정 · 보완한 뒤 계약을 수립한다.

〈개입 수행〉
- 클라이언트와 함께 설정한 개입목표를 달성하도록 사회복지사의 전문적인 활동을 수행한다.
- 클라이언트에게 도움이 되는 자원 및 사회체계를 발굴하고 연결한다.
- 개인상담, 집단상담, 가족개입, 역할극, 사이코드라마, 사회시술훈련, 자조집단활동 등 다양한 전략과 활동을 활용할 수 있다.
- 사회복지사는 클라이언트가 자신의 문제를 해결하거나 자신이 수립할 목표를 달성할 수 있는 능력이 있음을 믿고 클라이언트를 격려하며, 모든 변화의 주된 책임은 클라이언트에게 있음을 명심한다.
- 계획단계에서 설정한 목표나 개입방법 등은 개입수행기간 동안 보완될 수 있다.

〈종결 및 평가〉
- 종결 시 평가되어야 할 내용은 아래와 같다
  - -사회복지사와 클라이언트가 설정한 목표가 달성되었는가?
  - -사회복지사의 개입태도 및 방법은 적절하였는가?
  - -클라이언트의 변화를 위한 태도와 노력은 적절하였는가?

1. 접수 및 관계형성

접수(Intake)단계에서 사회복지사는 클라이언트의 문제가 무엇인지를 파악하고, 기관에서 클라이언트에게 서비스를 제공할지 여부를 결정한다. 사회복지사는 클라이언트와 그 가족에게 기관의 성격 및 서비스에 대해 정보를 제공하고, 기관의 서비스 내용이 클라이언트에게 적절하지 않거나 더 전문적 서비스를 제공할 수 있는 기관이 존재할 경우 클라이언트를 다른 기관으로 의뢰한다.

초기면접에서 클라이언트는 대부분 불안과 저항을 가질 수 있다. 이는 비자발적으로 기관에 오게 된 클라이언트는 물론, 타인의 권유나 자발적인 의사에 따라 기관을 찾은 경우에도 마찬가지이다. 클라이언트들 중 장기간 어려운 상황 속에서 무기력과 절망감을 가지고 있는 경우도 많다. 따라서 초기 사회복지사와 클라이언트 간의 관계형성이 중요하다. 관계형성을 통해 사회복지사에 대한 클라이언트의 신뢰를 형성하며, 클라이언트의 불안과 저항을 감소시키고 동기를 극대화하여 안정된 상태에서 자신의 어려움과 욕구에 대해 편하게 이야기할 수 있도록 도울 수 있다.

또한 사회복지사는 클라이언트에 대한 존중을 바탕으로 경청과 관찰을 통해 필요한 정보를 수집한다. Biesteak이 제시한 관계의 7가지 원칙은 다음과 같다.

(1) 개별화(individualization)

클라이언트의 독특한 자질을 인정하고 이해하며, 클라이언트가 보다 잘 적응할 수 있도록 클라이언트 개개인에 적합한 원리와 방법을 다르게 적용하여 돕는다.

(2) 의도적 감정표현(purposeful expression of feelings)

클라이언트가 자신의 감정을 자유롭게 표현하고자 하는 욕구를 인정하는 것으로, 특히 클라이언트가 부정적인 감정표현을 할 수 있도록 사회복지사가 배려하는 것이 중요하다. 사회복지사는 클라이언트의 감정을 제지하거나 책망하지 않고 의식적으로 경청해야 하며 필요한 경우 자극을 주고 격려한다.

(3) 통제된 정서적 관여(controlled emotional involvement)

사회복지사는 클라이언트의 감정에 민감해야 하며 감정의 의미를 이해하고 그러한 감정에 의식적이고 적절한 반응을 해야 한다. 사회복지사는 민감성(sensitivity)을 가지고 클라이언트의 감정을 경청하여야 하며, 의미에 대해 정확히 이해하고 적절한 반응을 해야 한다.

(4) 수용(acceptance)

있는 그대로의 클라이언트를 받아들이는 것을 의미한다. 사회복지사는 클라이언트의 강점과 약점, 긍정적인 감정과 부정적 감정, 파괴적 행동 등 있는 그대로를 이해하고 다루어야 하며, 동시에 클라이언트를 가치 있는 한 인간으로 존중해야 한다. 수용은 사회적으로 용납되지 않는 태도나 행동에 동의하는 것을 의미하는 것은 아니다. 동의와 수용은 구분되어야 한다.

(5) 비심판적 태도(non-judgement attitude)

사회복지사가 자신의 가치관이나 윤리적 판단에 의해 클라이언트의 행동이나 태도를 비판, 공격하거나, 그 가치관을 강요해서는 안 된다.

(6) 클라이언트 자기결정의 원리(self-determination)

클라이언트가 자유롭게 자신의 삶의 방식을 선택하며, 자신에 대한 서비스 과정에 있어서도 스스로 선택하고 결정하며, 적극적으로 참여할 수 있도록 사회복지사는 클라이언트를 격려해야 한다.

(7) 비밀보장의 원리(confidentiality)

클라이언트에 관련된 정보에 대해서는 비밀을 지키고 원칙적으로 클라이언트의 승인 없이 다른 사람에게 누설해서는 안 된다.

2. 자료수집(조사)

사회복지사가 클라이언트(개인, 가족, 집단 지역사회 등)의 문제해결 및 욕구충족을 위해 개입할 때에는 '환경 내 개인'의 관점에서 자료수집과 사정을 실시한다. 이 과정은 클라이언트의 문제를 정의하는 사정 또는 진단에 필요한 기본 자료를 수집하는 것을 의미한다. 사회복지실천에서 자료를 수집하는 기본 원칙은 다음과 같다.

1) 자료수집(조사)의 기본적 원칙

(1) 사회복지사와 클라이언트의 전문적 관계수립을 통해 정확한 조사가 진행되어야 한다.
(2) 클라이언트의 충분한 참여와 승낙을 얻어 조사과정이 진행되어야 한다. 강제나 위협은 금물이며 다른 곳에서 정보를 얻을 경우 그 필요성을 설명하여 클라이언트에게 사전승인을 얻어야 한다.
(3) 사회복지사는 클라이언트가 가장 중요한 정보의 출처임을 잊지 않아야 한다.
(4) 클라이언트가 과거 경험했던 조사과정을 반복하지 않도록 배려해야 한다. 이를 위해 기존 자료 및 타 기관의 기록문서 또는 건강진단결과지, 심리검사결과 등을 활용할 수 있다.
(5) 정확하게 문제를 정의하고 적절하게 개입계획을 수립하기 위해서는 정확한 조사가 기반되어야 한다.

2) 자료수집방법

자료의 정확성과 객관성은 정확한 사정의 기반이 된다. 따라서 사회복지사는 정확하고 활용가능한 자료를 수집하도록 노력해야 한다. 자료수집방법은 어느 것이나 한계를 갖고 있기 때문에 사회복지사는 가능한 한 한 가지 이상의 방법을 활용해야 한다. 다양한 방법을 활용하여 자료를 수집할 때 사정의 정확성 또한 기대할 수 있다.

(1) 사회복지사와 클라이언트 간의 일대일 면접을 통해 클라이언트로부터 정보를 수집한다.
(2) 구조화된 질문지를 사용한다(체크리스트, 질문지 등).
(3) 사회복지사는 클라이언트에게 간접적 혹은 투사적 질문을 구두로 한다(이야기 완성하기, 삽화에 관한 논의 등).
(4) 사회복지사나 훈련된 관찰자는 자연스러운 환경에서 클라이언트를 관찰한다(가정방문, 학교에서 아동을 관찰, 가족과 함께 식사하는 것 등).
(5) 사회복지사가 실제상황과 유사한 모의실험 상황에서 클라이언트를 관찰한다(역할극 등).
(6) 보관되어 있는 기록을 활용한다(기관기록, 신문, 학교기록, 의료기록, 위원회 보고서 등).

3) 조사내용

조사의 내용은 기본적으로 현재의 상황과 생활력이 포함된다. 또한 문제상황의 직접적 시작요인과 악화요인, 문제상황을 견디고 극복했던 경험과 도움이 된 인적·물적 자원들, 과거의 대처양식, 문제와 관련된 주요 의미 있는 사람에 대한 정보, 영향을 주는 교류상황, 클라이언트의 성장과정, 직업력, 병력, 가족 및 기타 관련사회의 정보를 수집하는 것이다.

3. 사 정

사정과정은 사회복지사가 클라이언트의 문제를 이해하기 위해 수집한 자료를 사회복지이론을 적용하여 분석하는 사고과정으로, 그 결과를 바탕으로 문제해결을 위한 계획을 수립하게 된다. 사정을 통해서 사회복지사는 클라이언트의 문제 혹은 관심사(욕구)에 대해 파악하고, 이 중 변화될 필요가 있는 것과 그러한 변화를 이끄는 방법들을 도출해내어야 한다.

변화과정의 모든 단계에서와 같이 클라이언트는 사정과정에 적극적으로 참여할 수 있어야 한다. 사정과정에 참여함으로써 클라이언트는 자신의 문제에 대해 바로 알고 사회복지사를 신뢰하며 변화에 대한 희망을 가져 변화 노력에 대한 동기를 높일 수 있다. 클라이언트와 사회복지사 모두 자료의 의미나 문제의 원인에 대하여 끝없는 억측과 이론을 내세우거나 클라이언트의 문제를 특정 이론이나 진단적 범주에 맞추려고 시도해서는 안 된다. 사정에서 도출되는 개입계획의 성공 여부에 따라서 사정의 가치는 평가된다.

사회복지사는 클라이언트가 자신의 문제상황에 대해 어떻게 인식하는지 그리고 문제상황의 원인과 해결책은 무엇이라고 생각하는지 파악해야 한다. 또한 문제가 클라이언트의 생활에 미치는 영향, 문제해결에 도움이 될 수 있는 클라이언트의 강점과 약점 그리고 주변자원 등을 파악하는 것이 필요하다. 과거 문제해결을 위해 클라이언트가 수행했던 방법이 무엇인지 알아보는 것도 과거의 실수나 효과 없는 노력을 되풀이하지 않도록 하는 면에서 중요하다. 클라이언트의 문제와 관련된 환경에 대해 파악하는 것도 필요한데, 이는 클라이언트의 문제상황에 영향을 미치거나 참여하고 있는 개인들에 대해 파악하는 것 등을 포함한다. 또한 사회복지사는 클라이언트 강점에 각별한 관심을 두어야 한다. 클라이언트와 사회복지사 모두는 현재 문제와 잘못된 부분에 몰입되기 쉽다. 이것은 상황에 대해 비관적인 시각을 갖게 하고 따라서 왜곡된 개입계획을 초래할 수 있다. 강점에 대한 초점은 희망을 가지게 하며 문제를 처리할 수 있는 가능성을 높인다.

사정과정에서 도출된 결론은 잠정적이고 유동적인 가설일 뿐이다. 클라이언트와 사회복지사가 변화과정을 진행함에 따라, 그리고 더 많은 정보가 축적됨에 따라, 사정에서 도출된 초기가설은 바뀔 수 있다.

사정과정 초기에 누가 클라이언트이고, 표적체계가 될 것인가를 명확히 해야 한다. 즉, 사회복지사에게 서비스를 요청한 사람(클라이언트 체계)은 누구이고, 변화가 기대되는 사람(표적체계)은 누구인지가 분명해야 한다. 또한 변화를 위해 도움이 되어줄 수 있는 클라이언트 주변체계(행동체계)는 무엇인지 파악하는 것이 중요하다. 사회복지실천과정에서 일반적인 사정방법은 다음의 내용들을 포함한다.

1) 사정방법

(1) 사례와 관련된 자료를 수집하고 체계화시킨다.
(2) 사례와 관련된 자료를 추정하고 해석한다. 예를 들어, 사건, 관계, 감정, 행동 간의 상호작용 등이 그것이다.
(3) 클라이언트의 현재 기능에 대해 평가한다. 예를 들어, 클라이언트의 능력, 강점과 약점, 자원 등을 포함한다.
(4) 문제에 대해 정의한다. 변화의 목적은 무엇이며, 변화되어야 할 것은 무엇인지, 변화를 위해 활용되어야 하는 자원은 무엇인지 결정해야 한다.
(5) 개입계획을 수립한다. 기간, 개입양식(개인, 가족, 집단), 표적체계, 구체적인 방법, 기대효과 등을 결정한다.

2) 사정에 유효한 도구들

클라이언트를 중심으로 사회환경 내의 여러 변수와 다른 체계와의 관계를 나타내는 생태지도(ecomap : 그림 4-1 참고)나 클라이언트의 가족상황을 효과적으로 파악할 수 있도록 하는 가계도(genogram : 그림 4-2 참고) 그리고 클라이언트의 행동과 기능을 평가하기 위해 객관화되고 표준화된 측정도구[예를 들어, Beck의 우울증 척도, MMPI(성격검사), 자아개념 척도 등]를 활용하는 것이 도움이 된다.

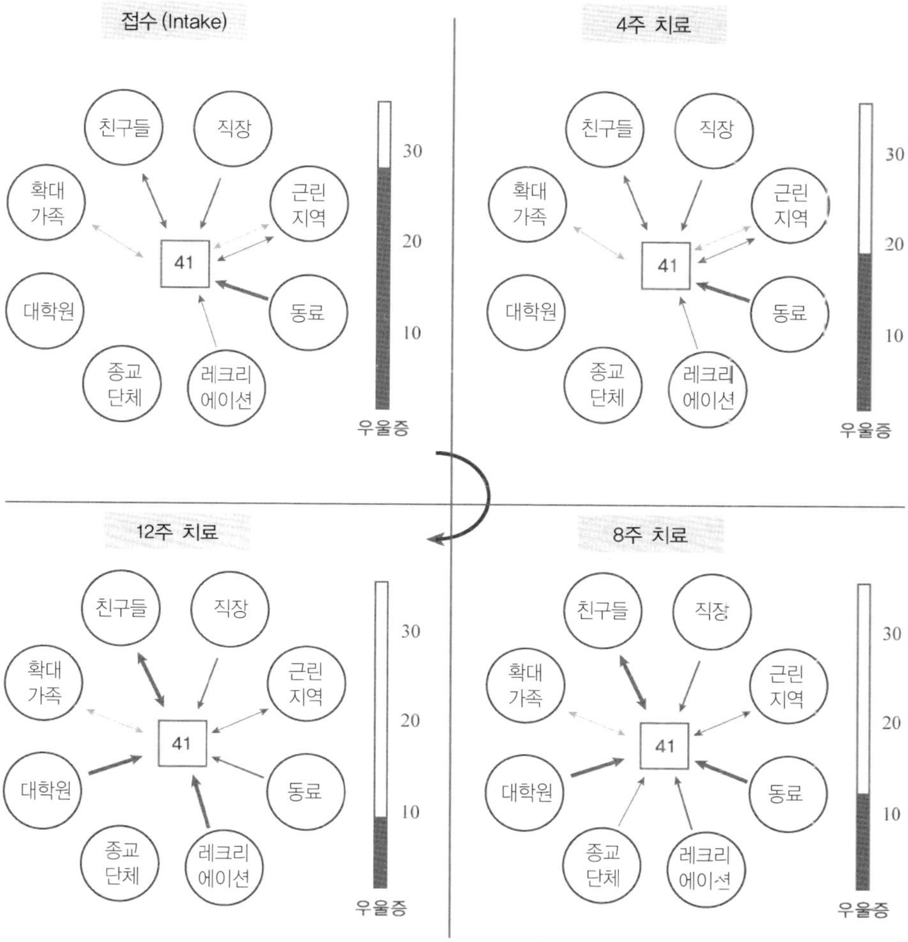
접수 (Intake)
친구들
직장
확대 가족
근린 지역
41
대학원
동료
종교 단체
레크리에이션
30
20
10
우울증
4주 치료
12주 치료
8주 치료

| 그림 4-1 | 생태지도

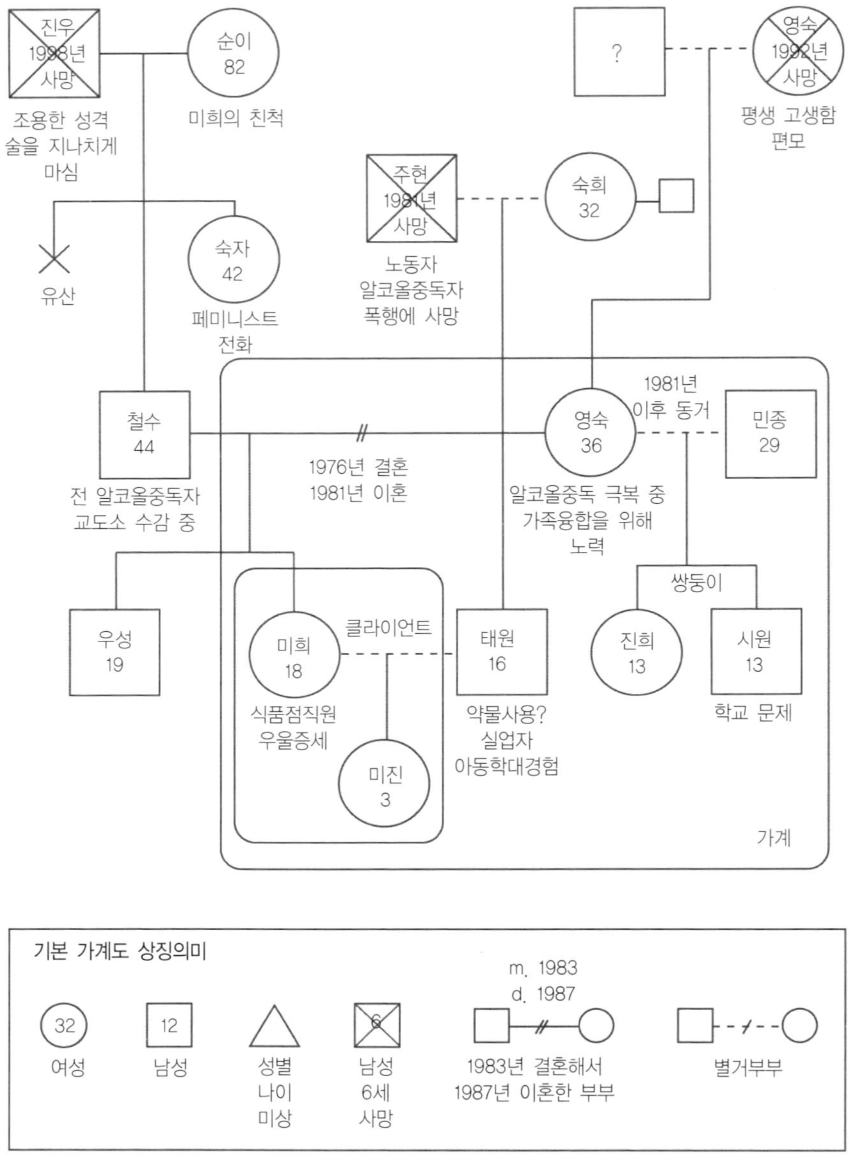
진우
1998년
사망
조용한 성격
술을 지나치게
마심
순이
82
미희의 친척
?
영숙
1992년
사망
평생 고생함
편모
주현
1981년
사망
노동자
알코올중독자
폭행에 사망
숙희
32
유산
숙자
42
페미니스트
전화
철수
44
전 알코올중독자
교도소 수감 중
1976년 결혼
1981년 이혼
영숙
36
알코올중독 극복 중
가족융합을 위해
노력
1981년
이후 동거
민종
29
쌍둥이
우성
19
미희
18
식품점직원
우울증세
클라이언트
태원
16
약물사용?
실업자
아동학대경험
진희
13
시원
13
학교 문제
미진
3
가계
기본 가계도 상징의미
32
여성
12
남성
성별
나이
미상
6
남성
6세
사망
m. 1983
d. 1987
1983년 결혼해서
1987년 이혼한 부부
별거부부

| 그림 4-2 | 가계도

3) 사회적 사정(Social Study)

사회적 사정은 클라이언트의 진술을 기반으로 사회복지사의 소견과 전문가의 개입방향을 제시하는 것이다. 사정보고서의 구조와 형식 그리고 내용은 기관마다 다양하다. 적절한 사정보고서는 다음과 같은 특성들을 지닌다.

① **간결성** : 문장을 간단명료하게 작성한다.
② **평이성** : 복잡한 단어나 문구를 피한다. 전문용어의 남용과 심리적 진단이나 클라이언트에 대한 유형화를 피하고 사실(fact)에 근거하여 내용을 작성한다.
③ **유용성** : 사정의 목적을 분명히 하고 이에 따라 보고서를 작성한다.
④ **비밀보장** : 클라이언트의 사생활을 존중하고 비밀보장을 위해 최선을 다한다.
⑤ **클라이언트의 기록 접근성** : 클라이언트가 자신에 대한 기록을 원할 경우 그 권리를 인정한다.
⑥ **객관성** : 사실이 아닌 관찰자의 견해 그리고 개인적 판단이나 결론을 지지하는 단어를 사용하지 않는다. 사회복지사의 결론, 의견, 가설 등은 사회복지사의 소견과 사정항목에 따로 분류하여 기재하도록 한다. 클라이언트와 가족에게 불쾌감을 줄 수 있는 정보를 포함하거나 도출할 필요가 있을 때에는 가능한 클라이언트가 표현한 단어를 그대로 사용한다.
⑦ **관련성** : 보고서에 포함된 정보는 클라이언트의 현재 관심사 그리고 사회복지사와 기관이 그 클라이언트에 관여해야 하는 이유를 제시한다.
⑧ **강점사정** : 클라이언트의 강점에 초점을 둔다. 클라이언트와 가족이 할 수 없는 것보다는 할 수 있는 것에 초점을 둔다. 성공적인 개입은 클라이언트의 강점을 기초로 이루어지기 때문이다.

■ 사회적 사정의 주요 내용

- 객관적이고 확인된 정보(이름, 생년월일, 주소 등)
- 사정의 목적
- 사회복지사나 기관참여의 이유(의뢰경로)
- 클라이언트의 욕구 또는 문제에 관한 진술

- 클라이언트의 가족배경(가족력)
- 현재 가족의 구성과 동거가족
- 중요한 타인과의 관계
- 인종, 종교와 영성
- 신체적 기능, 건강상태, 영양, 가정의 안전성, 질병, 장애, 의료상태
- 교육적 배경, 최종 학력, 지적 기능
- 심리적・정서적 기능
- 강점, 대처방식, 문제해결능력
- 고용, 소득, 직업경험과 기술
- 주거상황, 지역사회의 특성
- 최근 전문적 서비스의 이용경험
- 사회복지사의 소견과 사정결과
- 개입계획 및 전략

4. 계획과 계약

1) 계획의 수립

클라이언트와 사회복지사가 사정의 결과에 동의하면, 행동계획을 수립하고 계획을 함께 실행하는 방식에 대해 공식적 혹은 비공식적인 계약을 맺는다. 이 단계에서 사회복지사와 클라이언트는 개입의 목적과 목표에 합의하고 이를 달성하기 위한 계획을 수립하는데, 이때 개입에서 역점을 두어야 할 문제나 관심사, 개입의 목표와 기대효과, 개입기간 내의 사회복지사와 클라이언트의 과업, 일정(시작과 종료의 시기, 만나는 횟수 등)에 대해 구체적으로 논의한다.

개입의 목표는 구체적이며 측정가능한 것이어야 한다. 목적과 목표가 세워지고 나면, 클라이언트와 사회복지사는 이를 달성하기 위해 여러 가지 전략을 고려해야 한다. 계획수립에 있어서 사회복지사와 클라이언트는 시간, 기술, 윤리, 기관의 기능 및 비용 등을 고려하여 계획을 설정한다. 또한 개입계획을 수립할 때

변화를 위한 다양한 전략을 검토한 후, 사회복지사와 클라이언트는 자신들이 따라야 하는 계획의 세부사항을 선택하고 개발해야 한다. 이때 취할 각각의 행동들을 분명히 해야 하며, 그 행동을 취하는 이유를 이해할 수 있어야 한다. 과정 초기에 클라이언트가 성공을 경험하여 성취감을 느낄 수 있는 계획을 세우는 것이 클라이언트의 동기와 자신감 향상에 도움이 된다. 이는 지속적인 변화 노력에 참여하도록 하는 데 효과적이다. 아주 자세하고 주의깊게 개발된 계획조차도 실행을 하다보면 부적절함이 드러난다. 따라서 사회복지사와 클라이언트는 변화하는 환경에 따라 계획을 수정할 수 있도록 개방적이어야 한다.

2) 계약의 설정

계약의 목적은 사회복지사와 클라이언트의 역할과 책임을 분경히 하고 오해를 예방하는 것이다. Barker(1995 : 79)는 사회복지실천 계약을 '클라이언트와 사회복지사 사이에 개입과정 동안 수행해야 하는 목적, 방법, 시간, 상호의무에 대하여 서면으로, 구두로, 암묵적으로 하는 합의'라고 정의하였다. 어떤 경우에는 서면계약을 활용하는 것이 유리하다. 서면계약은 사회복지사와 클라이언트 사이에 일치하는 것과 일치하지 않는 점을 분명히 하며, 클라이언트나 기관이 책임감을 갖게 하는 데 기초가 되고, 다른 사회복지사에게 사례를 의뢰할 때에도 기본 자료가 되므로 중요하다. 엡스타인은 계약에서 구체화되어야 하는 요소로 역점을 두어야 하는 문제, 명확한 목적, 클라이언트가 해야 할 활동, 사회복지사의 과제, 개입기간, 모임장소뿐만 아니라 면접이나 다른 면담계획, 참여할 사람 등을 기술하고 있다.

5. 개 입

개입단계는 정해진 목표와 계획에 따라 실천과정을 진행하는 것이다. 이 시점에서 사회복지사와 클라이언트는 합의된 각각의 역할과 과업을 수행하고, 상황에 영향을 주는 데 필요한 자원을 개발활용하고, 실천과정을 점검한다. 사회복지사는 클라이언트와 그가 속한 환경상에 발생한 긍정적인 성장과 변화를 유지하도록 돕는 책임을 가진다. 개입단계에서 사회복지사는 중개자(broker), 가능케 하는 자(enabler), 교사(teacher), 옹호자(advocate), 사례관리자(case manager), 상담자(counselor), 중재자(mediator), 자문가(consultant), 조사자(researcher), 평가자(evaluationer) 등의 역할을 한다.

1) 개입전략의 선택

사회복지사의 근본적인 역할은 클라이언트가 목표를 달성하도록 돕는 것이다. 따라서 사회복지사는 목표달성을 위해 클라이언트 체계의 변화를 촉진하고 격려하는 행동을 한다. 그러나 변화의 궁극적 책임은 클라이언트 자신에게 있다.

클라이언트에 대한 개입의 방법과 절차 등은 기관의 성격이나 클라이언트의 특성에 따라 다르다. 만약 기관의 1차적인 목적이 재정지원, 피해자 또는 아동보호 등이라면 사회복지사는 클라이언트가 프로그램에 등록하고, 프로그램 혜택을 받고 있는지를 점검하고, 옹호활동 등의 업무를 수행할 것이다. 또는 기관의 성격이 교육 및 상담 서비스를 주로 제공하는 것이면 사회복지사는 클라이언트를 대상으로 사회적 지지, 상담 및 치료 제공을 위해 클라이언트와 관계를 형성하고 상담이나 교육을 통해 의사결정 및 문제해결을 위한 변화를 유도하는 역할 등을 수행할 것이다. 만약 사회복지사가 소속한 기관이 사회행동과 지역사회 변화업무를 주로 수행한다면 사회복지사는 시회조사, 기관 간 의사소통과 조정, 정책분석, 프로그램 평가, 자금조성, 집단옹호 등의 역할을 주로 수행하게 된다.

2) 점 검

사회복지사는 개입과정에서의 지속적 평가 및 점검을 통해 필요한 내용을 수정・보완하여 보다 적절한 방법으로 기대하는 목표를 달성해야 한다. 이러한 계속적인 평가는 제공된 서비스의 적절성과 효율성에 초점을 두고 이루어진다. 개입이 얼마나 잘 진행되는가에 대한 평가결과에 따라서 개입은 계속 진행되거나 혹은 수정되며, 어떠한 경우에는 계획과 계약이 중단되고 새로운 내용을 협상하기도 한다.

3) 안정화

문제가 해결되고 욕구가 충족되기 위해 필요한 변화가 일어날 때마다, 클라이언트체계는 불균형 상태에 놓여지게 된다. 변화로 인한 불균형 상태는 클라이언트 입장에서는 낯설고 불안할 수 있고 또 저항감을 느낄 수 있다. 따라서 사회복지사는 클라이언트가 불안감이나 저항감을 잘 해결할 수 있도록 격려하여 변화를 위해 적극적으로 노력할 수 있도록 원조한다. 또한 사회복지사는 변화가 개입활동에 따른 일시적인 것이 아니라 클라이언트의 생활과 환경에 지속적이고 긍정적인 영향을 미쳐 클라이언트의 삶의 한 부분으로 자리매김할 수 있도록 지원해야 한다. 사회복지사는 클라이언트가 문제해결 경험을 통해 자신감과 자기효능감을 높일 수 있도록 하여 개입종결 후에도 스스로 자신의 문제를 적극적으로 해결하며 건강한 삶을 영위할 수 있도록 돕는다.

6. 평가와 종결

변화과정의 마지막 단계는 클라이언트에게 제공하는 서비스를 종결하고, 개입전반에 대한 최종평가를 진행하는 것이다. 목표달성에 대한 평가와 더불어 사회복지사의 개입과정 및 방법 그리고 사회복지사와 클라이언트의 역할수행 전반에 대해 점검한다. 이는 추후기관의 사업 및 조직운영과 실천방법, 사회복지사의 역할수행 등의 질적 향상을 위한 기초 자료로 활용된다.

1) 종결 시 유의할 점

종결단계에서 사회복지사는 클라이언트가 종결에 대해 미리 준비할 수 있도록 도와야 한다. 사회복지사는 종결에 대한 클라이언트의 감정처리를 돕고, 종결 후에도 긍정적인 변화의 결과가 계속 유지되도록 돕고, 필요할 경우 새로운 서비스를 연결한다. 사회복지사나 클라이언트가 계획한 서비스를 예기치 않게 종결하는 경우가 있다. 예를 들어, 사회복지사의 이직 또는 부서이동, 사회복지사와 클라이언트의 관계상의 문제가 발생할 경우, 클라이언트를 다른 기관으로 의뢰할 경우 등이다. 갑작스러운 종결은 클라이언트를 당황하게 만들 수 있으므로 항상 종결에 대해 사회복지사는 클라이언트를 준비시키고, 종결과정과 이유를 명확히 설명하는 것이 필요하다.

2) 평가의 주요 내용

최종 평가내용은 개입의 목적을 달성하였는지, 방법은 효과적이었는지, 서비스 전달에서 시정되어야 할 문제점은 무엇이며 클라이언트와 사회복지사 그리고 기관은 자신들의 역할을 성실히 수행했는지 등으로 이루어진다. 이때 개입의 목표가 명확해야 정확한 평가를 할 수 있다.

Ⅴ. 집단대상 실천기술

인간은 태어나면서 다양한 집단에 소속되며 집단을 통해 다양한 문제상황이나 갈등을 경험하고 다른 한편으로는 성장과 발달을 경험한다. 따라서 사회복지사는 집단을 활용하여 개인의 문제해결이나 욕구충족뿐 아니라 개인과 집단의 성장을 촉진할 수 있어야 한다. 집단실천에 있어 사회복지사는 집단과정에서 만들어지는 집단역동을 잘 이해함으로써 집단을 효과적으로 활용할 수 있으며 집단 참여자들을 효과적으로 도울 수 있다.

1. 집단역동

집단역동이란 집단과정을 나타내는 일반적인 용어로 집단성원들이 상호작용하는 과정에서 만들어진 힘을 의미한다. 집단역동은 개인과 집단 전체에 영향을 미치고, 집단의 발달단계, 구조, 문화, 성원들의 활동 등으로부터 영향을 받으며 변화한다. 집단실천에 있어 사회복지사는 집단과정에서 만들어지는 집단역동을 이해함으로써 집단참여자들을 효과적으로 도울 수 있다. 집단역동의 구성요소는 역할, 지위, 규범, 집단응집력, 의사소통, 갈등, 상호작용, 집단의 크기와 물리적 환경, 집단문화 등이다.

(1) 역할(Roles)

역할이란 한 집단 내에서 특정 지위를 가진 개인에게 기대되어지는 행동패턴이라 할 수 있다. 각 개인의 집단 내 역할은 집단과업을 수행하는 과정에서 주어진다. 역할에 대한 기대가 서로 일치하지 않거나 불충분 할 때 역할모호성이 생기는데 이러한 모호성은 스트레스, 불안 그리고 낮은 직업만족이나 낮은 생산성의 요인이 될 수 있다. 또한 불일치된 역할기대는 역할갈등을 초래한다. 단일집단 내에서 개인의 역할에 관한 기대가 자주 변하거나, 개인이 자신이 속한 다양한 집단 내에서 수행해야 하는 역할이 각기 다를 때, 개인이 집단에서 수행하고 싶은 역할과 자신의 능력이나 가치가 서로 불일치할 때 역할갈등을 경험하게 된다. 역할갈등은 불안, 낮은 만족감과 생산성, 빈번한 결석 및 소진과 관련이 있다(Rizzo, House, and Litzman, 1970). 집단성원들은 집단 내에서 다양한 역할을 갖는다. 예를 들어, 지도자, 과제중심자, 집단유지자, 자기만족추구자, 희생양, 고립자, 광대, 수문장 등의 역할을 수행한다.

(2) 지위(Status)

지위란 집단 내 위계체계 내에서 다른 사람과 관련하여 한 개인이 차지하고 있는 위치를 의미한다. 지위는 다른 성원들과 비교한 상대적인 것이므로 한 개인의 지위는 다른 구성원들의 영향을 받을 수밖에 없다. 집단성원들은 서로에 대하여 등급을 매기는데 이에 대한 방법은 집단마다 다르다. 일반적으로 한 집단에서의 개인의 지위는 개인이 갖고 있는 가치 있는 속성, 성격, 전문적인 지식 등에 의해 순위가 결정된다. 높은 지위는 더 큰 만족감, 표현의 자유, 힘과 리더십을 위한 증가된 잠재력, 진취력 그리고 대화와 사회적 상호작용의 수령(receipt)과 관련 있다.

(3) 규범(Norms)

규범이란 집단성원들 간에 일치된 집단행동을 유지하기 위해 집단성원들이 사용하는 표준행동의 규칙을 의미한다. 규범은 공식적으로 문서화되어 있을 수도 있고 비공식적일 수도 있으며 또한 명시적일 수도 있으며 묵시적일 수도 있다. 규범은 행동의 모든 국면을 관장하고 효과적인 집단기능을 촉진하기 때문에 매우 중요하다. 집단규범에 대한 집단성원들의 순응정도는 업무요구(task demands), 집단성격 그리고 성원 개개인의 성격에 따라 차이가 많다. 집단규범은 성원들의 합의과정을 통해 구성되고 발전되었을 경우, 성원들이 규범을 더 잘 이해하고 보다 공정성(형평성) 있는 규범으로 인식하며 규범에 따라 행동하고자 한다.

(4) 집단응집력(Group Cohesiveness)

응집력이란 집단의 결속(solidarity)을 말한다. 집단의 기능을 높이기 위해 집단구성원들은 집단에 대한 긍정적 태도를 가지며 서로 비슷한 관심사를 가지고 있다고 느끼며 집단 내에서 일할 가치가 있다고 믿어야 한다. 집단응집력은 집단의 목적달성에 지대한 영향을 미치며 응집력이 강할수록 집단성원들은 집단의 구조와 규범을 쉽게 받아들인다. 높은 수준의 응집력은 높은 사기와 만족, 집단성원들 간의 상호간에 느끼는 매력 및 높은 집단 순응력과 관계가 있다.

(5) 집단 의사소통구조

의사소통패턴은 집단성원의 지위와 역할의 영향을 받게 되기 때문에 집단 내 의사소통의 구조를 이해하는 것이 필요하다. 집단성원들은 모두 집단 내에서 높은 지위를 갖고 있는 성원과 이야기하는 것을 선호한다. 따라서 높은 지위에 있는 성원은 집단성원들의 의사를 들을 기회를 더 많이 가지며 보다 쉽게 정보에 접근할 수 있다. 또한 소규모 집단에서 힘이 있는 성원들과 높은 위치에 있는 성원들은 부정적인 논평을 하는 것에 부담을 적게 느낀다.

의사소통이 개방적인 집단은, 그 유형이 쌍방적이고 순환적이며 집단성원들이 자신의 문제와 집단의 문제를 직면하고 해결하는 기회를 제공한다. 그러므로 사회복지사는 집단성원 간 의사소통 형태와 상호작용 빈도, 전체 성원의 참여기회

배분, 하위집단의 존재와 역할, 기능 등을 점검하여 의사소통 유형을 파악해야 한다.

(6) 갈등

집단 내 갈등은 집단역동의 대표적인 특징이다. 집단이 발전해나가는 과정에서 갈등은 필연적으로 발생한다. 갈등은 자원을 위한 경쟁, 상호의존적인 업구에 있어 성원들의 서로 다른 우선순위와 목적, 중복된 책임감과 같은 경계의 고호성, 부정확하고 불충분한 의사소통, 성원들 간의 개인적인 차이 등과 같이 복합적이고 다양한 원인 때문에 일어난다. 갈등은 일시적으로는 집간의 조화를 위협하지만, 갈등해결을 통하여 집단은 더욱 견고해지며 집단성원들의 친밀감은 더욱 강화된다.

사회복지사는 집단구성원들이 갈등을 해결하는 데 있어 어려움을 겪을 때 의도적으로 개입한다. 사회복지사는 집단구성원들이 갈등을 회피하지 않고 건강한 방법으로 갈등을 해결하며 성장할 수 있도록 돕는다. 갈등을 해소하고 줄이는 방법은 여러 가지가 있는데, 단일 방법을 사용하는 것보다 다양한 방법을 사용하는 것이 갈등을 줄이는 데 효과적이다. 사회복지사가 갈등해결을 위해 사용할 수 있는 일반적인 기술로는 직접적인 중재, 경쟁을 줄이기 위한 자원의 재분배, 비경쟁적인 보상방법, 의사소통 증진, 갈등해결기술 훈련, 예견되는 갈등을 줄이기 위한 규칙과 절차를 확립하는 것 등이 있다.

(7) 집단성원 간의 상호작용

집단성원 간의 개방적이고 적극적인 상호작용을 통해 집단과 개인은 함께 성장하게 된다. 집단성원 간에 긍정적인 정서적 유대는 집단성원 간 매력과 상호작용을 증가시킨다. 집단성원 간에 공통된 관심사나 태도 등에 따라 하위집단(subgroup)이 형성된다. 하위집단이 형성되는 것 자체는 자연스러운 현상이므로 사회복지사가 반드시 개입할 필요는 없다. 하위집단은 성원들 간의 친밀감을 증가시켜 집단에 적응하게 하는 긍정적인 기능도 있으나, 하위집단이 집단에 배타적인 성격을 가질 경우에는 집단목표 성취에 방해가 될 수 있다. 이때 사회복지사의 의도적인 개입이 필요하다.

(8) 집단의 크기와 물리적 환경

집단의 크기는 응집력 형성과 하위집단 형성에 영향을 미친다. 집단이 클수록 자원이 풍부하고, 익명성이 보장되고, 응집력이 떨어지고 의미 있는 상호작용이 곤란해지고 다양한 하위집단이 형성된다. 집단이 작을수록 응집력 형성에 용이하며 상호작용이 활발하고 참여에 대한 압박을 받을 수 있다. 집단운영 시 물리적 환경 또한 집단역동에 영향을 미친다. 집단이 독립된 공간에서 안정적으로 운영될 때 집단역동이 증가한다. 성원들이 원형으로 둘러앉아 마주보는 위치에 있을 때 의사소통이나 상호작용을 하기가 훨씬 쉬워진다.

(9) 집단의 문화

집단문화란 집단성원들이 가진 공통적인 가치, 신념, 관습, 전통 등을 의미한다. 집단성원의 동질성이 클수록 빠르게 생성되고 이질적일수록 느리게 생성된다. 집단문화는 서서히 발전하고 형성 후에는 잘 바뀌지 않으며 집단의 결과에 상당히 영향을 미친다.

2. 집단실천의 원칙

1) 개별화 원칙

사회복지사는 집단관계에서 개인의 입장을 명확하게 하고 개인의 욕구에 대응함과 동시에 그 집단을 하나의 유기체로 간주하여 집단 전체의 욕구와 의식을 인식해야 한다. 따라서 집단 전체의 욕구와 목표에 대한 관심과 사정뿐 아니라 개별성원의 개성에 대한 파악과 더불어 집단성원 간의 관계 또한 존중되어야 한다.

2) 수용의 원칙

구성원 개개인이 표현한 태도, 언어, 감정을 수용하고, 동시에 구성원 개개인을 전체로 인정하고 받아들여야 한다. 그러기 위해서는 사회복지사가 집단성원들을 진실되게 이해하고 받아들이는 것이 중요하다.

3) 참여의 원칙

집단성원이 집단에 참여하지 않으면 집단실천 자체가 불가능하다. 집단성원의 적극적이고 성실한 참여가 이루어져야 성과를 기대할 수 있다. 따라서 사회복지사는 집단참여를 촉진하기 위해 집단성원의 욕구와 특성에 맞는 내용으로 프로그램을 구성하고 집단진행자로서 전문적인 기술을 갖추어야 한다.

4) 체험의 원칙

성원들은 집단과정을 통해 문제와 과제를 해결하는 체험을 할 때 성장한다. 과거에는 경험하지 못했던 성취감, 자기발견, 협력 등을 체험하면서 성원과 집단 모두 성장하게 된다. 이러한 체험을 통해 사회생활에서의 기본 태도를 학습할 수 있다.

5) 갈등해결의 원칙

집단 내 갈등이 발생할 경우, 사회복지사는 집단성원들이 갈등을 회피하지 않고 직면하여 문제를 해결하도록 격려한다. 갈등해결과정을 경험하면서 집단성원은 문제해결능력을 습득하게 된다.

6) 규범의 원칙

집단활동을 원활히 하기 위해서는 최소한의 규범과 규칙, 집단성원이 지켜야 할 기본적 태도에 대한 규정이 필요하다. 이러한 집단규범은 사회복지사가 일방적으로 정하는 것이 아니라 집단성원과 사회복지사가 함께 정하도록 한다. 가장 기본적인 책임 중 하나는 출석이다. 이러한 책임들이 개개인에게 제한이 될 수 있으나, 집단에 대한 성원의 책임과 의무 그리고 역할수행을 촉진하게 된다.

7) 지속적 평가의 원칙

집단성원 개개인의 성장과 집단의 성장을 위해 집단과정에 대한 평가를 통해 분석과 점검, 이를 통한 지속적 보완이 이루어져야 한다. 이를 통해 개인과 집단의 성취도를 높일 수 있다.

3. 집단발달단계

시간이 지남에 따라 집단의 내부구조, 의사소통과 상호작용의 형태, 응집력, 사회적 통제, 문화 등은 변한다. 그러나 모든 집단이 동일한 발달단계를 거치는 것은 아니다. 이전 단계로 역행할 수도 있고, 어느 한 발달단계에서 정체할 수도 있으며, 한 회기 동안 신속하게 발달하는 집단도 있다. 폐쇄집단의 경우 비교적 쉽게 집단발달단계를 구분하고 예측할 수 있으나, 개방집단은 성원들이 교체되기 때문에 그 단계를 예측하는 것이 폐쇄집단에 비해 어렵다.

1) 초기단계

- 성원 간 불안과 긴장이 높은 상태이다.
- 성원들이 집단참여에 대한 양가감정을 가질 수 있다.
- 자신의 자율성을 유지하면서 집단의 성원이 되고자 하거나 집단압력에 저항한다.
- 초기단계가 진전되고 집단규범과 규칙이 차별화되면서 성원들은 집단 내에서 자신의 역할을 모색하고 시험한다. 이때 갈등이 발생할 수 있다.
- 관계를 형성하는 단계로 갈등과 긴장관계, 권력과 통제관계 등이 발생한다.
- 성원 간 상호작용 유형이 발달하고 긴장과 문제가 발생한다.

2) 중간단계

- 과업과 목표를 달성하기 위해 집중적으로 노력하는 시기이다.

- 성원 간의 상호의존적 관계가 형성되고 집단응집력이 발상한다.
- 문제해결, 형성, 유지, 친밀감, 성숙함 등이 발달한다.

3) 종결단계

- 집단의 노력을 종결하고 성과를 평가하는 시기이다.
- 이별의 과정이 시작된다.
- 집단응집력과 집단감정은 감소한다.
- 개인과 집단의 목표달성을 요약·정리하고 상호 피드백을 제공한다.
- 효과의 유지방안을 모색하고 사후모임 등에 대해 논의한다.

4. 집단 구조화 시 고려사항

1) 물리적 여건

집단실천을 위해서는 방해받지 않고 조용한 독립된 공간을 확보한다. 탁자를 배치하는 경우는 구성원들의 비언어적 반응이나 자세변화 관찰에 어려움이 있을 수 있다. 외부 관찰자가 참관하거나, 녹화(videotape recording)나 녹음(tape recording)을 해야 할 경우, 반드시 클라이언트의 사전 허락을 받는다.

2) 개방집단과 폐쇄집단

집단기획 시 사회복지사는 집단을 개방할 것인가, 폐쇄할 것인가 결정해야 한다. 폐쇄집단이 안정감을 주므로 추천할 만하나 현실적으로 성원들의 탈락과 진행자의 변동 등으로 부분적인 개방집단이 가능하다. 계약 시 3~6개월 단위로 해당 기간 동안 폐쇄집단으로 유지하고 집단성원들과의 평가를 통해 폐쇄집단의 유지 여부를 묻거나 새 성원의 참여를 허용할 수도 있다.

3) 클라이언트 선정과 집단 구성

균형 있는 배치를 위해 남녀성별의 비율과 연령층 다양한 대인관계의 수준을 고려해야 한다.

4) 집단모임의 시간과 횟수

집단진행시간은 집단성원의 특징과 기능을 고려한다. 일반적으로 50~90분 정도 진행된다. 집단진행횟수는 주 1, 2회에서부터 주 5회까지 집단의 목표와 특성에 따라 다양하다.

5) 집단의 규모

치료집단에서 상호작용을 최적화하는 크기는 대개 7~8명이며 최소 5명에서 최대 10명 정도가 가능하다. 집단의 구성원이 지나치게 많을 경우 다른 구성원에게 역할을 미루는 경향이 나타나거나 집단으로부터 소외되거나 고립되는 성원이 나타날 수 있다. 따라서 15명 이상의 집단을 진행하게 될 경우, 전체 집단을 다시 몇 개의 집단으로 grouping하고 각 하위집단별로 보조진행자가 참여케 하는 것도 대안이 될 수 있다.

6) 구성원의 확보 및 사적 관계

사회복지사는 집단성원들에게 개인이 존중되고 비밀이 보장됨을 충분히 알리고 집단에 대해 신뢰감을 갖도록 한다. 초기 단계에서는 집단성원들이 자신을 소개하고 구성원 간에 관계가 형성되며 집단의 목표를 공유할 수 있도록 집단이 운영되어야 한다. 집단은 인간관계에서 일어나는 개인의 문제에 관해 배울 수 있는 기회를 제공한다. 성원들은 집단을 통해 친밀하고 장기적인 관계를 어떻게 발전시키는가에 대한 방법을 배우게 된다. 우연히 또는 고의로 집단 구성원들이 집단 밖에서 사적인 만남을 가지거나 관계를 발전시킬 경우 집단에 참여하기보다는 사적인 만남에 더욱 집중할 수 있으므로 사적인 관계나 만남 자체에 대해 집단 내에서 그때그때 토론하고 다룰 필요가 있다.

7) 공동진행자 또는 보조진행자의 활용

공동진행자는 주 진행자를 보완하고 지지할 수 있으며 진행자가 관찰하는 범위를 확대할 수 있는 기회를 제공한다. 초보진행자가 집단진행경험이 익숙해질 수 있도록 보조진행자로 참여할 수 있다. 집단세션 중 진행자들 간에 이견이 생길 경우 진행자들은 이를 집단성원들에게 숨기려하지 말고 집단 내에서 정직하게 다루는 것이 바람직하다. 이를 통해 집단성원들은 갈등상황에 대한 긍정적인 대처방법을 배울 수 있다. 주 진행자와 보조 진행자의 관계에 문제—상호간의 폐쇄적이거나 경쟁적 또는 치료 스타일이나 전략에 있어서 불일치—가 있을 경우 집단을 효과적으로 운영하기 어려워진다.

5. 집단개입기술

1) 집단과정에서 나타나는 현상

- 자기방어(defense) : 자신에 대한 신뢰감 결핍이나 타인에 대한 신뢰관계 형성 부족으로 인해 나타나는 경우, 화제를 진술하는 동안 자연스럽게 수반되어야 할 감정을 억제하거나 우회적으로 표현하거나 적절하게 수정하는 것이다.
- 저항(resistance) : 자기방어적 태도와 밀접한 연관이 있다. 자기방어적 태도가 지속되거나 불안감이 적절하게 방출되지 못하면 집단이 저항을 가지게 된다.
- 긴장감과 불안감(tension & anxiety) : 집단에 대해 오리엔테이션을 받아도 집단성원들은 막연한 불안과 긴장을 가지기 때문에 성원들에 대한 세심한 관찰과 관심이 필요하다. 즉, 지각, 결석, 의도적인 농담의 시도, 대화 시 주저하거나 철회하는 행동 등에 대해 사회복지사는 세심하게 살펴봐야 한다.
- 집단침묵(group silences) : 진행 도중 종종 침묵이 나타난다. 침묵은 거부적인 태도일 수도 있으나 다른 사람에게 기회를 주기 위해 자신의 발언을 연기하는 경우도 있다. 사회복지사는 침묵을 두려워해서는 안 된다. 사회복지사가 침묵을 불안해 하여 너무 빨리 개입하는 경우가 있는데 집단성원들의 참여를 기다려주는 자세가 필요하다.

■ **침묵의 이유**(Hinkely & Herman)

- 집단치료자나 집단구성원들이 반응을 두려워하거나 의심하고 있을 때
- 현재 발언된 내용에 대하여 양가감정을 가지고 있으나 숨기고자 할 때
- 집단치료자나 다른 구성원을 징벌하기 위해 자신을 억제하고 있을 때
- 현재 논의하고 있는 화제에 대해서 느끼고 있는 자기의 감정을 어떻게 표현해야 할지 모를 때
- 현재 논의하고 있는 화제로부터 속히 벗어나고 싶을 때

2) 집단진행자에게 요구되는 기술

■ **유입기법**

- 주의 기울이기 : 언어적 · 비언어적 메시지에 대해 주의집중을 하여 적극적인 반응을 보인다.
- 적극적인 경청
- 자신을 개방하기(Self disclosure) : 진행자가 먼저 진실하게 자신의 감정이나 생각을 개방하는 것이 중요하다.
- 되묻기 : 되물어줌으로써 클라이언트가 자신이 말한 내용과 감정을 명료화하도록 돕는다.
- 감정에 대한 반영(reflection of feeling) : 감정에 대한 공감적 반응을 표현한다.
- 재보증(reassurance) : 클라이언트가 허용적인 분위기를 인지하고 안심할 수 있도록 분위기를 형성하고 격려한다.

■ **촉진기법**

- 격려(encouragement) : 발언기회 제공 및 지지
- 해석(interpretation) : 클라이언트의 반응이나 내용해석
- 침묵(silence) : 클라이언트의 반응을 기다림
- 연결(relating) : 구성원들 간의 내용적인 연결

■ 집단상담 운영 시 진행자는 집단성원들이 이야기하는 말의 내용(Contents)보다는 과정(Process)을 파악하는 것이 중요하다.

- 내용(Contents) : 상담을 진행하는 동안 다루어지는 구체적인 이슈, 이야기 내용 등을 의미한다. 내용에 초점을 두는 진행자는 이슈를 해결하거나 협상하기에 초점을 둘 수 있다.
- 과정(Process) : 논의되는 내용의 저변에 깔려있는 일련의 체계적 상호작용을 의미한다. 이야기 내용이 집단 상호작용 안에서 어떻게 나타나는지, 또한 주로 집단성원들 간의 상호작용이 어떻게 이루어지고 있는지를 파악하는 것이 중요하다. 진행자는 집단과정에서 일어나는 집단역동을 잘 파악하고 집단의 성장과 변화를 촉진할 수 있다.

6. 집단의 치료적 요인

(1) 희망

클라이언트에게 자신의 문제가 개선되고 해결될 수 있다는 희망을 고취시킨다. 희망을 가질 수 있는 그 자체로 치료적 효과가 있다.

(2) 보편성

집단성원과의 교류를 통해 다른 사람들도 자신과 비슷한 갈등과 경험, 문제가 있다는 것을 알고 위안을 받는다.

(3) 정보전달

사회복지사의 교육내용이나 집단성원들의 제안, 지도, 충고 등을 들으면서 자신의 문제를 좀더 명확하게 이해한다.

(4) 이타심

성원들이 서로 도움을 주고받는 과정에서 자신도 누군가를 도울 수 있음을 발견한다. 이러한 경험을 통해 자존감이 높아진다.

(5) 1차 가족집단의 교정적 재경험

집단은 가족과 유사하다. 클라이언트는 부모・형제들과 상호작용하는 방식으로 사회복지사 및 타 집단성원들과 상호작용을 하게 된다. 위와 같은 과정을 통해 클라이언트는 그동안 해결되지 않은 가족갈등에 대해 탐색할 수 있고, 가족에서의 부정적 경험을 교정하도록 도움을 받을 수 있다.

(6) 사회기술의 발달

집단성원으로부터 피드백이나 특정 사회기술에 대한 학습을 통해 대인관계에 필요한 사회기술을 개발한다.

(7) 모방행동

사회복지사와 집단성원으로부터 새로운 행동을 배울 수 있다.

(8) 대인관계 학습

클라이언트는 집단성원 간의 다양한 상호작용 속에서 자신의 대인관계에 대한 통찰을 얻게 되고 자신이 원하는 관계형성에 대한 아이디어를 얻을 수 있다. 또한 집단은 대인관계 형성을 위한 새로운 방식을 시험해 볼 수 있는 장(場)이 된다.

(9) 집단응집력

인정받고, 수용된다는 소속감은 그 자체로써 집단성원의 긍정적 변화에 영향을 미친다. 더구나 응집력 있는 집단에서 존경을 받기 위해 구성원들은 사회적 행동을 하게 되고 이는 집단 밖의 사회생활에서도 적응할 수 있는 발판이 된다.

(10) 정화

집단 내 안전한 분위기 속에서 집단성원은 그동안 억압되어 온 감정을 자유롭게 발산할 수 있다.

(11) 실존적 요인

클라이언트는 집단성원과의 경험을 공유함으로써 다른 사람에게 아무리 많은 지도와 후원을 받는다할지라도 자신들의 인생에 대한 궁극적인 책임은 스스로에게 있다는 것을 배운다.

7. 집단 프로그램

1) 집단활동의 기대효과

① 클라이언트의 욕구를 수용하여 만족할 수 있도록 원조한다.
② 클라이언트가 자신의 문제와 갈등을 부분적으로 승화시키거나 밖으로 표출할 수 있는 기회를 부여한다.
③ 남아있는 건전한 심리·사회적 기능을 자극하고 향상시킨다.
④ 클라이언트 자신이 잠재능력을 계발시키고 성취동기 유발로 사회적 재활능력을 증진시킨다.
⑤ 대인관계 기술 향상 및 자존감을 증진시킨다.

2) 집단 프로그램 운영 전제

① 변화는 지극히 종합적임을 새롭게 인식한다.
- 프로그램 하나로 드라마틱한 변화를 기대하기는 힘들다.
- 클라이언트의 생활과 연관되어야 한다.

② 진행자는 클라이언트의 개별화에 대해 새롭게 인식한다.
- 집단성원 개개인을 있는 그대로 수용하고 각자의 개별적인 성장과 변화를 효과적으로 도우려는 준비가 필요하다.
- 진행자의 의도대로 진행되지 않거나, 목표달성이 되지 않을 경우, 클라이언트 요인으로 돌리기 쉬우나 클라이언트에게 적절한 프로그램이었는지 다시 점검해 보는 자세가 필요하다.

③ 변화와 성장은 그 사람이 살고 있는 사회적 환경의 복합적인 맥락과 인간관계 속에서 오랜 시간 동안 자연스럽게 이루어지는 것임을 인식해야 한다.
  • 개인의 변화와 성장은 단기간에 어느 한 프로그램이나 경험만으로 인위적으로 이루어지지 않는다.
  • 집단성과를 내기 위해 조급하게 서두르지 않는다.

④ 지나치게 서면작성하는 것이 많거나 프로그램이 정적으로 운영될 경우, 클라이언트의 흥미나 참여도를 저하시킬 수 있다. 클라이언트들의 관심과 흥미를 유발할 수 있도록 재미있고 활동적인 프로그램을 기획하는 것이 필요하다.

⑤ 집단의 발달단계에 맞는 적합한 프로그램 내용과 진행이 되도록 한다.

⑥ 기획 및 프로그램 운영과정에서 진행자 자신의 준비상황을 항상 점검한다.
  • 클라이언트의 상황, 욕구, 오늘의 상태 등에 대해 정확하게 이해하고 있는가?
  • 클라이언트들은 이 프로그램에 대해 어떤 기대를 가지고 있는가?
  • 클라이언트는 이 프로그램과 나의 진행에 대해 어느 정도 만족하고 있는가?
  • 클라이언트는 이 프로그램을 통해 어떤 도움을 얼마나 받고 있는가?
  • 프로그램 사전준비와 평가는 제대로 이루어지고 있는가?
  • 진행자는 프로그램을 적절히 진행하고, 클라이언트의 성장을 돕는 역할을 수행하고 있는가?
  • 진행자 자신은 프로그램을 통해 클라이언트들이 어떤 성장을 할 수 있다고 기대하고 있는가?

3) 집단 프로그램의 필수요소

① 인위적이지 않은 자연스러운 상황
② 심리적 안정을 취할 수 있는 개방적이고 허용적인 분위기
③ Here and Now에 초점을 둠
④ 건강한 피드백의 교환
⑤ 새로운 행동을 실험할 수 있는 기회 제공
⑥ 집단규범을 발달시키기

8. 집단 프로그램의 운영

1) 프로그램 설정과정

- 대상에 맞는 목표와 프로그램을 기획한다.
- 연중 지속적으로 운영되는 프로그램을 운영할 경우 분기별로 프로그램을 기획하여 운영하는 것이 필요하다.
- 프로그램의 효과를 극대화하기 위해 일상생활에서 클라이언트의 긍정적 변화가 유지·확장되도록 진행자는 점검, 격려, 촉진한다.

2) 집단 프로그램 운영과정

집단 프로그램 운영과정

집단참여자 선정 (클라이언트에 대한 정보수집)

↓

집단참여자(Group Member)의 상황 및 욕구파악/ 클라이언트의 과거 집단경험에 대한 점검

↓

목표설정

↓

과정별 구체적 프로그램 기획 (10~12 session)

↓

프로그램 운영

↓

평 가 (목표달성도 평가, 집단의 변화평가, 개인의 변화평가, 진행자의 집단진행에 대한 평가 등)

↓

사후관리(Follow-up)/ 새로운 프로그램 기획 및 운영

3) 매 회기 집단 프로그램 진행 시 실천과정

사전준비/ pre-meeting	클라이언트에 대한 정보수집 준비사항 점검, 공동 및 보조진행자(Co-worker)들끼리의 호흡 맞추기
인 사	집단진행자가 프로그램 장소에 먼저 입장하여 집단참여자들을 맞이함 : 개별성원에 대한 관심과 친밀감 표현, 개별성원과 집단상황에 대한 정보수집
Warm-up	흥미유발, 긴장완화 및 신체·정서적 이완이 가능하도록 활동적이고 재미있으며 집단성원들이 무리 없이 참여할 수 있는 것으로 메인 프로그램과 연관성이 있는 것으로 구성
Main Program 진행	집단 전체의 목적과 당 회기의 목표달성에 적합하며, 집단의 발달단계상 적절한 프로그램으로 구성
Sharing	집단참여소감을 성원들과 공유
평 가	집단참여자의 자신 및 집단성원, 집단 및 진행자에 대한 평가 진행자의 참여자, 집단, 전체 진행에 대한 평가 긍정적인 부분에 초점을 맞추어 피드백 제공
마무리	다음 모임에 대한 공지를 통해 기대감 부여, 과제부여, 준비물 소개, 마무리 인사
After-meeting	진행자들(Leader and co-leader)의 평가 차기 회기 준비상황 점검 및 프로그램 조정, 프로그램에 소극적이거나 결석한 회원에 대한 점검 및 개별접촉

① 모임을 시작할 때

- 지난 모임 이후 성원들이 성취한 사항, 삶의 변화 등을 서로 자유롭게 나누도록 한다.
- 성원들이 서로 관심을 가질 수 있도록 진행자는 격려한다.
- 오늘 모임에서 혹시 개인적으로 이야기하고 싶거나 다루고 싶은 것이 무엇인지 말할 기회를 준다.
- 지난 모임에 나오지 않았던 성원을 위해 다른 성원이 지난 모임에 대해 정리하여 이야기해 주도록 한다.

② 모임 중에

- 진행자가 중요한 역할모델임을 잊지 않는다. 긍정적이고, 적극적인 자세, 개별성원에 대한 배려와 관심, 적극적인 피드백을 진행자 스스로 수행하는 것이 필요하다.
- 진행자가 일방적으로 이야기하거나 성원들의 언행에 대해 지적, 지시, 무시 등 부정적인 반응을 언어적・비언어적으로 하여 성원들이 위축되지 않도록 점검한다.
- 집단성원들이 고르게 참여할 수 있도록 격려하고, 성원들의 자기개방에 다른 성원들이 반응을 보일 수 있도록, 활발한 교류가 일어날 수 있도록 진행자는 촉진자 역할을 한다.
- 지난 회기에 비해 적극적으로 참여하는 성원에 대해서는 즉각적으로 긍정적인 피드백을 한다.
- 진행자는 자신이 준비한 프로그램을 완성하는 데 집착하기보다는 지금・여기(here and now)의 상황에 따라 탄력적이고 융통성 있게 프로그램을 운영한다.
- 집단진행에 있어 말의 내용보다는 과정을 중시한다.
- 피드백을 할 경우 긍정적인 피드백 위주로 하고, 긍정적 피드백을 부정적 피드백보다 먼저 할 수 있도록 집단성원들을 격려한다.
- 집단진행자와 구성원은 모두 자신의 역할과 책임을 분명히 해야 한다. 리더십은 집단성원이 공유해야 하며, 집단 생산성(문제해결능력)과 응집력은 모든 성원이 집단에 공헌할 때 더욱 강화된다.

- 집단규칙이 준수될 수 있도록 한다.
- 경쟁을 조장하지 말고 협력을 촉진한다.
- 지나치게 몸을 부딪치거나 다칠 위험이 있는 프로그램은 피한다.
- 프로그램 수행에 적절한 장소를 확보하는 것이 필요하다.

③ 모임을 마칠 때

- 오늘 집단활동이 어떠했는지 성원들이 자유롭게 느낌을 나눌 수 있도록 한다. 진행자는 집단성원들이 이야기를 경청하고 진행자가 먼저 집단활동에 대해서 평가하거나 의미를 이야기하는 것은 가급적 삼가한다.
- 집단경험을 통해 성원들이 배운 것(성장한 부분)을 서로 나누고 집단성원들이 배운 것을 실생활에서 적용하도록 격려한다.
- 다음 모임에서 집단성원들이 다루길 원하는 주제나 원하는 활동이 있는지 파악한다.
- 다음 모임에 대해 공지한다.
- 과제가 있다면 과제를 분명히 제시하고 다음 모임까지 과제를 달성하도록 성원을 격려한다.

9. 집단치료와 집단활동의 비교

집단치료와 집단활동을 간단히 비교하면 아래와 같다. 근본적인 목적에 있어서 동일하나 프로그램 활동이라는 매체를 통한 상호작용을 강조하는 집단활동과 구성원들 자신이 치료매체 자체가 되는 집단치료의 가장 큰 차이는 바로 구조와 매체라 할 수 있다. 또한 집단치료가 증상이나 문제해결에 초점을 둔다면 집단활동은 적응력이나 대인관계 기술개발에 초점을 둔다. 이 두 가지 접근을 통합하여 제공하는 경우도 있다.

〈표 4-4〉 집단치료와 집단활동의 비교

구 분	집 단 치 료	집 단 활 동
개 요	집단 역동성과 구성원을 통해 상호작용 활성화	활동 프로그램을 매체(media)로 하여 상호작용 활성화
구 조	비구조화	구조화
초 점	• 증상 감소 및 관리 • 대인관계 경험 • 정신역동적 이해와 치료 활용	• 일상생활의 사회적 퇴행을 예방 • 사회적 적응력 향상 • 대인관계 기술 향상
과 정	구성원들과의 상호작용이나 관계를 통해 자기개방과 자기인식	매체를 통해 자기개방, 자기인식 및 타인과의 관계형성
목 적	증상치료, 사회적 역량(competence) 증가, 상호작용 활성화	

출처 : 조은영(2000).

Ⅵ. 프로그램 개발과 프로포절 작성

프로그램계획서 또는 프로포절(proposal, 사업계획서)은 사회복지사가 기획한 사업이나 프로그램에 대한 구체적 실행지침일 뿐 아니라 대외적 인증을 위한 근거자료가 된다(고수현, 2010). 사회복지기관에 대한 정부지원이 감소되고 클라이언트의 선택권이 강조된 사회서비스 바우처제도가 활성화됨에 따라 사회복지서비스에 대한 무한경쟁시대가 도래하였다. 이에 따라 기관의 부족한 재정문제 해결을 위해 외부의 예산이나 인력을 지원받는데 있어 반드시 요구되는 것이 바로 프로포절이다.

또한 소비자의 욕구에 근거하여 차별화된 서비스를 기획하고 클라이언트의 참여를 촉진하기 위해 사회복지사가 갖추어야 하는 능력 중 하나가 프로그램 개발능력이다. 최근 들어 대부분의 실습지에서 실습생에게 요구하는 과제 중 하나도 프로그램 개발과 프로포절 작성이다. 따라서 실습생들은 프로그램 개발과 프로포절 작성의 기본을 숙지하고 실습에 임해야 한다.

1) 프로그램 개발 개요

사회복지현장에서 특정 목적을 달성하기 위해 사회복지사가 체계적으로 계획된 일련의 과정에 따라 실천하는 것을 프로그램이라고 한다. 즉, 조직의 목적을 달성하거나 클라이언트체계의 문제해결이나 욕구충족 등을 위해 사회복지사가 수행하는 활동들의 매개가 바로 프로그램이라고 할 수 있다.

프로그램 개발은 변화하는 사회와 클라이언트의 욕구에 부응하여 새로운 서비스 방법을 모색하거나 기존 프로그램을 발전시키고자 할 때 이루어진다.

2) 프로그램 개발과정

프로그램 개발과정은 학자에 따라 조금씩 다르게 제시하고 있으나 일반적으로 다음과 같은 과정을 거친다. 문제와 욕구를 확인하고, 프로그램을 설계하고 계획하며, 실행하고 평가하는 것이다. 사회복지 프로그램은 조직의 목표를 달성하기 위한 하나의 수단이므로 자신이 속한 조직의 사명, 목표 등을 기반으로 개발되어야 한다. 또한 기관이 속한 지역사회의 현황과 지역주민들의 요구를 정확히 파악하고, 기관 내 재정상황과 전문성 등을 고려해야 한다. 프로그램 개발 시 점검해야 할 구체적인 내용은 다음과 같다.

	단계별 점검사항	
1	문제, 욕구 확인	– 사회적 관심사는 무엇인가? 그 중 주요한 사회문제는 무엇인가? – 그 문제가 대상집단의 욕구로 어느 정도 존재하는가? – 현재 수행 중인 서비스가 그 문제를 해결할 수 있는가? – 현재까지 해결되지 않은 가장 큰 욕구는 무엇인가?
2	목표설정	– 바람직한 사회적 가치는 무엇인가? – 파악된 문제에 대한 사회적 목표는 무엇인가? – 그 문제의 해결을 위한 대안은 어떤 것들이 있는가?
3	프로그램 설계	– 이 문제를 해결하기 위해 수행되었던 기존 서비스의 효과는 무엇이었는가? – 제시된 대안과 전략은 클라이언트가 만족스럽게 받아들일 수 있는 것인가? – 최적의 서비스 조합은 무엇인가?
4	프로그램 평가	– 서비스 평가의 기준, 절차, 방법은 무엇인가? – 목표를 달성하였는가? – 확인된 문제를 해결함에 있어 제공된 서비스는 얼마나 효과적이었는가?

일반적으로 프로그램은 다음과 같은 과정으로 기획되어진다.

준비/ 계획단계	실행단계	평가단계
1. 예비조사 2. 문제확인/ 욕구 측정 3. 목표설정/ 수립 4. 개입전략(대안선택, 프로그램 설계) 5. 자원동원(예산, 인적/ 물적 자원 등) 6. 관리정보시스템 7. 평가기획	1. 프로그램 실행 2. 진행과정 점검	1. 과정/ 형성평가 2. 결과/ 총괄평가 - 효과성 - 효율성 - 서비스 질 - 이용자 만족도

3) 프로그램계획서 및 프로포절 작성개요

프로그램계획서는 핵심적 내용만을 간략하게 기술하는 실무형 약식계획서와 실행목표, 과정, 예산 등을 구체적으로 다룬 전체계획서로 구분할 수 있다. 전체계획서는 주로 외부자원개발이나 기금개발용으로 작성된다. 공동모금회나 각 기업산하 복지재단의 기금지원을 받기 위해 작성하는 경우, 요구된 형식에 따라 구체적으로 작성해야 하며, 문제제기나 사업의 필요성 등을 논리나 근거에 의해 증명해야 한다. 최근에는 기업복지재단 등에서 약식계획서보다 더 간단한 형태인 요약계획서를 받는 경우도 있으며, 사회복지공동모금회 등에서는 기금개발용 전체계획서에 요약계획서를 별도로 제출하도록 요구하는 경우가 늘고 있다.

다음은 프로포절 작성 시 점검사항이다.

	단계별 점검사항	
1	프로그램명	1) 참신한가? 2) 클라이언트에 대한 낙인방지가 가능한가? 3) 클라이언트의 참여를 유도할 수 있을 만큼 흥미롭고 매력적인가? 4) 프로그램 내용을 압축적으로 잘 표현하고 있는가?
2	해결해야 할 문제의 서술방법	1) 대상자, 잠정적 클라이언트의 문제현황과 원인을 기술한다. - 잠정적 클라이언트의 문제현황 - 문제의 규모와 심각성(통계자료 등 제시) - 문제가 개인, 사회에 미치는 영향 2) 대상자에 대한 낙인이나 비난, 비하 등의 내용이 있는지 점검

3	해당 프로그램의 필요성 제시	1) 클라이언트나 지역사회의 문제를 욕구로 전환하기 – 욕구충족방안을 도출하는 과정에서 특정 대안이 프로그램으로 구체화될 수 있음 2) 현행 프로그램이 해결하지 못한 점과 새로운 접근방법의 필요성 제시 – 근거자료 제시 3) 필요성을 기반으로 프로그램 목표, 내용설정 등이 이루어져야 함
4	프로그램 대상자 선정	1) 문제규모를 정확하게 보여주기 위해 일반집단, 위험집단, 표적집단, 클라이언트집단을 적절히 제시하였는가? – 일반집단 : 가장 포괄적인 인구집단. 대상지역 내 거주하고 문제와 관련된 전 인구집단(예 수원시 중학생 ○○○○명) – 위험집단 : 일반집단 중 프로그램이 겨냥하는 사회문제에 특히 노출되어 있어 취약한 상태에 있는 인구집단(예 일반집단 중 흡연자 ○○○명) – 표적집단 : 프로그램의 직접대상인구, 수혜자의 적격성을 갖춘 사람(예 위험집단 중 금연을 희망하는 자 ○○명) – 클라이언트집단 : 프로그램의 실제 참여대상자(예 표적집단 중 본인이 자발적으로 프로그램에 참여하길 희망하는 자 ○○명)
5	목적 및 목표설정	* 목적, 목표, 하위목표의 상호관련성에 대한 점검이 필요함 1) 목적 – 이상 혹은 희망상태 – 우리가 상황을 제거하거나 예방 또는 개선시키면 어떤 이상적인 조건이 나타날 것인가? – 누구와 어떤 문제를 어떻게 변화시킬 것인가로 요약, 기술됨 : 구체적 표적문제(누구), 현재의 문제영역(어떤 문제), 바람직한 미래영역(어떤 상태로 변화), 수단(어떤 방법) 2) 목표기술방법 – SMART : Specific(구체적), Measurable(측정가능하게), Attainable(실현가능), Result-oriented(결과지향적으로), Time Frame or Time Limited(시간구조 속에서 혹은 시간제한적으로) – 누가 : 클라이언트 입장에서 기술한다. – 무엇을 : 변화의 내용과 정도 – 결과 : 행위 또는 결과 – 도구 : ~를 통해서 3) 세부목표 – 목표에서 문제나 욕구와 관련된 핵심요소를 2~3개로 나누어 작성 목표 : 자아존중감 향상 세부목표 : ① 자신에 대해 정확하게 이해한다. ② 자신의 강점을 파악한다. 4) 산출목표와 성과목표 – 산출목표 : 과정목표, 사업시행을 통해 발생하는 산출물 (예 OO지역 비행청소년 20명에 상담서비스 월 3회, 총 18회 시행)

<table>
<tr><td>5</td><td>목적 및 목표설정</td><td>– 성과목표 : 결과목표, 사업의 결과로 나타나는 효과 또는 변화
① 성과는 활동내용을 측정하는 것이 아닌, 성취를 의미함
② 목표와 관련되어야 하고, 통제할 수 있는 것으로부터 도출되어야 함
③ 비교가능한 수치로 표현되어야 함 : 비율, 퍼센트, 변화율 등
④ 유용한 정보를 제공할 수 있어야 함
(예 프로그램 대상 청소년 20명의 비행행동의 감소)</td></tr>
<tr><td>6</td><td>프로그램설계와 개입전략</td><td>대상에 맞게, 목표달성에 적합하도록 제시</td></tr>
<tr><td>7</td><td>구체적 실행계획 수립</td><td>1) 세부 사업내용 : 아래 항목에 따라 구성하여 제시
<table>
<tr><th>성과 목표</th><th>프로 그램</th><th>활동 (수행방법)</th><th>시행 시기</th><th>수행 인력</th><th>참여 인원</th><th>시행 횟수 시간</th></tr>
<tr><td></td><td></td><td></td><td></td><td></td><td></td><td></td></tr>
</table>
2) 담당인력구성
– 주 담당자, 수퍼바이저, 자원봉사자, 외부전문가 등 기재
3) 과제수행을 위한 시간계획 제시 : 갠트차트로 일정 제시
4) 예산수립
– 인건비, 사업비, 관리운영비 등으로 적절히 편성</td></tr>
<tr><td>8</td><td>프로그램 평가</td><td>1) 평가의 기준
– 노력성
① 목표달성정도 측정
② 단일사례설계, 목표달성척도, 사전·사후 조사 등이 활용됨
– 효율성
① 투입(비용, 노력, 시간 등)에 대한 산출(목표달성정도)의 비율(산출/ 투입)에 대한 평가
② 비용/ 노력으로 서비스 단위당 투입된 비용계산법, 비용효과분석, 비용편익분석 등이 활용됨
– 서비스의 질 및 대상자 만족도 평가
① 서비스를 통한 클라이언트의 변화평가
② 동료평가, 클라이언트 만족도 조사 등이 있음
2) 지표
– 목표가 달성되었는지 판단하는 근거
– 성과의 성취정도를 나타내며, 관찰가능, 측정가능한 특성 혹은 변화
– 프로그램 목표성취수준을 요약해서 나타낼 수 있는 구체적 통계치
– 따라서 각 성과에 대해 한 가지 이상의 지표를 선정해야 함
예 10대 미혼모의 산전영양섭취방법 및 산모건강지침을 안다 → 영양섭취식품을 말할 수 있는 미혼모들의 수와 그 비율</td></tr>
</table>

다음은 사회복지공동모금회의 프로포절 작성방법과 형식이다.

공동모금회 배분신청서 표준양식(http://www.chest.or.kr/)

미기입 ⇒

접 수	
연 번	

2011년도 배분신청서(프로그램사업 신청용)

구분	항목	내용	항목	내용
신청 기관 정보	기 관 명		대 표 자	
	고유번호 (사업자등록번호)		전화번호	
			FAX번호	
	홈페이지		설립년월일	년 월 일
	E-mail			
	주 소	□□□-□□□		
	기관특성	__① 지역복지시설 __② 노인복지시설 __③ 장애인시설 __④ 아동시설 __⑤ 청소년시설 __⑥ 모부자시설 __⑦ 여성관련기관 및 시설 __⑧ 기타		
운영법인 또는 단체정보	법인(단체)명		대 표 자	
	고유번호 (사업자등록번호)		전화번호	
			FAX번호	
	홈페이지		설립년월일	년 월 일
	E-mail			
	주 소	□□□-□□□		
	운영주체 성격	__① 사회복지법인 __② 사단법인 __③ 종교법인 __④ 학교법인 __⑤ 재단법인 __⑥ 국가지방자치단체 __⑦ 임의단체 __⑧ 개인(신고) __⑨ 기타(법인) __⑩ 기타(단체) __⑪ 기타(개인)		
사업 기본 정보	사업 구분	① 신청사업 ② 제안기획사업(전국사업) ③ 제안기획사업(지역사업) ④ 테마기획사업 ⑤ 지정기탁사업 ⑥ 긴급지원사업		
	신청 구분	① 1차년(신규)사업 __② 2차년 사업 __③ 3차년 사업		
	사 업 명			
	사업기간		서비스지역	
	실인원 수		서비스단가	원
	주요 사업대상	① 아동/ 청소년 ② 노인 ③ 여성 ④ 장애인 ⑤ 가족 ⑥ 실직/ 구직자 ⑦ 노숙인 ⑧ 지역사회 ⑨ 국내거주외국인 ⑩ 해외동포/ 외국인 ⑪ 기타		
	서비스 내용	프로그램-( )-( ) ※ 첨부코드를 참고하여 기입해 주십시오.		
	예 산	총사업비		신청금액
	담당자명		직 위	
	직통전화		FAX	
	핸드폰			
	담당자 경력	년 개월	E-mail	

위와 같이 2011년도 사업을 신청합니다.

2010년 월 일

기관대표자 : (인)

사회복지공동모금회장 귀하

사 업 개 요

※ 필히 1Page로 작성

<table>
<tr><td>기관명
(신청기관명)</td><td colspan="6"></td></tr>
<tr><td>사업명</td><td colspan="6"></td></tr>
<tr><td>사업기간</td><td colspan="4"></td><td>서비스
지역</td><td></td></tr>
<tr><td>서비스 대상</td><td></td><td>실인원 수</td><td colspan="2"></td><td>연인원 수</td><td></td></tr>
<tr><td>서비스 단가</td><td colspan="4">원 (산출식 = 총사업비 ÷ 실인원)</td><td>투입인력</td><td>명</td></tr>
<tr><td>사업목적</td><td colspan="6"></td></tr>
<tr><td>성과목표</td><td colspan="6">①
②
③</td></tr>
<tr><td rowspan="4">주요 사업
내용 요약
(프로그램명 및
주요 시행내용)

※ 성과목표별 주요
프로그램
1개씩 기재</td><td>세부
프로그램명</td><td colspan="5">주요 내용</td></tr>
<tr><td></td><td colspan="5"></td></tr>
<tr><td></td><td colspan="5"></td></tr>
<tr><td></td><td colspan="5"></td></tr>
<tr><td>예 산</td><td>총사업비</td><td>원</td><td colspan="2">신청금액</td><td colspan="2">원</td></tr>
<tr><td>신청금액의
세부내역</td><td>인건비</td><td>원
%</td><td>사업비</td><td>원
%</td><td>관리
운영비</td><td>원
%</td></tr>
</table>

2011년 전국제안기획사업 사업계획서(양식)

1. 사업명 :

2. 사업의 필요성
   1) 대상자 욕구 및 문제점
   2) 지역환경적 특성
   3) 경험적 근거
   4) 본 사업과 관련된 지역복지자원 현황

3. 서비스 지역, 서비스 대상 및 실인원 수
   1) 서비스 지역 :
   2) 서비스 대상 :
   3) 서비스 대상 선정기준 및 방법(과정) :
   4) 실인원 수

대상 구분	서비스대상자 산출근거	단위 수(명)
① 일반대상		
② 위기대상		
③ 표적대상		
④ 실인원 수		

4. 사업 목적 및 목표

목 적	산출목표	성과목표

5. 사업내용
   1) 세부 사업내용

성과목표	프로그램명	활동 (수행방법)	시행 시기	수행 인력	참여 인원	시행 횟수 시간

2) 목표에 대한 평가방법

성과목표	목표에 대한 평가방법			
	성과지표	자료원	자료수집방법	자료수집시기

3) 담당인력 구성

이름 (역할)	담당부서/ 직위	투입시간 (단위 : 1주일)	경력(년)/ 주요 업무	자격증 (신청사업 관련)

4) 사업진행 일정

기간 내용	월	월	월	월	월	월	월	월	월	월	월	월

5) 홍보계획

대 상	홍보방법 및 횟수	활용매체	비 고
지역사회주민			
타 복지기관			
지방자치단체			

※ 사업관련 홍보 및 제작에 관련하여 사회복지공동모금회의 배분사업임을 반드시 명시하여야 함(사회복지공동모금회법 제20조의3)

6) 지역자원 활용계획

자원명	활용계획	비 고

6. 예산계획

(단위 : 원)

관	사업비							
항	공동모금회 "oooooo" 업비							
목	세 목	계	산출근거	예산조달 계획				
				신청금액	비율(%)	자부담	비율(%)	자부담 재원
총 계								
인건비								
	소 계							
사업비								
	소 계							
관리운영비								
	소 계							

※ 사업에 직접 투입되는 비용만 예산계획에 기입

7. 향후 운영계획

배분신청서 표준양식 작성 예시

2011년도 배분신청서(프로그램사업 신청용)

<table>
<tr><td rowspan="7">신청 기관 정보</td><td>1) 기관명</td><td colspan="3">열매종합사회복지관</td><td colspan="2">2) 대표자</td><td colspan="2">김 열매</td></tr>
<tr><td rowspan="2">3) 고유번호
(사업자등록번호)</td><td rowspan="2" colspan="3">100-82-00007</td><td colspan="2">전화번호</td><td colspan="2">02-6262-3000</td></tr>
<tr><td colspan="2">fax 번호</td><td colspan="2">02-6262-3100</td></tr>
<tr><td>홈페이지</td><td colspan="3">www.fruit.or.kr</td><td rowspan="2" colspan="2">설립년월일</td><td rowspan="2" colspan="2">2002년 11월 13일</td></tr>
<tr><td>E-mail</td><td colspan="3">fruit@fruit.or.kr</td></tr>
<tr><td>주 소</td><td colspan="7">100-120
서울시 △△구 ☆동 0-00 사랑의열매 회관 1층</td></tr>
<tr><td>4) 기관 특성</td><td colspan="7">V① 지역복지시설 __② 노인복지시설 __③ 장애인시설
__④ 아동시설 __⑤ 청소년시설 __⑥ 모부자시설
__⑦ 여성관련기관 및 시설 __⑧ 기타</td></tr>
<tr><td rowspan="7">운영법인 또는 단체정보</td><td>법인(단체)명</td><td colspan="3">사랑의 열매</td><td colspan="2">대표자</td><td colspan="2">이 사랑</td></tr>
<tr><td rowspan="2">고유번호
(사업자등록번호)</td><td rowspan="2" colspan="3">100-82-10000</td><td colspan="2">전화번호</td><td colspan="2">02-6262-3100</td></tr>
<tr><td colspan="2">fax번호</td><td colspan="2">02-6262-3200</td></tr>
<tr><td>홈페이지</td><td colspan="3">www.chest.or.kr</td><td rowspan="2" colspan="2">설립년월일</td><td rowspan="2" colspan="2">2001년 5월 6일</td></tr>
<tr><td>E-mail</td><td colspan="3">chest@chest.or.kr</td></tr>
<tr><td>주 소</td><td colspan="7">100-120
서울시 △△구 ☆동 0-00 사랑의열매 회관 6층</td></tr>
<tr><td>5) 운영주체/
단체 특성</td><td colspan="7">V① 사회복지법인 __② 사단법인 __③ 종교법인
__④ 학교법인 __⑤ 재단법인 __⑥ 국가지방자치단체
__⑦ 임의단체 __⑧ 개인(신고) __⑨ 기타(법인)
__⑩ 기타(단체) __⑪ 기타(개인)</td></tr>
<tr><td rowspan="11">사업 기본 정보</td><td>6) 사업 구분</td><td colspan="7">V① 신청사업 ② 제안기획사업(전국사업)
③ 제안기획사업(지역사업) ④ 테마기획사업
⑤ 지정기탁사업 ⑥ 긴급지원사업</td></tr>
<tr><td>7) 신청 구분</td><td colspan="7">V① 1차년(신규)사업 ② 2차년사업 ③ 3차년사업</td></tr>
<tr><td>8) 사업명</td><td colspan="7">저소득층 방임아동의 보호·학습지원을 위한 야간보호사업</td></tr>
<tr><td>9) 사업기간</td><td>2011.1.1~
2011.12.31</td><td>10) 서비스
지역</td><td>종로구</td><td>11)
실인원 수</td><td>50명</td><td>12) 서비스
단가</td><td>300,000원</td></tr>
<tr><td>13) 사업대상</td><td colspan="7">V① 아동/ 청소년 ② 노인 ③ 여성
④ 장애인 ⑤ 가족 ⑥ 실직/구직자
⑦ 노숙인 ⑧ 지역사회 ⑨ 국내거주외국인
⑩ 해외동포/외국인 ⑪ 기타</td></tr>
<tr><td>14) 서비스내용</td><td colspan="7">프로그램 - (보호) - (주간보호/방과후 보호)
※ 40p(별첨 1) 참조하여 해당 내용을 기입해 주십시오.</td></tr>
<tr><td>15) 예 산</td><td colspan="2">총사업비</td><td>20,000,000원</td><td colspan="2">신청금액</td><td colspan="2">15,000,000원</td></tr>
<tr><td rowspan="2">16) 담당자 명</td><td rowspan="2">홍길동</td><td rowspan="2">17) 직위</td><td rowspan="2">대리</td><td>직통전화</td><td></td><td rowspan="2">FAX</td><td rowspan="2"></td></tr>
<tr><td>핸드폰</td><td></td></tr>
<tr><td>18) 담당자 경력</td><td colspan="2">2년 6개월</td><td colspan="3">19) e-mali</td><td colspan="2"></td></tr>
</table>

위와 같이 2011년도 사업을 신청합니다.

2010 년 7 월 26 일

기관대표자 : 김 열 매 (인)

사회복지공동모금회장 귀하

<table>
<tr>
<td>작성
방법</td>
<td>
1) 기관명 : 신청기관의 공식명칭 기입
2) 대표자 : 신청기관을 대표하는 사람 이름 기입, 2인 이상인 경우에도 모두 기입
3) 고유번호(사업자등록번호) : 기관의 고유번호, 사업자등록번호 기입
4) 기관 특성 : 해당하는 분야(주요 분야 1개)에 V표,
특정 분야에 속하지 않는 경우(⑧기타)에 V표 기입
5) 운영주체 특성 : 운영주체는 신청서를 제출하는 기관(단체, 시설 포함, 이하 기관)의 운영을 책임지고 있는 소속법인임
• 신청기관과 운영주체가 다를 경우 전체내용 기입
• 신청기관과 운영주체가 같은 경우 '운영주체 특성' 칸만 기입하면 됨
6) 사업 구분 : 신청하고자 하는 해당 사업에 V표로 기입
7) 신청 구분
- 신규로 신청하는 사업일 경우에는 ① 1차년(신규)사업에 해당됨
- 전년도에 모금회의 지원을 받은 사업으로 사업수행자, 사업대상, 사업내용이 동일한 경우에는 사업연차에 따라 ② 2차년 사업, ③ 3차년 사업을 선택
㉍ 2009년에 모금회의 지원을 받았고, 2010년에도 지원을 받아 사업수행 중에 있으며, 2011년에도 동일사업을 수행하기 위해 사업신청을 하는 경우 '③ 3차년사업'에 ∨표시
8) 사업명 : 대상, 목적, 사업내용을 포함할 수 있는 내용구성, 부제 사용가능
9) 사업기간 : 신청하는 사업의 사업기간 기입
- 신청사업 중 프로그램 사업의 경우는 사업기간이 1년(2011. 1. 1. ~ 12. 31)이며, 타 사업의 경우 별도의 사업기간이 공지되므로 해당 사업기간 확인 후 작성
10) 서비스지역 : 본 사업이 수행되는 서비스 대상지역을 시 · 군 · 구 단위까지 기입
㉍ 경상남도 마산시/ 충청남도 당진군/ 서울시 양천구
11) 실인원 수 : 본 프로그램을 제공받는 실제 인원 수
12) 서비스 단가 : 총사업비/ 실인원 수
13) 사업대상 : 서비스 주요 제공대상을 '1'개만 선택
14) 서비스 내용 : 40p 별첨 1 코드 참고하여 대/ 중/ 소분류별로 선택하여 기입
㉍ 주요 서비스가 저소득층 아동을 위한 야간보호인 경우
(프로그램) - (보호) - (주간보호/ 방과후보호)로 작성
15) 예산
- 총 사업비 : 사업을 수행하기 위하여 필요한 모든 비용을 합산한 금액(신청금액+기관부담금)
- 신청금액 : 총 사업비 중 모금회에 신청하는 금액 기입
- 신청사업 중 프로그램 사업은 자부담이 없어도 신청할 수 있으나, 기능보강사업은 총 사업비의 20% 이상을 자부담하여야 신청가능
16) 담당자명 : 본 사업을 직접 수행할 담당자명 기입
- 담당자 미정(미확정) 시 '미정'으로 기입 후 프로포절 작성자 명 기입
㉍ 담당자가 미확정이고 프로포절 작성자가 '홍길동'일 경우
<table><tr><td>담당자 명</td><td>미정(작성자 : 홍길동)</td></tr></table>
17) 직위 : 담당자의 직위를 기입(㉍ 사원, 대리, 과장 등)
18) 담당자경력 : 사회복지분야 경력을 기준, 경력은 연과 월단위로 기입
19) e-mail : 기관 e-mail 또는 사업담당자의 e-mail 기입
</td>
</tr>
</table>

사업개요

※ 필히 One Page로 작성

<table>
<tr><td>1) 기관명
(신청기관명)</td><td colspan="6">열매종합사회복지관</td></tr>
<tr><td>2) 사업명</td><td colspan="6">저소득층 방임아동의 보호·학습지원을 위한 야간보호사업</td></tr>
<tr><td>3) 사업기간</td><td colspan="3">2011. 1. 1. ~ 2011. 12. 31(1년)</td><td>서비스 지역</td><td colspan="2">서울 마포구</td></tr>
<tr><td>4) 서비스 대상</td><td colspan="3">저녁 10시까지 보호자가 가정에 없는 아동</td><td>실인원 수</td><td colspan="2">20명</td></tr>
<tr><td>5) 서비스 단가</td><td colspan="3">800,000원
(산출식 = 총사업비 ÷ 실인원 수)</td><td>투입인력</td><td colspan="2">2명</td></tr>
<tr><td>6) 사업목적</td><td colspan="6">1. 저소득층 야간방임 아동의 안전증대 및 정상적인 성장지원
2. 저소득층 야간방임 아동 가정의 가족 관계강화를 통한 가족유대감 증대</td></tr>
<tr><td>7) 성과목표</td><td colspan="6">① 야간 방임 저소득 아동에 대한 야간 돌봄 서비스 강화
② 야간 방임 저소득 아동에 대한 기초학습능력 향상
③ 야간 방임 저소득 아동가족에 대한 가족관계 강화</td></tr>
<tr><td rowspan="4">8) 주요 사업 내용 요약
(프로그램명 및 주요 시행내용)

※성과목표별 주요한 프로그램 1개씩 기재</td><td>세부 프로그램명</td><td colspan="5">주요 내용</td></tr>
<tr><td>야간아동 보호 및 안전귀가 동행서비스</td><td colspan="5">복지관 방과후 교실 운영, 아동보호자 귀가시간 따라 귀가일정 조정 보호자가 동행귀가를 하지 못하는 경우, 복지관 차량을 통한 귀가서비스 제공</td></tr>
<tr><td>기초학습 지도</td><td colspan="5">자체 자원봉사대학생을 활용한 기초학습(국어, 영어, 수학) 지도, 자체 자원봉사대학생을 활용한 숙제지도, 매일 숙제 알림장 점검</td></tr>
<tr><td>가족관계개선 프로그램</td><td colspan="5">가족관계개선 프로그램 시행(가족음식 만들기, 가족나들이, 가족 체육대회, 영화보기 등)</td></tr>
<tr><td>9) 예산</td><td>총사업비</td><td colspan="2">16,000,000원</td><td colspan="2">신청금액</td><td>13,100,000원</td></tr>
<tr><td rowspan="2">10) 신청금액의 세부내역</td><td rowspan="2">인건비</td><td>4,800,000원</td><td rowspan="2">사업비</td><td>7,400,000원</td><td rowspan="2">관리 운영비</td><td>900,000원</td></tr>
<tr><td>36.6%</td><td>56.5%</td><td>6.9%</td></tr>
</table>

<table>
<tr><td>작성
방법</td><td>※ 사업개요는 사업계획서 작성 후 해당하는 내용을 요약하여 1page 작성하여 주십시오.
1) 기관명 : 신청기관명 기입
2) 서비스 대상 : 실인원 수에 해당하는 서비스 대상자 기입
- 서비스 대상(일반대상/ 위기대상/ 표적대상/ 실인원 수) 중 실인원 수에 해당하는 직접 서비스 대상자를 기입
3) 실인원 수 : 프로그램에 참여하는 실제 인원 수, 중복되지 않은 순수인원 의미
- 무료급식, 행사 등과 같이 주 서비스 대상자가 불규칙하거나 불특정 다수를 대상으로 하는 프로그램은 1일 평균이용자를 실인원 수로 계산
- 매달 중복되는 서비스 대상자일 경우 '1'인으로 기재
㉠ 실인원 수 'A'씨가 매달 주 1회씩 3개월 프로그램 12회 참석 시, 실인원 수는 12명이 아니라 A씨 '1명'으로 기재
4) 서비스 단가 : 서비스 단가는 사업기간 동안 실인원 수 한 명당 투입되는 사업비의 수준을 가늠하기 위한 것으로 '총사업비 ÷ 실인원 수'로 산출
5) 투입인력 : 본 사업을 실질적으로 수행하는 실무자의 수 기입(기관장, 수퍼바이저는 제외)
6) 사업목적 : 본 사업의 목적을 간략하게 기입
7) 성과목표 : 사업의 결과로 나타나는 효과 또는 변화를 기입. 우선순위를 정하여 주요한 성과목표 3가지만 간략하게 기입, 3개 미만일 경우 모두 기입
8) 주요 사업내용 요약
성과목표별 주요한 프로그램 '1'개씩만 기입, 최대 '3'개 기입, 3개 미만일 경우 모두 기입
9) 예산 : 표지부분과 동일하게 기입
10) 신청금액의 세부내역 : 신청금액 중 인건비, 사업비, 관리운영비에 해당하는 금액과 비율을 기입</td></tr>
</table>

1. **사업명** : 저소득층 방임아동의 보호·학습지원을 위한 야간보호사업

작성 방법	• 서비스 대상, 목적, 사업내용을 포함할 수 있는 내용으로 구성하여 기입 • 부제 사용도 가능

2. 사업의 필요성

1) 대상자 욕구 및 문제점

① **저소득 야간 방임아동** : 본 사업의 주 대상자인 저소득층 아동, 그 중에서도 조손가족 아동, 편부모가족 아동의 경우 방과 후에도 보호자가 정상적으로 보호할 수 없는 경우가 많다. 조손가족 아동의 경우 조부모가 생업으로 인해 밤늦게 귀가하거나, 조부모 자체가 건강상태가 좋지 않은 경우, 방과 후에 아동이 방임되는 경우가 많다. 편부모가정의 경우도 마찬가지로 편부, 편모가 생업에 종사하여 밤늦게 귀가하는 경우가 많으며, 이들 가정아동의 경우, 복지관의 방과 후 프로그램을 이용한다고해도, 보통 7시 전후면 귀가하게 되는데 7시 이후에도 보호자가 집에 있지 않아 아동 홀로 방임되는 경우가 많다.

② **저소득 가정의 부모** : 본 사업의 주 대상자인 저소득 야간 방임아동의 부모들로, 자녀에 대해 부모로서의 역할을 하고 싶어 하나 경제·심리적 여건상 자녀들과의 관계를 어려워하는 경우가 많다. 특히 부모 자체에 문제가 있는 경우 자녀들에 대한 방임이나 학대의 정도가 심해 이에 대한 개입이 필요하다.

작성 방법	• 대상자의 욕구와 문제점을 중심으로 구체적인 숫자, 객관적 자료를 중심으로 기입

2) 지역환경적 특성

△△구의 경우 전체 1만 5천가구 중 2천가구가 기초생활보호대상자 가정으로 수급자 가정의 비율이 높고, 이중 편부, 편모, 조손가정의 초등학교 아동은 1천 7백명 가량으로 집계되고 있다. (△△구, 2009년 통계자료 근거)

저소득 가정의 가장들은 주로 인근 재래시장에서 영세상인으로 상업에 종사하거나, 인근 □□공단의 소규모 공장 근로자로 일하는 경우가 많아 귀가시간은 보통 10~11시로 늦는 경우가 많다. 부모의 늦은 귀가는 자녀의 방임으로 연결되어, 2009년 12월 현재 집안에 방임되어 있는 아동 수는 △△구 전체아동의 20% 가량으로 집계되고 있다.

작성 방법	• 서비스를 제공하고자 하는 대상자들의 지역환경적 특성을 객관적 자료로 기입

3) 경험적 근거

열매종합사회복지관은 2002년 11월 복지관을 개소한 이래 방과 후 프로그램을 통해 1일 평균 200여 명의 저소득층 아동을 돌보고 있으며, 이들 아동 90% 이상이 편부, 편모, 조손가정의 아이들이고, 80% 이상이 저녁 10시까지 보호자가 없는 상태이다.

본 복지관은 2009년에 ○○재단의 지원으로 야간에 방치된 아동을 보호하는 사업을 시행한 적이 있으며, 시행결과 서비스에 대한 욕구와 호응이 높았으나, 예산의 문제로 기존 방과 후 서비스 시간을 넘어서는 야간보호사업을 지속하기는 어려운 상황에 있다. 또한 단순한 보호 서비스뿐만 아니라, 교육지원, 영양지원, 부모교육 등의 복합적 서비스의 제공이 필요함을 인식하게 되어 본 사업을 기획하였다.

작성 방법	• 사업을 시행하기 위한 경험을 객관적 자료를 제시하여 기입

4) 본 사업과 관련된 지역 복지자원 현황

현재 △△구 내에는 2개의 종합사회복지관이 있고, 3개의 지역아동센터가 있다. 이 중 1개 기관이 △△구의 시범사업으로 15명의 저소득층 야간방임 아동에 대한 보호사업을 진행하고 있다. 그러나 해당 기관의 아동들에 대한 서비스도 부족한 상황이고, 본 복지관의 2009년 자체조사 결과 야간보호에 대한 서비스 욕구가 가장 높은 것으로 나타나 추가적인 야간보호사업에 대한 지원이 필요한 상황이다.

작성 방법	• 사업과 관련된 지역복지 자원현황 제시

3. 서비스 지역, 서비스 대상 및 실인원 수

1) 서비스 지역 : 서울시 △△구

작성 방법	• 시 · 군 · 구 단위로 주요 서비스 지역 기입

2) 서비스 대상 : 서울시 △△구 ☆동 아동 중 저소득층 가정 아동

작성 방법	• 구체적인 서비스 대상을 기입

3) 서비스 대상 선정기준 및 방법

○ ☆동 저소득층 아동 중 저녁 10시까지 보호자가 집에 없는 아동
○ 프로그램 참여 의사확인 및 보호자 동의
○ 대상자가 초과될 경우, 저연령순으로 선발

작성 방법	• 선정기준 및 방법은 구체적으로 기입

4) 실인원 수

대상 구분	서비스대상자 산출근거	단위 수(명)
① 일반대상	☆동의 저소득층 아동	○○○명
② 위기대상	☆동의 초등학교 재학 중인 아동	○○명
③ 표적대상	☆동의 초등학교 재학 중인 아동 중 저녁 10시까지 보호자가 가정에 없는 아동	○○명
④ 실인원 수	표적대상 중 본 복지관이 보호할 수 있는 적정인원	20명

작성 방법	실인원 수가 정해져 있는 경우 위의 ④ 실인원 수 란에만 기입하고, 실인원 수가 명확하지 않은 경우 ①~④의 대상 구분을 통해 실인원 수를 추정하여 기입

4. 사업 목적 및 목표

목 적	산출목표	성과목표
1. 저소득층 야간 방임 아동의 안전증대 및 정상적인 성장 지원	1-1. 저소득층 야간 방임아동 20명 안전보호	보호아동의 야간 안전사고율 감소
	1-2. 20명 아동에 대한 무료 석식·간식제공 건강 체조 프로그램 시행	평균 신체발달지수 향상
	1-3. 주 5회 숙제지도 및 주 2회 기초학습지도	기초학습능력 향상
2. 저소득층 야간 방임 아동 가정의 가족 관계강화를 통한 가족유대감 증대	2-1. 월 1회 보호자와 함께하는 프로그램 시행	보호아동의 가족 유대감 증대
	2-2. 월 1회 보호자/ 자녀상담을 통한 심리적 유대감 형성	

작성 방법	• 산출목표 : 사업시행을 통해 발생하는 산출물 (예) ○○지역 비행청소년 20명에 상담서비스 월 3회, 총 18회 시행) • 성과목표 : 사업의 결과로 나타나는 효과 또는 변화 (예) 프로그램 대상 청소년 20명의 비행행동의 감소) • 산출목표와 성과목표를 분리하여 작성. 프로그램의 내용에 따라 산출목표와 성과목표가 동일할 경우 산출목표에만 작성 기입

5. 사업내용

1) 세부 사업내용

성과목표	프로그램	활동 (수행방법)	시행 시기	수형 인력	참여 인원	시행횟수 시간
보호아동의 야간안전 사고율 감소	야간아동 보호 및 안전귀가 동행서비스	- 복지관 방과후 교실 PM 1시~10시까지 운영(야간시간대 PM 6시~10시) - 아동보호자 귀가시간에 따라 귀가 일정 조정 - 보호자가 동행귀가를 하지 못하는 경우, 복지관 차량을 통한 귀가 서비스 제공(운전자, 귀가지도교사 동승)	연간	복지사 1명 봉사자 1명 운전자 1명	20명	보호－1일 4시간 주 5회 · 귀가－1일 1시간 주 5회
평균 신체발달 지수 향상	무료석식 간식제공 및 건강체조	- 야간보호아동에 대한 무료급식 제공 (자체 급식시설 운영) - 야간보호아동에 대한 무료 저녁 간식 제공(비타민 공급을 위한 과일위주의 간식제공) - 매일 1시간 스트레칭과 근육이완 체조 진행	연간	복지사 1명 봉사자 2명	20명	1일 1시간 주 5회
기초학습능력 향상	기초학습 지도	- 자체 자원봉사대학생을 활용한 기초학습(국어, 영어, 수학) 지도 - 자체 자원봉사대학생을 활용한 숙제지도, 매일 숙제 알림장 점검	연간	복지사 1명 봉사자 2명	20명	1일 1시간 주 5회
보호아동의 가족 유대감 증대	가족관계 개선 프로그램	- 월 1회 가족관계개선 프로그램 시행 (가족음식 만들기, 가족나들이, 가족체육대회, 영화보기 등) - 상담전공자를 통한 가족상담 시행 (해결중심기법 활용)	연간	복지사 2명 봉사자 2명	40명	월 1회 4시간· 월 20회 회당 30분

작성 방법	• 제시된 내용 이외 추가사항 있을 경우 추가 작성 가능 • 성과목표 : p.205의 4.사업목적 및 목표에서 제시한 성과목표 기입 • 프로그램명 : 성과목표에 따른 프로그램명 기입, 성과목표별 다수의 프로그램 가능 • 시행시기 : 매일, 매월, 분기별, 상·하반기, 연간, 3월, 3~7월 등의 형태로 구체적 기입 (시행시기는 중간, 결과 보고 시 검토기준이 됨) • 수행인력 : 해당 프로그램을 실제로 수행하는 인원을 기입 • 참여인원 : 프로그램 참여하는 실인원 수를 기입 • 시행횟수·시간 : 프로그램 시행 횟수와 시간 기술(1회당)

2) 목표에 대한 평가방법

성과목표	목표에 대한 평가방법			
	성과지표	자료원	자료수집방법	자료수집시기
보호아동의 야간 안전사고율 감소	• 야간 안전사고 발생건수/ 비율 ※ 수 혹은 %	복지관 자체조사	아동상태관찰 보호자 수시연락 안전사고일지	분기별
평균 신체발달 지수 향상	• 동일연령 아동의 소아발육 표준치 기준에서의 향상율 ※ 변화량	복지관 자체조사	실제 신체지수측정 / 학교 건강발달사항 정보협조/ 질병관리 본부 자료 참조	상·하반기
기초학습능력 향상	• 학교 숙제 완성한 빈도의 증가량 ※ 빈도 • 프로그램 개입 후 학교성적이 좋아진 아동의 수/ 비율 ※ 수 혹은 %	학교 담임교사 알림장, 성적점수	알림장 매일 점검, 학교 담임교사와 연락, 성적점수 점검	학기 초(3월) 학기 말(11월)
보호아동의 가족 유대감 증대	• 가족들의 놀이모임 수 증가량 ※ 빈도 • 보호자/ 자녀 관계척도점수의 유의미한 차이 정도 ※ 변화량 • 가족과의 1주 평균 대화횟수의 변화 ※ 변화량	프로그램 참여자 (아동, 가족)	참여자가 제출한 과제물	과제제출시기

작성 방법	• 성과지표 : 성과목표가 결정되면 성과를 측정할 수 있는 지표, 측정가능하도록 해주는 증거 혹은 측정도구가 필요함 - 성과지표는 '※'에 표기된 것처럼 변화량, 빈도, 수 혹은 % 등으로 제시함 - 제시된 지표를 통해 변화의 정도(증가, 감소)를 확인할 수 있어야 함 • 자료원 : 해당 자료를 누가 가지고 있는가에 관한 항목으로, 자료원은 사람이 될 수도 있고, 기록물이 될 수도 있음 • 자료수집 방법 : 해당 자료를 어떻게 수집할 수 있는가에 관한 항목 • 자료수집 시기 : 해당 자료를 언제 수집(설문지의 경우 측정시기)하는가에 관한 항목 (월, 분기, 상·하반기, 사전·사후 등)

3) 담당인력 구성

이름 (역할)	담당부서 /직위	투입시간 (단위 : 1주일)	경력(년)/주요 업무	자격증 (신청사업 관련)
김희망 (주담당)	생활복지팀 사회복지사	12시간	- ☆☆종합복지관 1년/ 아동복지담당 - 열매종합사회복지관 2년 1개월	사회복지사 1급 보육교사 1급
이사랑 (부담당)	생활복지팀 사회복지사	8시간	- ◇◇어린이집 2년/ 교사 - 열매종합사회복지관 1년	사회복지사 1급 보육교사 1급
박복지 (수퍼바이저)	생활복지팀 부장	3시간	- ○○아동보호전문기관 1년/ 상담원 - △△복지관 2년/ 가족복지담당 - 열매종합사회복지관 4년	사회복지사 1급

작성 방법	• 이름(역할) : 사업에 직접 투입되는 인력(사업 주담당자, 부담당자, 수퍼바이저로 구분하여 기입)의 이름과 해당 사업에서의 역할 기입 • 경력(년)/ 주요 업무 : 경력은 구체적으로 기입 • 담당자가 미정인 경우 '담당자 미정'기입 후 채용 자격기준을 기입

4) 사업 진행일정

기 간 / 내 용	09. 12월	10. 1월	2월	3월	4월	5월	6월	7월	8월	9월	10월	11월	12월	11. 1월
사업세부계획 수립														
대상자 선정/ 보호자 동의														
야간아동보호														
안전귀가동행서비스														
기초학습지원/ 숙제지도														
가족관계 개선 프로그램														
사업평가, 보고서 작성														

작성 방법	• 프로그램별 과업에 따른 일정 표기

5) 홍보계획

대 상	홍보방법 및 횟수	활용매체	비 고
지역사회 주민	리플릿 등의 홍보물 제작, 12개 동 반상회 참석사업 소개, 사업설명회 1회 실시 케이블 TV 연계사례 소개	리플릿, 홍보지, 케이블 TV	
타 복지 기관	홈페이지 게시판, 이메일로 사업소개	인터넷	
지자체	주민생활지원센터 생활지원과 분기별 방문, 리플릿 수시 제공	리플릿	

작성 방법	• 본 사업을 홍보하기 위한 계획으로 아래와 같은 다양한 목적과 대상을 고려하여 홍보방법, 횟수, 매체활용 정도 등을 구체적으로 홍보계획을 기입 – 기관이 속해 있는 지역의 지역주민, 지자체, 타 복지기관 등에게 기관의 사업홍보 및 사랑의 열매 지원사업 홍보 • 홍보물, 홍보지, 인터넷홍보, 언론 및 방송 매체활용 등을 홍보하기 위한 수단으로 활용될 수 있음 • 시행횟수 · 시간 : 프로그램 시행횟수와 시간 기술(1회당)

6) 지역자원 활용계획

자원명	활용계획	비 고
A, B 종합사회복지관 및 C 가정폭력상담소	서비스 발굴 및 공유, 아동사례 연계(3case)	
OO대학교 사회복지학과	대학생 자원봉사자 연계(4명)	
D 자원봉사센터	차량지원 자원봉사자 추천 및 확보(4명)	
E 주민자치센터 및 F 구청	본 사업에 대한 홍보 및 실인원 추천통로로 이용	

작성 방법	• 본 사업의 성공적인 성과도출을 위해 현재 유지하고 있는 지역자원을 어떻게 활용할 수 있는지를 구체적으로 기입, 칸을 늘려 사용 가능 • 활용계획 : 해당 기관과의 연계계획과 예상실적(추정치)을 기입

6. 예산계획

(단위 : 원)

관	사업비							
항	공동모금회 "저소득층 아동 야간보호" 사업비1)							
목2)	세목3)	계	산출근거4)	예산조달 계획5)				
				신청금액	비율(%)6)	자부담	비율(%)6)	자부담 재원7)
총 계		16,000,000		13,100,000	100	2,900,000	100	
인건비	담당인력 야근수당	4,800,000	담당인력 2명×1시간 5,000원×1일 4시간×월 10일×12개월	4,800,000				
	소 계	4,800,000		4,800,000	36.6			
사업비	야간귀가 차량운행	2,000,000	주5회 x 10,000원 x 40주			2,000,000		자체예산
	기초 학습지도 프로그램	2,600,000	학습교재비 국/영/수×연간 6권×5,000원×20명	600,000				
			자원봉사자 교통비 대학생 2인×주 5회×5,000원×40주	2,000,000				
	가족관계 개선 프로그램	4,800,000	상담 및 특별활동 프로그램 (나들이, 체육대회, 요리, 영화보기) 20가족×가족당 20,000원×12개월	4,800,000				
	소 계	9,400,000		7,400,000	56.5	2,000,000		

목	세목	계	산출근거					
관리운영비	야간난방비	900,000	월150,000원×6개월(1~3월, 10~12월)			900,000		자체예산
	전기료	900,000	야간전기 사용료 월평균 50,000원×12개월 냉방비(에어컨) 월평균 100,000원×3개월	900,000				
	소 계	1,800,000		900,000	6.9	900,000		

작성 방법

※ 사업에 직접 투입되는 비용만 예산계획에 기입
※ 예산수립 시 p.213 별첨 2 단가표 활용하여 기입

1) “”부분에 사업명 요약하여 작성
2) 목은 인건비, 사업비, 관리운영비로만 구분. 해당 목이 없을 경우 삭제 후 작성
3) 세목에는 해당 사업에 필요한 프로그램 편성. 각각의 세목에 포함되는 항목은 내용을 참고하여 작성

목	설 명	해당 항목
인건비	해당 사업을 직접적으로 수행하는 인력에 투입되는 비용	프로그램담당자/ 보조담당자 인건비
사업비	프로그램의 수행에 필요한 직접비용 (실인원 수에게 제공되는 서비스에 필요한 비용)	강사비, 자원봉사자 관리비, 자문비, 회의비, 행사진행비, 홍보물품 구입, 프로그램 준비물 구입 사업결과보고서/ 결과물 제작 등
관리 운영비	프로그램의 수행에 필요한 간접비용 (사업관리에 필요한 비용)	사무용품, 냉·난방비, 우편료, 사업담당자 교통비 등

※ 비품/ 장비 구입 시 예산 편성방법
- 프로그램 수행을 위해 직접적으로 필요한 비품/ 장비, 서비스 대상이 실인원 수인 경우(장애인작업장 생산장비 구입, 컴퓨터 교실 운영을 위한 컴퓨터 구입 등) 사업비에 편성
- 프로그램 사업에서는 간접적으로 필요한 비품/ 장비 지원은 지양. 그럼에도 불구하고 간접적으로 사업 운영에 도움이 되는 비품/ 장비는 관리운영비에 편성 가능
- 단, 비품/ 장비 구입비의 신청금액의 50%를 초과할 경우에는 프로그램 사업으로 신청할 수 없고, 신청사업의 기능보강사업으로 신청하여야 함

※ 세목은 너무 구체적으로 작성하거나 포괄적으로 작성하기보다는 프로그램 단위별로 작성하는 것이 추후 예산변경 등의 업무처리에 있어 효율적임

예시)

〈정사례〉

프로그램 단위로 세목을 설정한 경우		
세 목	계	산출근거
나들이 프로그램	300,000	버스 1대 대여 (25인승)
	165,000	도시락 5,500원 × 30개
	60,000	입장료 2,000원 × 30명
계	525,000	·

〈오사례〉

개별 활동별로 세목을 설정한 경우		
세 목	계	산출근거
나들이 버스대여	300,000	버스대여비 (25인승)
도시락/ 다과	165,000	5,500원 × 30개
입장료	60,000	2,000원 × 30명
계	525,000	

4) 산출근거는 구체적으로 어떠한 내역으로 예산이 지출되었는지 실제 단가, 수량, 인원 수, 건수, 횟수 등을 구체적으로 기록
5) 예산조달계획에는 신청금액 및 자부담 금액을 기입. 프로그램 사업의 경우 자부담이 없어도 신청가능함
6) 신청금액에 대한 비율은 신청금액 대비 각 항목이 차지하는 비율을, 자부담의 경우, 전체 자부담 대비 해당 자부담의 비율을 산출하여 기입
7) 자부담 재원은 자체예산/외부지원(지원처)/수익금(참가비 등) 등으로 구분하여 기입

7. 향후 운영계획

○ 사업종료시점에서 서비스 욕구 재조사 후 지속, 확대 여부 검토

○ 차년도에도 사업 지속 가능성 큰 상태로 인력의 정규직화 노력 및 모금회 및 타 재단을 통해 예산을 확보하고자 함

○ 아동사례 홍보를 통해 개인(기업) 기부자 발굴을 통해 후원금을 확보하여 부족한 사업비를 충당하고자 함

작성방법	• 지원 종료 시 사업 지속성에 따른 자구방안 노력 및 계획정도, 차년도 주요 사업계획 및 이에 따른 예산, 인력확보 계획 등을 기입

[별첨 1]

서비스 내용 코드표

※ 아래의 구분 및 시설종류를 참고하여 신청기관의 사업내용과 일치하는 주요 서비스 내용을 한 가지 선택한 후 대분류 – 중분류 – 소분류별로 배분신청서에 기입

예 프로그램 – (심리/정서) – (정서결연/멘토링)

대분류	중분류	소분류
프로그램	1. 생계지원	1) 생계비 지원
		2) 식사/ 영양지원
		3) 무료급식
	2. 주거	1) 주거비 지원
		2) 주거환경 개선
	3. 교육	1) 교육비 지원
		2) 일반정규교육
		3) 특수정규교육
		4) 비정규교육
		5) 연수/ 직능계발
	4. 의료/ 건강	1) 의료비 지원
		2) 의료서비스 지원
		3) 건강관리/ 증진
		4) 간병/ 호스피스
		5) 약물/ 알코올
	5. 보호	1) 시설보호
		2) 재가보호
		3) 일시보호
		4) 장·단기보호
		5) 주간/ 방과후 보호
		6) 그룹홈
		7) 위탁보호
	6. 학대/ 폭력/ 비행	1) 위기상담/ 개입
		2) 교정/ 갱생
		3) 법률지원

프로그램	7. 심리정서	1) 심리정서상담
		2) 심리정서훈련
		3) 정서결연/ 멘토링
	8. 자활	1) 진로탐색/ 취업상담
		2) 직업훈련
		3) 취업알선/ 사후관리
		4) 자활사업장
	9. 여가/ 문화	1) 여가
		2) 문화(음악/ 독서/ 영화)
		3) 스포츠
	10. 인식개선/ 예방	1) 인식개선/ 교육
		2) 문제예방/ 교육
		3) 정보제공/ 연계
	11. 지역사회개발	1) 주민조직화
		2) 자원봉사
		3) 지역복지기반구축
	12. 기타	직접기재

[별첨 2]

예산편성기준표 예시

<table>
<tr><th colspan="2">항 목</th><th>기 준</th><th>사용한도</th><th>비 고</th></tr>
<tr><td rowspan="8">강
사
비</td><td>특별
강사</td><td>• 전/현직 장/차관(급)
• 전/현직 대학총장(급)
• 전/현직 국회의원
• 대기업 총수(회장)
• 기타 이에 준한다고 모금회가 인정하는 자
(배분신청 시 강사이력서 등 증빙자료 제출)</td><td>• 1시간 220,000원
• 초과 매 시간당 130,000원</td><td rowspan="8">유급내부직원에게는 지급불가(동일법인이라도 사업장의 위치가 다르고 독립회계를 하는 타 기관의 직원인 경우에는 지급가능)
·
강사비는 원고비 포함된 금액임</td></tr>
<tr><td>1급
강사</td><td>• 대학 조교수 이상, 전문대학 부교수 이상
• 기업/기관 등의 책임급 연구원, 중역
• 판/검사, 변호사 등 전문자격증 소지자
• 3급 이상 공무원 및 박사학위를 소지한 4/5급 공무원
• 사회복지 기관·시설장
• 기타 이에 준한다고 모금회가 인정하는 자
(배분신청 시 강사이력서 등 증빙자료 제출)</td><td>• 1시간 180,000원
• 초과 매 시간당 100,000원</td></tr>
<tr><td>2급
강사</td><td>• 대학 전임강사 및 전문대학 조교수
• 4/5급 공무원
• 사회복지 기관·시설 중간관리자로서 관련분야 석사 이상 학위를 소지한 경우
• 기타 이에 준한다고 모금회가 인정하는 자
(배분신청 시 강사이력서 등 증빙자료 제출)</td><td>• 1시간 130,000원
• 초과 매 시간당 50,000원</td></tr>
<tr><td>3급
강사</td><td>• 전임 이외의 외래시간 강사
• 외국어/전산 등 학원강사
• 사회복지 기관·시설 중간관리자로서 관련분야 석사학위가 없는 경우
• 기타 이에 준한다고 모금회가 인정하는 자
(배분신청 시 강사이력서 등 증빙자료 제출)</td><td>• 1시간 100,000원
• 초과 매 시간당 40,000원</td></tr>
<tr><td>보조
강사</td><td>• 각종 실기실습 보조요원</td><td>• 1시간 50,000원
• 초과 매 시간당 30,000원</td></tr>
<tr><td rowspan="2">다수인
출강</td><td>• 2시간 이하</td><td>• 5인 이하 27.5만 원
• 6~10인 40만 원
• 11인 이상 55만 원</td></tr>
<tr><td>• 2시간 이상</td><td>• 5인 이하 35만 원
• 6~10인 50만 원
• 11인 이상 70만 원</td></tr>
</table>

회의참석비	• 3시간 이하	• 70,000원
	• 3시간 초과 시(1일 1회에 한함)	• 100,000원
단순인건비	• 1인/1일(1일 8시간 기준/ 중식비 포함)	• 40,000원
원고료	• A4용지 1매 기준 80 columns x 20 lines 글씨크기 13point 문단간격 160%, 상하 여백 15, 좌우 여백 25	• 15,000원

<table>
<tr><th>항 목</th><th colspan="2">기 준</th><th>사용한도</th><th>비 고</th></tr>
<tr><td rowspan="5">출장여비</td><td colspan="2">• 시내여비</td><td>• 실비</td><td rowspan="5">* 일비, 식비는 해당 시·도를 벗어나는 출장에 적용
* 일비에는 택시, 지하철, 시내버스 등 현지교통비 및 식·음료비, 입장료 등 일반잡비 포함</td></tr>
<tr><td rowspan="4">• 시외 여비</td><td>교통비
(KTX일반, 고속버스, 전세버스 등)</td><td>• 실비</td></tr>
<tr><td>일비(1인 1일)</td><td>• 20,000원</td></tr>
<tr><td>식비(1인 1일)</td><td>• 20,000원</td></tr>
<tr><td>숙박비(1인 1실)</td><td>• 실비
(상한액 40,000원)</td></tr>
<tr><td>워크숍</td><td colspan="2">• 1인 기준</td><td>• 50,000원</td><td>* 1박 2일 기준임. 숙박비, 식비, 진행비 등 포함
* 사용한도 초과가 불가피한 경우, 모금회의 사전승인 필요</td></tr>
<tr><td>식사비</td><td colspan="2">• 1인 기준</td><td>• 7,000원</td><td></td></tr>
<tr><td>다과비</td><td colspan="2">• 1인 기준</td><td>• 2,000원</td><td></td></tr>
<tr><td rowspan="4">자문비</td><td colspan="2">• 2시간 이하</td><td>• 1회 70,000원</td><td rowspan="4">* 수퍼비전기록 필히 비치
* 내부직원 지급 불가
* 시외의 경우, 교통비 실비지급 가능
* 1일 최고 20만 원까지 지급</td></tr>
<tr><td colspan="2">• 2시간 이상</td><td>• 1회 100,000원</td></tr>
<tr><td colspan="2">• e-mail 자문(유선 포함)</td><td>• 20,000원(1회당)</td></tr>
<tr><td colspan="3">• 공통사항 : 자문내용 기본 form
A4 용지 80 columns x 20 lines 글씨크기 13 point
문단간격 160%, 상하 여백 15, 좌우 여백 25</td></tr>
<tr><td>번역료</td><td colspan="3">• 한국외대 통역번역센터 요율표 기준
(매 해 발표되는 기준 참조, 시행시점 가장 최근 자료 이용)</td><td></td></tr>
</table>

Ⅶ. 사례관리

사례관리는 사회복지분야에서 100년이 넘는 긴 세월 동안 사용되어온 고유의 실천방법이다. 사회복지역사를 거슬러 올라가면 오늘날과 같은 사례관리로 클라이언트를 원조했던 것을 쉽게 엿볼 수 있으나 이러한 접근을 사례관리로 칭하지는 않았다(National Association of Social Workers, 1992). 실제로 1970년 중반 이전까지도 사례관리는 생소한 개념이었다(권진숙 역, 2004). 사례관리가 서구에서 구별된 개념으로 출현하게 된 배경은 1960년대 대인 서비스 프로그램의 급격한 성장과 깊은 연관이 있으며(Rubin, 1992), 1970년대 탈시설화 정책이 본격화되고 1980년대의 복합적인 욕구를 가진 클라이언트 인구가 급격히 증가하면서 사례관리 실천의 중요성도 크게 부각되었다(김영숙, 2008). 본 장에서는 노인복지, 지역사회복지, 아동복지, 정신보건 분야 등 우리나라 사회복지 실천현장에서 빈번히 이용되고 있는 사례관리의 개념, 과정, 그리고 사례관리자의 역할 등에 대해 살펴보고자 한다.

1. 사례관리의 개념

사례관리는 전통적인 사회사업방법들을 통합한 사회복지의 새로운 실천방법 및 서비스 전달체계라고 말할 수 있다. 또한 사례관리는 임상개입의 의미가 함축된 사례(case)와 행정적 의미가 함축된 관리(management)의 복합어로 다양한 문제로 인하여 사회적인 기능을 수행하기 어려운 클라이언트에게 포괄적이고 체계적이며 지속적인 서비스를 지역사회에서 제공하는 데 목적을 둔 일련의 문제해결과정이라 할 수 있다(강선경 · 임윤형, 2005 : 194). 사례관리는 여러 학자들에 의해 정의되었는데, 그 내용을 살펴보면 다음과 같다

- Moxley(1989) : 사례관리란 복합적인 욕구를 가진 사람들의 기능강화와 복지를 위해 공식적 · 비공식적 지지망을 조직하고, 조정하고, 유지하는 것이다.

- Rubin(1992) : 복합적인 문제와 장애를 가진 클라이언트가 필요한 모든 서비스를 제 때에 적절한 방법으로 받는 것을 확실케 하는 서비스 전달에 대한 접근이다.
- Johnson & Rubin(1983) : 사례관리란 키 워커(key worker)인 사례관리자가 복잡한 서비스 전달체계를 연결시켜 클라이언트로 하여금 적절한 서비스를 받을 수 있게 책임지는 것이라고 정의했다.
- Rothmnan(1991; 1992) : 노인이나 장애인과 같은 장기보호를 요하는 클라이언트에게 지속적이고 효과적인 서비스를 제공하기 위한 개입방법이다. 지역사회 내에 거주하는 정신보건, 노인복지, 아동복지, 건강보호, 발달장애분야의 만성 혹은 중증의 장애를 가진 클라이언트를 대상으로 다양하고 지속적인 보호를 제공하는 서비스 전달방식이다.
- 미국사회복지사협회(NASW, 1984) : 서비스 전달체계 속의 요소들을 조정하고 연결하는 것으로 개인의 욕구를 충족시킬 수 있는 포괄적인 프로그램이 확실히 이루어지게 하는 하나의 기제(mechanism)이다(권진숙 역, 2004 : 16).

위의 정의들을 종합해 보면 사례관리란 만성적인 질환이나 문제를 가진 취약인구나 개인에게 제공되는 서비스를 위한 개입전략이라 할 수 있으며(Rothman, 1994), 현존하는 보호서비스(care services)를 조정하는 클라이언트 중심의 과정이라 할 수 있다(Sowell and Grier, 1995 : 15). 한편 사례관리에 대한 정의가 각기 다르듯이 이것을 칭하는 용어도 다양하다. 여러 문헌에서 사례관리는 보호조정(care coordination), 지속적 보호조정(continuing care coordination), 연속조정(continuity coordination), 서비스 통합(service integration), 서비스 조정(service coordination) 등으로 혼용되고 있다.

2. 사례관리의 목적

미국사회복지사협회(National Association of Social Workers)에 따르면 사례관리는 효과적이며 효율적인 방법으로 다양하고 복합적인 욕구를 가진 클라이언트에게 질 높은 서비스를 제공함으로써 클라이언트의 기능을 극대화하는 것을 우선 목적으로 한다. 사례관리는 다른 사회복지실천방법과 마찬가지로 전문적 훈련, 가치, 지식, 이론, 그리고 기술에 기초를 둔다. 위에 제시된 목적 이외에도 사례관리는 다음과 같은 목적을 가지고 있다(http://www.socialworkers.org/practice/standards/ sw_case_mgmt. asp#intro).

- 클라이언트의 발전을 도모하고, 이들의 문제해결과 대처능력을 증진하며,
- 효과적이고 인도적인 방법으로 자원과 서비스를 제공할 수 있는 체계를 마련하고, 이를 촉진시키며,
- 클라이언트를 자원, 서비스, 그리고 기회를 제공할 수 있는 시스템에 연계하고,
- 전달체계의 범위와 능력을 증진시키며,
- 사회정책 개발과 향상에 기여한다.

이러한 목적을 바탕으로 사례관리는 보호의 연속성을 보장하고, 비용의 효과성을 극대화하며, 접근성과 책임성을 증진하며, 클라이언트에 대한 1차집단의 보호능력을 향상하고, 클라이언트의 사회적 기능을 향상하는 데 중점을 두고 이루어진다.

(1) 보호의 연속성 보장

사례관리는 장기적으로 보호를 요하는 만성적인 장애와 의존성을 지닌 클라이언트(예 만성정신질환자, 요보호노인, 발달장애인 등)를 대상으로 하기 때문에 연속적인 보호와 서비스를 제공하는 것에 중점을 둔다.

(2) 비용효과성 극대화

사례관리는 정신보건과 발달장애 분야에서 인도주의와 비용효과성의 목적을 동시에 둔 탈시설화(deinstitutionalization) 운동에서 유래되었다. 서비스 조정과 점검을 통하여 사례관리자는 한정된 자원으로 서비스 전달의 효과를 극대화하고, 대인서비스의 전달비용을 절감하며, 서비스의 중복을 방지할 수 있다.

(3) 접근성과 책임성의 증진

사회적 기능이 손상된 클라이언트는 대체적으로 다양하고 복합적인 욕구를 가지고 있다. 그럼에도 불구하고 이들은 서비스에 대한 정보와 인식 부족으로 적절한 서비스를 제공받지 못할 때가 많다. 또한 서비스를 받기 위한 행정적인 절차에 대한 이해 부족으로 서비스 접근이 어렵고 이러한 과정에서 좌절하게 된다. 사례관리자는 아웃리치(outreach), 정보와 의뢰 등과 같은 보다 적극적인 방법을 통하여 서비스에 대한 클라이언트의 접근성을 증진시키며, 지정된 한 명의 사례관리 책임자(Key worker)에게 서비스 체계에 대한 전반적인 책임을 부여함으로써 책임성을 증진할 수 있다.

(4) 클라이언트에 대한 1차집단의 보호능력 향상

가족을 포함한 1차집단과 클라이언트와의 연결 및 상호작용을 촉진함으로써 1차집단의 보호기능을 최대한 발휘할 수 있도록 한다. 사례관리자는 1차집단이 클라이언트의 욕구충족을 위한 연속적인 보호를 보장하는 데 적극적으로 참여하고, 즉각적이고 적절한 서비스를 제공하며, 사회적 지지와 안정감을 제공할 수 있도록 1차집단을 개입과정에 포함시킨다.

(5) 클라이언트의 사회적 기능의 향상

대부분의 사례관리 대상자는 사회적 기능에 심각한 문제를 지닌 사람으로 자원과 기회의 부족, 동기 및 능력 부족, 정보의 부재, 자신감 결여, 좌절감 등으로 인하여 자신의 욕구를 스스로 충족시키는 데 어려움을 갖고 있다. 사례관리자는 클라이언트가 대인서비스와 사회적 자원들을 활용할 수 있도록 도움으로써 이들의 사회적 기능과 기술을 향상시킬 수 있다

3. 사례관리의 특징 및 기능

사례관리는 정신보건, 노인복지, 신체 및 발달 장애, 아동복지분야 등 다양한 실천현장에서 활용되어왔다(Rubin, 1992). 주지한 바와 같이 이것은 개인을 대상으로 서비스를 제공한다는 차원에서 개별지도(casework)와 유사하지만, 사례관리에서는 클라이언트의 욕구를 충족시키기 위해 사례관리자가 서비스를 제공하는 기관 이외에도 의뢰 및 옹호 등 지역사회의 다양한 자원을 활용한 간접적인 개입을 적극적으로 수행한다.

1) 사례관리의 특징

사례관리의 일반적 특징을 살펴보면 다음과 같다.

① 지역사회에서의 서비스 활동과 연계를 강조하는 지역사회 중심의 접근법이며, 만성적인 문제와 복합적인 욕구를 가진 클라이언트를 대상으로 한다.

② 치료보다는 욕구충족과 보호에 초점을 둔다.

③ 클라이언트의 사회적 기능과 독립을 극대화하기 위해 보호의 연속성과 책임성을 강조한다.

④ 서비스의 효과성과 효율성을 높이기 위해 포괄적인 서비스를 제공하고 이를 조정하고 점검한다.

⑤ 클라이언트와 이들을 둘러싸고 있는 사회환경과의 상호작용에 관심을 갖고 다양한 지원체계의 광범위한 서비스를 활용한다.

⑥ 아웃리치(outreach) 등을 통해 적극적으로 사례관리대상자를 발굴한다.

⑦ 사례관리자와 개인 클라이언트의 긴밀한 상호관계를 바탕으로 클라이언트 수준에서 개개인의 욕구를 개별화하며, 개입과정에서 클라이언트의 참여와 자기결정을 촉진한다.

⑧ 클라이언트의 변화를 위한 개별지도 실천기술과 자원의 조정과 옹호를 포함한 지역사회 실천기술을 통합한 형태이다.

2) 사례관리의 기능

사례관리의 대표적인 기능은 사정, 계획, 연계, 점검, 그리고 평가라 할 수 있다(National Association of Social Workers, 1992; Rubin, 1992). 복합적이며 장기적인 장애를 가진 클라이언트의 욕구를 충족시키고 이들의 사회적 기능을 향상시키기 위해 사례관리자는 다양한 기능을 한다. Agranoff(1977)는 사례관리 시스템의 다섯 가지 기능을 ADAME으로 표현했다(Rubin, 1992).

- 클라이언트의 욕구사정(Assessment of client need)
- 포괄적인 서비스 계획 수립(Development of comprehensive service plan)
- 전달되어야 할 서비스 조정(Arranging for service to be delivered)
- 전달된 서비스의 점검과 사정(Monitoring and assessing the service delivered)
- 평가와 사후관리(Evaluation and follow-up)

이러한 사례관리의 기능을 충족시키기 위해 사례관리자는 다음과 같은 능력을 갖추어야 한다.

- 욕구사정의 기술,
- 클라이언트 중심의 서비스 계획 기술,
- 자원연계와 의뢰능력,
- 클라이언트에게 필요한 서비스가 제대로 전달되었는지를 점검하는 능력,
- 서비스 전달체계를 진단하고 평가할 수 있는 능력이 요구된다.

한편 Rubin(1992)은 사례관리의 주요 기능으로 사정, 계획, 연계, 점검, 평가를 제시했는데, 이 다섯 가지 기능은 사례관리가 이루어지는 맥락과 관계없이 모든 사례관리시스템의 핵심기능이라 할 수 있다.

(1) 사정(Assessment)

사례관리자는 클라이언트의 복합적인 욕구와 그들의 현재 혹은 잠정적인 강점과 약점에 대한 충분한 정보를 가지고 있어야 한다. 사례관리자가 클라이언트의 강점을 강화하고 약점을 보완하는 등 직접적인 개입을 하지 않더라도 사례관리

자는 클라이언트의 상황에 대해 잘 알고 있어야 한다. 사례관리자는 최신 정보를 클라이언트에게 전달하기 위해 직접 서비스를 제공하는 직원과 정기적으로 연락을 취해야 한다. 또한 사례관리자는 클라이언트의 능력과 욕구 변화를 사정하기 위해 클라이언트와 정기적인 접촉을 해야 한다. 사정은 공식적·비공식적 지원 시스템을 통하여 클라이언트가 잠정적으로 그리고 현재 이용가능한 자원을 순환적으로 평가(recurring evaluation)하는 것을 포함한다. 이러한 측면에서 사례관리자는 전인으로서 클라이언트(whole client)를 인식해야 할 책임이 있다(Intagliata, 1982 : 660).

(2) 계획(Planning)

사례관리자는 클라이언트를 위한 전반적인 개입계획을 수립해야 한다. 계획은 클라이언트가 일상생활에 필요한 서비스를 준비하는 것을 포함하며, 지속적으로 제공될 서비스와 이러한 서비스 간의 연계, 서비스와 비공식적인 지원체계 간의 연계에 초점을 둔다. 사례관리에서 계획은 초기에 이루어진다. 정신보건요양시설에서 생활했던 클라이언트의 퇴소와 관련한 사례관리를 예르 들어 보면, 사례관리자는 클라이언트가 퇴소할 때까지 기다리지 않는다. 다시 말해, 계획은 클라이언트가 퇴소하기 전에 시작된다. 사례관리자는 클라이언트가 퇴소 후 활용가능한 지역사회자원에 대한 정보를 확보하고, 클라이언트를 이용가능한 지역사회 기반 프로그램(community based program)에 의뢰하며, 계획된 대로 클라이언트가 적절한 시기에 자원을 활용할 수 있도록 한다. 계획은 사례관리의 가장 중요한 원칙이라 할 수 있다(Intagliata, 1982). 사례관리의 기능을 극대화하기 위해 사례관리자는 서비스 기관과 지역사회 조직, 활용가능한 자원에 대한 충분한 정보를 가지고 있어야 하며 이들 기관의 서비스 사용절차 및 정책에 대해서도 정확한 정보를 가지고 있어야 한다.

(3) 연계(Linking)

사례관리자는 클라이언트의 욕구충족을 위해 클라이언트를 서비스와 복지 프로그램에 연계시켜야 한다. 연계는 클라이언트가 필요로 하는 서비스와 비공식적 지원망에 의뢰하고 이전시키는 것을 포함한다. 또한 연계는 클라이언트가 필요한 서비스를 활용하고 수급권을 받는 데 장애(예 자격요건, 제한적인 규정과 정책

등)가 되는 것들을 극복할 수 있도록 돕는 것을 말한다. 클라이언트가 장애를 극복할 수 있도록 사례관리자는 이들의 권익옹호에 앞장서야 한다. 특히 클라이언트가 심각한 장애로 자신의 욕구를 표현하지 못하는 경우에는 더욱 그렇다. 사례관리자는 클라이언트가 지속적인 서비스를 받을 수 있도록 서비스제공자와 접촉하고 이들과의 관계를 유지해야 하며, 의뢰를 담당하고 있는 행정직원과도 공식적 · 비공식적 관계를 유지해야 한다.

한편 모든 장애가 서비스 제공자로부터 발생하는 것은 아니다. 때로는 클라이언트가 서비스를 거부할 수도 있으며, 서비스의 중지를 요구하는 경우도 있다. 때로는 적절한 지원이 이루어지지 않을 때 계획된 서비스를 받지 못하는 경우도 있다. 예를 들어, 신체기능이 심각하게 손상된 클라이언트가 병원에서 퇴원한 후 재활훈련을 받기 위해 교통지원이 필요한데 이것이 선행되지 않았을 때 재활서비스를 받지 못할 수도 있다. 이 경우 클라이언트가 효과적인 재활 서비스를 받을 수 있도록 사례관리자는 교통 서비스를 제공하는 공식적인 기관이나 비공식적인 지원체계에 클라이언트를 연계시킬 수 있어야 한다.

(4) 점검(Monitoring)

사례관리자는 클라이언트에게 제공되는 서비스를 지속적으로 점검해야 한다. 또한 사례관리자는 약속이 지켜졌는지 그리고 적절하고 효과적인 서비스가 제때에 이루어졌는지를 확실하게 하기 위해 클라이언트뿐만 아니라 서비스 제공자와도 지속적으로 연락을 해야 한다. 점검은 기관에서 클라이언트와 면대면으로 이루어지거나 방문에 의해 이루어진다. 점검을 통해 얻어진 정보는 재사정과 새로운 계획을 발전시키고 필요한 자원과 클라이언트를 연계시키는 데 유용하게 활용된다.

(5) 평가(Evaluation)

사례관리자는 개입 초기에 클라이언트와 함께 세운 목표가 달성되었는지 평가해야 한다. 목표달성 정도가 아주 낮거나 클라이언트가 지속적으로 목표달성에 실패했을 경우 이에 대한 원인을 분석해야 한다. 사례관리자의 미숙한 실천능력이 실패의 주 원인이 될 수도 있겠지만, 경우에 따라 단기간 내에 클라이언트의 변화를 기대한다는 것이 비현실적일 수 있다. 또한 외적인 요인에 의해 목표달성이 어려울 때도 있다. 예를 들어, 직업재활 훈련을 성공적으로 마친 클라이언트가 직업을 찾는 데 어려운 점은 클라이언트의 내적인 문제보다는 경제여건이 좋지 않은 지역에서 일자리 자체가 없어서, 혹은 장애인에 대한 편견으로 고용주가 장애인을 고용하는 것을 꺼려하기 때문일 수도 있다. 마지막으로, 사례관리자는 본인이 담당하고 있는 사례관리 대상자 수가 지나치게 많아 클라이언트 개개인과 목표를 세우고 이를 달성하기 위한 제반 사례관리 업무를 충실히 수행하는 데 어려움이 없었는지 평가해 볼 필요가 있다(권진숙 역, 2004).

4. 사례관리과정 및 각 과정에서 요구되는 실천기술

Frankel and Gelman은 사례관리과정을 8단계 ― 문제정의, 문제의 심각성 결정, 클라이언트에게 발생한 문제의 원인에 대한 가설 설정, 목표수립, 서비스 개입계획의 개발과 적용, 서비스 개입에 대한 평가, 종결, 사후관리 단계 ― 로 나누어 설명하였다(권진숙, 2004). 한편 Ballew and Mink는 사례관리의 과정을 개입, 사정, 계획, 자원연결, 조정, 철수단계로 구분했다(권진숙 · 전석균 역, 2000). 학자에 따라 사례관리의 과정이 다소 차이가 있으나, 일반적으로 사례관리는 체계적인 과정과 절차에 따라 이루어진다. 그럼에도 불구하고 전체 과정이 항상 연속적으로 이루어지지는 않는다. 사례관리가 단계별로 순차적으로 수행되는 경우도 있지만, 경우에 따라 중간단계에서 초기단계로 되돌아가는 경우도 종종 발생한다. 예를 들어, 목표설정 단계에서 새로운 문제가 밝혀지고, 클라이언트의 상황과 문제에 대한 재사정이 필요할 때가 있다. 이 경우 계획단계에서 문제정의단계로 되돌아간다(권진숙, 2004). ❙그림 4-3❙은 사회복지 실천현장에서 흔히 접하게 되는 사례관리과정을 도식화한 것이다.

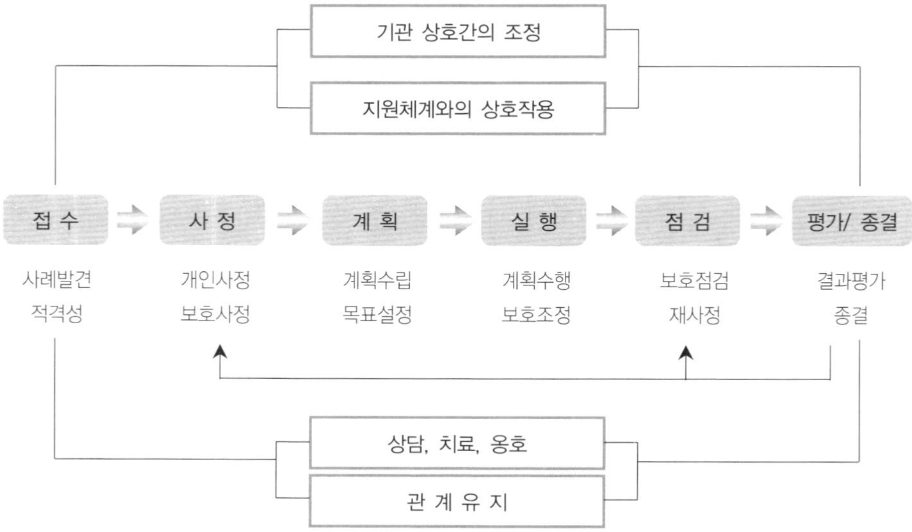

| 그림 4-3 | **사례관리과정**

사례관리의 기능과 중복될 수 있지만 사례관리의 각 단계에서 필요한 실천기술을 살펴보면 다음과 같다.

(1) 접수단계

접수단계에서 사례관리자는 클라이언트와 효과적인 업무 관계(work relationship)를 수립해야 한다. 사례를 발견하고 서비스를 받을 수 있는 자격이 있는지를 심사하는 과정에서 사례관리자는 자신의 역할을 소개하고, 문제에 대한 정보는 이끌어내며, 도움을 구하는 데 있어 클라이언트가 가질 수 있는 부정적인 감정을 다루는 면접기술들이 요구된다. 접수단계에서는 신뢰를 형성하고, 서로의 역할 기대를 명료화하는 기술이 필요하다.

(2) 사정단계

사정영역으로 클라이언트의 강점, 클라이언트가 직면한 문제 및 욕구, 클라이언트의 문제해결에 활용가능한 자원, 클라이언트가 자원을 활용하는 데 장애가 되는 환경적·개인적 요소를 들 수 있다. 자원활용의 장애요소를 살펴보면 ① 자원이 존재하지 않거나, 욕구를 충족하기에는 부적합한 경우, ② 자원은 존재하지만 클라이언트가 서비스를 받기 위해 요구되는 자격조건을 충족시키지 못해 자원이나 서비스를 이용할 수 없는 경우(예 끼니를 거를 정도로 궁핍하지만, 본인 소유의 자산이 있다는 이유로 현금서비스를 제공받지 못하는 경우), ③ 자원은 우용하지만 이러한 자원에 접근하기 위해서는 2차적인 혹은 부수적인 자원이 필요한데 그것이 용이하지 않은 경우(예 대중교통 자원이 미비한 지역의 클라이언트가 건강진단서비스를 받기 위해 교통수단이 필요한데 이러한 서비스가 용이하지 않을 경우) 등을 들 수 있다. 사정단계에서 사례관리자는 클라이언트와 함께 문제를 구체화시키고, 이용가능한 자원목록을 작성하는 기술이 필요하다.

(3) 계획단계

이 단계에서는 목적과 목표 그리고 목표달성을 위해 필요한 행동계획을 구체적으로 수립하는 것이다. 목표설정은 사례관리과정 중 가장 중요한 단계로 사회복지사와 클라이언트 모두에게 책임을 부여한다. 목표설정 시 행동목표(개입이 이루어진 뒤 클라이언트에게 어떠한 변화가 일어날 것인지, 즉 사례관리를 종결할 때 클라이언트에게 기대되는 행동의 변화에 대한 진술)와 서비스 목표를 설정해야 한다. 서비스 목표는 행동목표를 달성하기 위해 요구되는 연계에 초점을 둔다.

개별 및 집단사회사업의 실천목표와 마찬가지로 사례관리의 목표도 SMART(Specific, Measurable, Ttainable, Result-oriented, Time-limited)하게 제시해야 한다. 목표는 구체적이며, 측정가능해야 한다. 또한 달성가능한 현실적인 목표를 수립해야 한다. 클라이언트의 상황이나 능력을 무시한 채, 달성하기 어려운 비현실적인 목표를 세우지 않도록 주의해야 한다. 사례관리 목표수립 시 목표달성을 위해 요구되는 기간을 제시해야 한다. 구체적인 시간제한이 없는 경우 서비스가 끝없이 이루어질 수드 있으며, 결과적으로 불필요한 시간과 자원이 낭비될 수도 있다. 반면 제한된 시간을 목표에 제시함으로써 클라이언트와 사례관리자 모두가 주어진 시간에 목표를 달성하고자 노력하게 될 것이다. 끝으로 사례관리의 목표는 사례관리자가 클라이언트를 위해 수립하는 것이 아니라 사례관리자가 클라이언트와 함께 수립해야 한다. 목표수립과정에 클라이언트를 포함시킴으로써 클라이언트가 자신이 세운 목표에 책임을 갖고 이를 달성하기 위해 최선의 노력을 할 수 있기 때문이다. Frankel and Gelman은 목표수립 시 고려해야 할 사항을 다음과 같이 제시하였다(권진숙, 2004).

① 클라이언트로부터 기대되는 행동의 변화는?
② 클라이언트가 활용할 지역사회기관은?
③ 클라이언트가 어떤 경제적・의료적・교육적 지원 서비스를 이용할 것으로 기대되는가?
④ 클라이언트가 속하게 될 지역사회/ 이웃의 지원체계는 무엇인가?
⑤ 클라이언트가 스스로 시도한 문제해결 방법은 무엇인가?

목표설정 시 부정적인 목표를 강점에 기반을 둔 긍정적인 목표로 바꾸고, 행동목표를 양적으로 측정가능한 목표로 제시하며, 해결하기가 어렵다고 생각할 수 있는 커다란 문제를 해결가능한 문제로 부분화(Partializing)시키는 기술이 필요하다.

(4) 실행단계

실행단계에서는 클라이언트가 설정한 목표를 달성하도록 개입이 이루어진다. 예를 들면, 클라이언트와 자원을 연결하고, 자원을 움직이기 위해 협상하며, 억압받고 소외당한 클라이언트가 적절한 서비스를 받을 수 있도록 이들의 권리를 옹호하고, 내적 자원들을 개발할 수 있는 기술들이 요구된다. 사례관리자는 개인적인 수준에서 클라이언트에게 위기개입, 단기상담, 의뢰 등 직접적인 서비스를 전달하는 것도 중요하지만, 시스템 차원에서 사례관리자가 속해 있는 기관뿐만 아니라 외부기관과 협상하고, 클라이언트의 이익을 옹호하는 기술이 요구된다. 또한 지역사회 운동 및 지역사회 개발을 통해 새로운 서비스망을 구축하고, 문제해결을 위해 모금운동을 조직하며, 클라이언트의 이익을 위해 지역사회 집단과 상호협조하며, 새로운 프로그램 도입과 서비스 개발을 위해 정치적인 활동을 펼친다. 이러한 과정에 클라이언트를 최대한 참여시키는 것이 중요하다.

(5) 점검단계

앞서 설명한 바와 같이 사례관리자는 클라이언트가 필요한 서비스를 실제로 제공 받았는지, 클라이언트가 자원을 적절하게 이용했는지 점검하기 위해 클라이언트뿐만 아니라 서비스제공자와 정규적인 접촉을 해야 한다. 서비스가 제대로 이루어지지 않았거나, 자원이 적절하게 활용되지 않았을 경우 상황을 교정하거나 서비스 계획을 수정해야 한다. 이를 위해 사례관리자는 클라이언트의 변화, 서비스 전달 그리고 계획의 수행 여부를 철저히 기록으로 남겨야 한다(Sheafor and Horejsi, 2006). 효과적인 점검을 위해 사례관리자는 기록의 기술이 필요하다.

(6) 평가 및 종결 단계

평가는 목표를 기반으로 이루어진다. 효과적인 평가가 이루어지기 위해 명료한 개입목표를 수립하는 것이 중요하다. 앞서 언급한 바와 같이, 목표가 추상적일 경우(㉥ 배우자와의 관계 향상, 경제적인 능력 향상) 평가하기가 쉽지 않다. 따라서 구체적인 행동목표(㉥ 배우자와 하루에 10분 이상 대화하기, 한 달에 만 하루 이상 저축하기)를 수립하는 것이 중요하다. 또한 클라이언트가 목표를 달성하지 못했을 경우, 클라이언트와 함께 실패의 원인을 찾고, 이것을 극복하기 위한 행동계획 및 개입계획을 재수립하는 것이 중요하다. 평가 시 클라이언트가 자신의 변화에 대해 어떻게 생각하는지 클라이언트의 의견을 경청하는 기술이 요구되며, 클라이언트가 지속적인 서비스를 원할 경우 이를 개입계획에 반영해야 한다.

종결은 여러 가지 상황에서 발생한다. 가장 이상적인 형태의 종결은 클라이언트가 목표를 달성하여 더 이상의 서비스가 필요하지 않을 때 이루어지는 것이나 대체로 실천현장에서는 다른 이유로 종결이 이루어진다. 예를 들어, 서비스에 대한 불만족, 기관의 정책변경, 자원부족, 클라이언트 신상의 변화 등을 들 수 있다. 종결 시 필요할 경우 클라이언트가 타 기관에서 지속적인 서비스를 받을 수 있도록 의뢰를 하는 것이 중요하다.

5. 사례관리 모델

사회복지실천분야가 다양한 만큼 사례관리의 모델도 다양하다. 사례관리서비스는 기관의 기능 및 목적, 사례관리자의 이론적 배경 등 여러 가지 요인에 의해 다양한 형태로 제공된다. 사례관리의 기본적인 틀은 유사하지만, 모델에 따라 이것의 과정과 전달방식에 차이가 있다(설진희, 2009). 예를 들어, Ross(1980)는 요보호 노인대상 사례관리 프로그램의 세 가지 모델을 <표 4-5>와 같이 제시하였는데, 이 세 가지 모델의 차이는 사례관리자가 서비스 제공기관을 통제(control)하는 정도의 차이라 할 수 있다. Ross가 이렇게 세 가지 모델을 제시한 이유는 포괄적인 모델이 더 효과적이라고 강조하기 위해서가 아니라 사례관리를 계획하고 수행할 때 고려할 수 있는 선택의 범위를 설명하기 위해서이다.

〈표 4-5〉 사례관리 프로그램의 세 가지 모델

최소모델 (Minimal Model)	조정모델 (Coordination Model)	포괄적인 모델 (Comprehensive Model)
• 아웃리치 • 클라이언트 사정 • 케어플랜 • 서비스제공자에게 의뢰	• 아웃리치 • 클라이언트 사정 • 케어플랜 • 서비스제공자에게 의뢰 • 클라이언트를 위한 옹호 • 직접적인 개별사회사업 (direct casework) • 자연지원체계 개발 • 재사정	• 아웃리치 • 클라이언트 사정 • 케어플랜 • 서비스제공자에게 의뢰 • 클라이언트를 위한 옹호 • 직접적인 개별사회사업 (direct casework) • 자연지원체계 개발 • 재사정 • 자원개발을 위한 옹호 • 점검서비스(Monitoring service) • 공공교육(Public education) • 위기개입

출처 : Ross(1980).

6. 사례관리자의 역할

사례관리자는 사례발견 및 접수에서부터 사후관리에 이르기까지 사례관리 전 과정 동안 다양한 역할을 수행하게 된다. 초창기부터 사례관리는 인테이크, 사정, 계획, 비공식적・공식적 자원연결, 옹호, 점검을 중심으로 이루어졌다. 사례관리의 기능분류와 이것의 명칭은 지속적으로 진화되고 있지만, 사례관리의 본질에 대해서는 일치된 의견을 보여왔다.

Wolk와 그의 동료들(1994)은 사례관리자는 실제 관리자로서, 모든 관리자들이 하는 관리역할을 수행하고 있음을 제시하였다. Florentine and Grusky(1990)에 의하면 사례관리자의 역할은 클라이언트와 기관의 구조적인 상황 등 여러 가지 요인에 의해 차이가 남을 주장하였다. 각각의 역할을 원활하게 수행하기 위해 요구되는 지식과 기술도 다양하다. <표 4－6>은 사례관리자의 다양한 역할과 주요 기능 그리고 이러한 역할을 수행하기 위해 요구되는 지식과 기술을 요약한 것이다.

〈표 4-6〉 사례관리의 주요 기능 및 지식과 기술

역 할	주요 기능	지식과 기술
중개자	자원연결, 의뢰	자원에 대한 폭넓은 이해, 현행법과 정책에 대한 지식, 의사소통기술
중재자	갈등해결	인간행동과 가족역동에 대한 이해, 의사소통기술
자원배당자	계획, 예산, 관리, 점검	기획기술, 유용한 자원과 비용에 대한 인식
목표유지자	클라이언트와 프로그램 목표의 조화	목표와 성과점검
자료수집가	프로그램과 행정상의 목적달성을 위한 정보수집	정보를 체계화하고, 습득하며, 제공하는 능력
서비스관리자	서비스 전달, 질(quality) 관리	법규, 규칙 및 절차에 대한 이해
교섭자	계약, 협정	조직 상호간의 의사소통, 조직의 내외 정책과 의례에 대한 인식
상담자	클라이언트, 가족, 서비스 제공자 및 직원에 대한 지지 제공	임상기술
문제해결자	문제확인, 의사결정	최상의 대안에 대한 분석과 선택, 다른 학문분야와의 공동연구
자문가	클라이언트, 가족, 서비스 제공자 및 직원 원조 및 교육 제공	교육과 훈련의 기술
기록자	기록 유지	정확하고 상세한 기록
옹호자	클라이언트, 서비스, 프로그램 및 기관 옹호	욕구에 대한 인식, 훌륭한 판단, 설득력

7. 사례관리 기준

미국사회복지사협회(National Association of Social Workers)에서 제시한 사회복지 사례관리 기준(Standards of social work case management)은 10개 항목으로 구성되어 있다.

▣ 클라이언트, 체계, 사례관리자를 위한 기준

(1) 사회복지 사례관리자(social work case manager)는 사회복지교육협의회(Council on Social Work Education)가 인정한 사회사업 프로그램으로부터 학사 혹은 석사학위를 취득한 자로, 사례관리를 수행하는 데 필요한 지식, 기술, 그리고 경험이 있어야 한다.

(2) 사회복지 사례관리자는 클라이언트의 최우선의 이익을 위해 전문적인 기술과 권한(competence)을 사용한다.

(3) 사회복지 사례관리자는 클라이언트가 사례관리실천의 모든 단계에 최대한 참여할 수 있도록 원조한다.

(4) 사회복지 사례관리자는 클라이언트의 사생활권리를 보장하고, 클라이언트에 대한 정보가 타인에게 알려질 때 비밀보장을 확실히 받을 수 있도록 한다.

(5) 사회복지 사례관리자는 클라이언트와 그 가족에게 직접적인 서비스를 전달 혹은 조정하기 위해 클라이언트 수준(level)에서 개입해야 한다.

(6) 사회복지 사례관리자는 기존의 사례관리서비스를 지원하고, 필요한 서비스의 공급을 확대하며, 서비스 접근성을 향상하기 위해 개입한다.

(7) 사회복지 사례관리자는 자원이용 가능성, 서비스 비용 그리고 예산의 한계에 대해 알아야 하고 모든 사례관리 기능을 수행하는 데 있어 재정상 책임이 있다.

(8) 사회복지 사례관리자는 자신의 서비스는 물론 사례관리가 운영되는 서비스 전달체계의 적정성과 효과성을 점검하고 전문가로서의 책임을 다하기 위해 설계된 평가와 질 관리활동(quality assurance activities)에 참여해야 한다.

(9) 사회복지 사례관리자는 주어진 사례관리업무를 효과적으로 계획하고, 제공하며, 평가하기 위해 적정 수의 사례를 맡아야 한다.

(10) 사회복지 사례관리자는 동료를 예의와 존경으로 대하고 클라이언트의 이익을 위하여 전문직 간, 전문직 내 그리고 기관 간 협력을 증진하기 위하여 노력을 해야 한다(NASW Standards for Social Work Case Management. http://www. naswdc.org/practice/standards/sw_case_mgmt.asp).

Ⅷ. 강점관점 사례관리

1. 강점관점 개요

강점관점(Strengths perspective)은 클라이언트가 호소하는 문제 자체에 대한 관심보다는 해결점을 발견하고 클라이언트의 강점을 강화시키는 데 초점이 있으며, 클라이언트를 독특한 존재로서 다양성을 인정하고 존중하여 클라이언트의 역량을 실현해나가도록 돕고자 하는 것이다. 여기서 강점이란 자신이 가진 문제를 스스로 해결할 수 있을 뿐 아니라 자신의 미래의 꿈을 성취하기 위해 노력하고 성장할 수 있는 능력을 의미한다.

Saleebey(1997)는 강점관점의 주요 개념으로 역량강화(empowerment), 멤버십(membership), 탄력성(resilience), 치유(healing), 대화와 협력(dialogue and collaboration), 그리고 불신의 제거(suspension of disbelief) 등을 제시했다.

(1) 역량강화

개인, 집단, 가족 그리고 지역사회가 그들 주위에 있는 자원과 도구를 확장하고 발견하는 것을 돕는 과정이다. 즉, 사람들이 가진 자원과 자연적 가능성을 지지하고 강화시켜 주는 것이며 자원을 확보하고 정보를 제공하는 등의 도움을 통해 클라이언트를 의식화하고 잃어버린 기회를 회복하도록 촉진한다.

(2) 멤버십

클라이언트가 지역사회의 성원(member)으로서 존중받을 자격이 있음을 인정하고 멤버십을 회복할 수 있도록 하는 것과 관련이 있다.

(3) 탄력성

모든 인간은 자신이 직면하고 있는 다양한 문제를 극복하고 성장할 수 있는 능력을 가지고 있다는 사실을 인정하는 것이다. 삶 속에서 문제가 존재할지라도 지속적인 능력과 지식을 키워 문제를 극복함으로써 자신의 위치를 회복하는 것이다.

(4) 치유

모든 인간이 자기갱신을 위한 내면적이고 본질적인 능력이 있음을 인정하는 것이다. 강점모델의 전제는 회복에 대한 긍정적인 기대를 갖는 것이다.

(5) 대화와 협력

강점관점에서는 서비스제공자와 클라이언트 간의 창조적 관계의 중요성을 강조한다. 대화와 협력을 통해 클라이언트는 다른 사람들과 창조적인 관계를 형성할 수 있게 되므로 대화능력을 강화할 필요가 있다.

(6) 신뢰 : 불신의 정지

사람들은 문제에 대한 자신의 신념을 인정해 주기를 원한다. 사례관리자가 문제상황에 대한 클라이언트의 신념을 인정해 줄 때 이를 기반으로 문제극복의 가능성이 증대된다.

2. 강점모델의 구성요소

강점모델은 사람들이 생활하는 데 필요한 삶의 요소와 희망하는 결과물(outcome), 그리고 개인적 강점과 환경적 강점 등으로 구성된다.

강점모델의 구성요소는 다음 ┃그림 4-4┃와 같다.

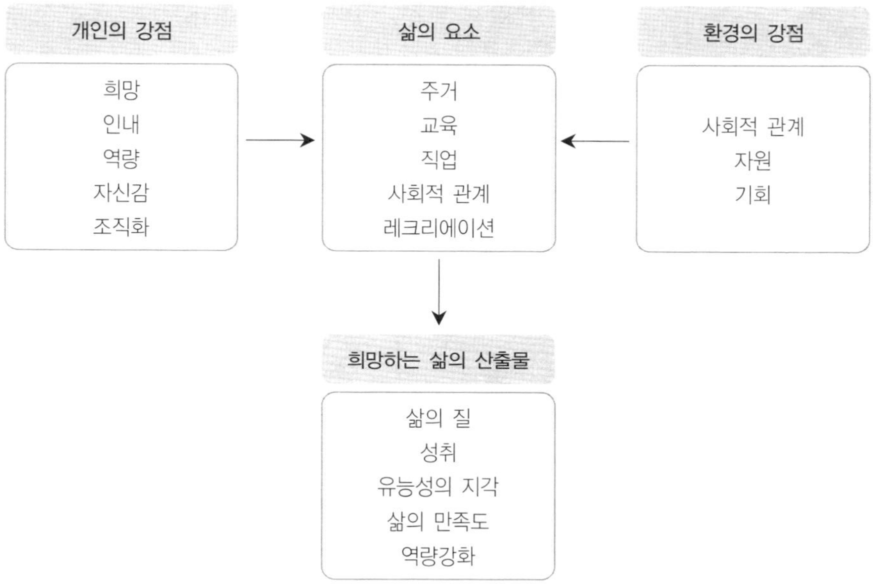

┃그림 4-4┃ **강점모델의 구성요소**

(1) 삶의 요소

사람들이 살아가는 데 필요한 삶의 요소들은 어디에서 누구와 함께 사는가와 관련된 주거, 자신의 삶을 실현할 수 있는 직업과 교육, 사회를 이루며 살아가는 사람들의 특성인 사회적 관계 그리고 여가를 어떻게 즐기는가와 관련된 레크리에이션 등이다. 이와 같은 삶의 요소들의 질에 따라 사람들의 성취와 삶의 질이 결정된다고(Rapp, 1998 : 26, 정순둘 재인용) 가정할 수 있다.

(2) 희망하는 삶의 결과물

사람들이 희망하는 삶의 결과물은 생활의 품질을 의미하는 삶의 질, 자신이 바라는 바에 대한 성취, 자신의 역량 등 유능성의 지각, 자신의 삶에 대한 만족도, 역량강화 등 다섯 가지로 구분해 볼 수 있다.

(3) 개인의 강점

개인의 강점은 삶에 대한 희망 또는 열정, 어려움을 이겨내는 데 도움이 되는 인내심, 문제를 해결하고 미래의 꿈을 실현하는데 있어 필요한 역량, 자신감, 조직화 하는 능력 등으로 볼 수 있으며 이것들은 삶의 질 향상에 있어서 필요한 주요 요소이기도 하다.

(4) 환경의 강점

환경의 강점으로는 주요한 것은 도움과 지지를 제공할 수 있는 사회적 관계와 자원, 기회 등이다(Rapp, 2005).

3. 강점관점기반 실천의 주요 원리

(1) 초점을 개인의 병리가 아닌 강점에 둔다 : 클라이언트의 개별적인 흥미, 희망, 강점에 관심을 두고, 클라이언트의 과거 경험 중 현재나 미래의 삶을 위해 자원이 될 만한 것이 무엇인지, 그리고 현재의 삶에 있어 클라이언트 개인이나 환경상에 어떠한 자원을 가지고 있고, 또 어떠한 자원들이 필요한지, 미래에 대한 어떤 열망과 꿈을 가지고 있는지를 파악하고 이에 초점을 맞추어야 한다.

(2) 사례관리자와 클라이언트의 관계가 가장 중요하고 본질적인 요소이다 : Weick (1992)은 "모든 사람에게는 자연적인 힘이 있어서 사회복지사가 이 잠재력을 지지하면 긍정적인 성장을 위한 가능성이 강화된다"고 하였다. 지지적 관계는 자존감과 자기효능감을 촉진시키는 역할을 한다. 특히 강점관점 기반

실천에서는 사회복지사와 클라이언트 간의 파트너십이 주요 요소로 작용하므로 양자 간의 관계의 질이 중요하다. 사회복지사는 클라이언트가 관계를 맺고, 신뢰할 수 있으며 의지할 수 있는 조력자의 역할을 수행한다.

(3) 모든 실천은 클라이언트의 자기결정에 기초한다. 따라서 사회복지사와 클라이언트 간의 계약이 중요하다.

(4) 지역사회 내 비공식적 자원탐색을 중요시 한다. 공식적 자원은 한계가 있으나 활용가능한 비공식적 자원은 무궁무진하므로 이를 발굴하고 활용하는 능력이 필요하다.

(5) 적극적인 아웃리치(outreach)방법을 선호한다. 클라이언트가 있는 삶의 터전에서는 더 풍부한 사정과 개입이 이루어질 수 있기 때문이다.

(6) 강점기반 실천에서는 만성정신장애인 등 어떠한 클라이언트라도 끊임없이 배우고, 성장하고, 변화할 수 있다고 전제한다 : 클라이언트 개개인의 능력은 그들의 삶보다 더 크기 때문에 잠재된 능력을 개발하고 발휘할 수 있도록 사회복지사가 도와야 한다.

4. 강점관점이 사례관리에 미친 영향

(1) 클라이언트의 개별화를 촉진한다

일반적으로 현장에서 사례관리 실행 시 기관의 상황이나 제한된 자원 때문에 클라이언트의 욕구에 기반한 개별화된 서비스를 수행하기 어렵다. 또한 문제중심 혹은 병리적 모델에 기반한 접근을 할 경우, 클라이언트에 대한 범주화와 서비스에 대한 표준화, 규범화 등을 초래해 서비스의 개별화를 저해할 수 있다(예 사례관리 시 사회복지사가 제시하는 일반적이고 틀에 박힌 사례계획 목록－개인위생의 향상, 사회기술 향상, 취업 전 직업기술이나 업무준비 향상, 대인관계 향상 등). 그러나 강점관점에 기반한 사례관리는 클라이언트의 욕구에 기반한 서비스를 강조하므로 개별화를 촉진할 수 있다.

목표설정예시 비교	
강점 관점기반	**병리적 관점기반**
• 희망하는 바에 초점 • 서비스 소비자 주도 • 개별화된 독특한 목표 • 면접준비 위해 면접기술과 관련된 사이트 보고 내용 정리하기 • 월소득 200만 원 가능한 취업처 인터넷에서 알아보기 • 다른 남자회원들에게 어떤 여자를 좋아하는지 질문하기	• 현재 문제해결에 초점 • 서비스 제공자 주도 • 획일화된 목표 • 위생관리 철저히 하기 • 하루에 한 번 꼭 인사하기 • 세 사람과 대화하기

(2) 강점모델에서는 사례관리자가 조언가, 지시자 등 권위자가 아닌, 파트너로서 클라이언트와의 관계를 강조한다.

(3) 강점관점 사례관리는 클라이언트의 역량강화뿐 아니라 사례관리자와 지역사회 모두의 역량강화를 가능케 한다.

5. 강점관점 사례관리 실천과정

강점관점 사례관리 실천과정은 초기 관계형성 및 관여, 강점사정, 목표설정 및 계획수립, 실천(계획의 실행/ 옹호, 자원획득, 지속적 협력 및 점검), 종결 등으로 정리할 수 있다.

1) 초기관계 형성 및 관여

사례관리자는 소비자인 클라이언트에게 다가가 편안한 태도로 가벼운 대화나 여가활동 등을 함께 하며 초기관계를 형성한다. 사례관리자는 앞으로 사례관리

활동의 목적(클라이언트와 자신이 함께 세운 목표들을 달성해나가는 과정)과 과정 등을 함께 논의한다. 클라이언트가 주 진행자이므로 활동의 내용, 속도, 장소, 자원, 목적 등을 클라이언트 스스로 설정할 수 있다는 것을 사례관리자는 설명해야 한다. 사례관리자로서 자신의 역할은 클라이언트가 원하는 기회, 선택, 자원 등을 얻을 수 있도록 돕는 것이라고 설명한다. 사례관리자는 클라이언트와 사례관리 활동에 있어 앞으로의 기대를 논의하고, 긍정적 강화와 코멘트를 통해 클라이언트 스스로 자신의 강점을 발견하고 인식하는 기회를 갖도록 돕는다.

2) 강점사정

강점사정은 강점관점 사례관리에서 가장 중요한 과정이다. 강점사정을 통해 클라이언트의 욕구와 바램, 희망을 발견함으로써 클라이언트 욕구에 기반한 개별화된 사례관리가 가능해지기 때문이다. 또한 클라이언트가 주체가 되어 적극적으로 강점사정과정에 참여함으로써 클라이언트와 사례관리자 간의 힘의 균형이 시작되는 정점이기도 하다.

강점사정에서 사례관리자는 경청하며 클라이언트가 자신의 관심, 욕구, 잠재력을 발견하고 명백히 하고, 분명히 말할 수 있도록 돕는 역할을 수행한다. 또한 강점사정을 통해 클라이언트가 과거와 현재에 노력해 온 부분들을 최대한 끌어내어 사건에 대한 새로운 해석과 의미부여를 함으로써 클라이언트의 강점을 확장하는 과정이 이루어진다. 그 구체적 내용은 아래와 같다.

(1) 강점사정의 지침

① 사실에 대한 클라이언트의 이해를 가장 우선적으로 고려한다

② 클라이언트를 신뢰한다

③ 클라이언트가 원하는 것을 발견한다

④ 클라이언트와 환경상의 강점을 찾도록 관점의 전환이 필요하다.

⑤ 다양한 차원에서 강점을 사정한다.

⑥ 독특성을 발견하여 클라이언트에 대한 개별화를 촉진한다.

⑦ 전문용어나 복잡한 언어가 아닌 클라이언트의 언어(worcs)을 활용하여 클라

이언트의 이해를 돕고 클라이언트 스스로 자신의 상황에 대한 전문가 역할을 수행하도록 촉진한다.

⑧ 사정은 사례관리자와 클라이언트 간의 공동활동이므로 클라이언트의 적극적 참여를 촉진한다. 클라이언트가 사정내용의 방향을 제공함으로써 클라이언트가 실천과정과 결과에 대한 책임성을 인식하고 자신이 소유권(ownership)을 가지고 있다고 느낄 수 있어야 한다.

⑨ 사정에서 상호간 합의에 도달해야 한다. 모든 사정과정과 결과는 클라이언트와 공유되어야 한다. 사례관리자가 클라이언트와 사정내용을 공유하지 않을 경우, 클라이언트에 대한 조작(manipulation)을 초래할 수도 있다.

⑩ 사례관리자는 어떤 경우에도 클라이언트를 비난해서는 안 된다. 클라이언트를 비난할 경우 어떠한 긍정적인 결과도 기대하기 어렵다.

⑪ 단선론적인 사고방식에서 벗어나야 한다. 인과관계에 대한 전문적인 판단과 가설이 오히려 클라이언트의 상황을 왜곡하거나 클라이언트에게 피해를 입히는 상황을 초래할 수 있다.

⑫ 진단하지 말고 사정해야 한다. 진단은 강점시각과는 일치하지 않는다. 진단은 개인의 강점이나 독특성을 간과하고 병리, 일탈 그리고 결함의 맥락인 의료모델에 기반하며 인간 문제상황을 정의하는 실재에 대한 사회적 구성(social constructions of reality)에 근거한다.

(2) 강점사정의 특징

① 가능한 한 세부적으로 정보수집을 한다.

② 클라이언트가 무엇을 하기를 원하는가를 탐색함으로써 클라이언트가 원하는 것과 희망하는 것을 구체화하고 이에 대해 논의할 수 있다.

③ 클라이언트의 삶의 문제들에서 그들이 미래에 성취하기를 원하는 것들로 내용을 재구성한다.

④ 강점사정을 통해 클라이언트가 자신의 삶에서 실현하기를 원하는 특별한 'want'가 무엇인지 파악, 이를 달성하기 위한 계획과 원조과제 성취를 도출할 수 있다.

(3) 강점사정 진행개요

사례관리자는 클라이언트가 원하는 시간과 장소에서 만나 자유롭게 일상에 대한 대화로 시작하며 '강점사정'을 시행한다. 강점사정의 내용은 생활상태, 직업/교육, 재정, 건강, 사회적 지지, 여가시간 등의 영역에 있어서 '현재의 상태(현재 개인이 활용하고 있는 개인적 능력과 환경적 자원)', '바람과 열망(클라이언트가 미래에 원하는 것)', '과거역사(클라이언트가 그동안 실패나 성공 등 삶의 경험을 통해 배운 것들, 활용했던 자원과 전략 중 효과적이었던 요소들에 대한 탐색)' 등으로 구성되므로 해당 내용에 대해 클라이언트와 함께 이야기를 나눈다.

강점사정의 영역(Gorcha & Liddy, 2007)

	현재상태	욕구와 희망 미래의 꿈	개인적 사회적 자원 : 과거경험
생활상태 직업/ 교육 재 정 사회적 지지 건 강 여 가	영역별로 현 상태를 구체적으로 기술함	• 영역별로 희망하는 바를 구체화하기 • 상상하기, 그림 그려보기 등을 통해 구체화 • 이제껏 제한된 경험과 기회를 가졌던 이용자들이 실천가들과 함께 맘껏 꿈을 펼칠 수 있도록 격려하기(제한하지 말기) • 섣부른 제안은 금물	• 과거 경험의 fact와 더불어 그 경험을 통해 소비자가 무엇을 느끼고 얻었는지 그 의미를 파악하기 • 새로운 의미부여 • 과거의 경험 속에서 강점과 자원 발견

사례관리자는 클라이언트와 함께 찾아낸 클라이언트의 강점항목들을 목록화한다.

이를 통해 사례관리자는

- 실천과정에서 클라이언트가 강점의 중요성을 인식하고 자신의 강점을 지각하도록 자극하며,
- 다른 방법으로 생각하지 못했던 강점을 확인하도록 돕고,
- 클라이언트와 공유할 만한 긍정적이고 지지적인 내용을 확인하고 클라이언트가 이를 선택할 수 있도록 돕고
- 클라이언트의 무능함보다는 유능함과 능력에 기반을 둔 사례계획의 기초를 세우고,
- 클라이언트에 대한 확신과 신념을 확고히 할 수 있다.

	현재상태 : 오늘 무슨 일이 있었는가?	개인의 욕구에 대한 열망 : 내가 원하는 것은 무엇인가?	개인적·사회적 자원 : 내가 과거에 무엇을 했는가?
직업력	**현재 보호작업장에서 생활**	• **앞으로 보호작업장에서 일하기를 원함** ☞ 보호작업장만을 고집하시는 건가요? 아니면 다른 대안을 알지 못하기 때문인가요/ 좀더 구체적일 필요가 있겠네요. • **경제적 자립을 원함** ☞ 이 분이 생각하는 경제적 자립은 무엇을 의미하는 것인가요? 구체화 작업이 필요합니다. 그리고 경제적 자립이 이 분에게는 어떤 의미가 있나요?	• **편의점에서 아르바이트 3개월** ☞ 아르바이트 경험을 통해 이 분이 배운 것, 얻은 것은 무엇일까요? • **가방공장에서 1개월을 못 채우고 나옴** ☞ 가방공장 경험을 실패로 인식하고 계신 건가요? 우리는 실패를 통해서도 참 많은 것을 배우고 얻게 되는데 그런 의미를 파악한 뒤 기록에 남겨주시면 좋겠네요.

강점목록 확인 후, 사례관리자는 클라이언트와 함께 클라이언트가 자신의 삶에서 현재 가장 원하는 것이 무엇인지에 대해 이야기를 나누고, 클라이언트가 자신의 미래희망을 우선순위화 할 수 있도록 돕는다. 우선순위화된 희망의 내용을 클라이언트와 함께 기록하며, 강점사정과정에 대한 전반적인 느낌을 나누고 긍정적 강화와 코멘트를 한다. 사정내용과 결과에 대해 클라이언트와 함께 점검한다. 서비스 전 과정에서 기록이 필요할 경우 클라이언트도 기록에 참여하며, 모든 기록은 클라이언트에게 개방되고 공유되며 서비스와 관련된 모든 결정권은 클라이언트가 행사한다.

〈클라이언트 강점사정의 예〉

	현재상태 : 현재 무슨 일이 있었는가?	미래에 대한 열망 내가 원하는 것은 무엇인가?	개인적 사회적 자원 내가 과거에 어떤 경험을 하였는가?
생활상태	32세 여성, 4세 아들과 함께 방 한 칸짜리 연립 반지하에 살고 있다. 낮에는 아이를 돌보거나 사회복귀시설에 나감. 아이는 사회복귀시설 옆 어린이집에 보냄 그림 그리기와 요리하는 것을 좋아함	입원하지 않고 아이와 함께 건강하게 생활하기를 원함. 한 번 더 입원할 경우 양육권을 뺏길 수도 있기 때문에 이런 불안에서 벗어나고 싶음. 가끔 자신을 위한 시간을 갖기를 원함. 지상의 방 두 칸 짜리 집으로 이사하길 원하고 번듯한 직장생활도 하여 아이에게 자랑스럽고 떳떳한 엄마가 되고 싶음	과거 두 번의 입원경력이 있으며 6개월간 장기 입원한 적이 있다.(그렇지만 나머지 시간들은 잘 견뎌내었고 약물관리도 잘해서 입원하지 않았음) 현재 집에 5개월간 살았다(아이와 함께 삶을 잘 꾸려가고 있음). 과거 2년 전까지는 아이 아빠와 살았음

직업/교육	* 현재 직업이 없음 * 애가 좀더 클 때까지는 일하기 어려울 것 같음 * 사회복귀시설에서 실시하는 직업훈련에 참여하고 있음. 임시취업도 5개월째 참여하고 있음	* 대학에 가서 제대로 공부하고 싶다. 방통대나 학점은행제를 통해서라도 유아교육이나 보육을 전공하고 싶다. * 아이가 좀더 크면 아이를 잘 키울 수 있도록 직업을 갖고 싶다. 보육교사로 일하거나 예전에 했던 회계업무를 하길 원함	* 친정이 어렵고 딸이 많아 대학진학을 할 수 없었음. 전산 고등학교를 나와 직장생활을 했음. * 결혼 전 회계업무로 5년간 직장생활을 한 적이 있음(직장생활에 잘 적응했었고, 앞으로도 직장을 가질 수 있을거라는 막연한 기대감이 있음) * 결혼 후 발병 전 2년간 주방보조를 한 적이 있음 * 상사의 잔소리가 불편했음(그렇지만 잘 견딤, 견디는데 있어 기도가 도움이 되었음)
재 정	* 기초생활수급권자로 월수입 60여만 원 * 의료보호 2종 * 어려울 때마다 친정 오빠가 조금씩 도와줌 * 취업 때문에 기초생활수급대상자에서 탈락될까봐 걱정이 됨	* 경제적으로 좀더 상황이 나아져 지상으로 방을 옮겼으면 함 * 월 120만 원 이상의 월급을 받아 5년 후에 지상으로 이사할 수 있도록 3000만 원 정도를 모을 수 있기를 바람	과거에는 직장생활을 하서 친정에도 경제적인 도움을 주기도 하였음. 직장생활하며 2천만 원을 모아 결혼자금으로 썼음. 결혼 후에도 알뜰한 편이었고, 규모 있게 살림을 하는 편이었음
사회적 지지	* 아들이 중요한 존재임 * 가족(부모님, 3명의 언니, 오빠)이 근처에 살고 있으며 지지가 됨 * 부모님이 아들양육에 대해서는 반대함 * 전 남편이 월 1회 아이를 만나러 옴, 남편에 대한 미련은 없음 * 사회복귀시설의 여자 회원 두 사람과 친함	* 아들과 함께 행복하게 살기 원함 * 좀더 많은 친구를 만들기 원함 * 가족들이 나를 이해하고 믿어주기 원함 * 좋은 남자를 다시 만나 결혼생활을 새롭게 하길 원함	* 친구들도 여럿 있었고, 직장상사 등과 대인관계가 원만했음 * 남편과 시댁과도 사이가 좋았음. 발병 후 시댁의 반대로 결국 이혼하게 되었지만 이제는 마음이 편하고 원망하지 않음 * 교회에 출석하곤 했음
건 강	* 현재 건강한 상태 * 조울증 진단을 받았고, 항우울제를 복용하고 있음 * 가끔 흡연, 맥주 한 잔 정도의 음주, 많이 하지는 않음	* 금연을 원함 * 운동을 해서 살도 빼고 활기차게 생활하기를 원함 * 병원에 다시 입원하지 않도록 약도 열심히 먹을 것임	* 체육대회 선수로 나갈 정도로 튼튼하고 날렵했음 * 아이를 낳고 약을 먹으면서 살이 많이 찌기 시작했음 * 친정식구들이 건강한 체질임
여가/놀이	* 자신이 하고 싶은 것을 할 시간이 거의 없음 * 현재는 아들을 돌보는데 시간을 보냄 * TV시청을 주로 함	* 주말에 아이와 함께 놀이동산도 가고, 여행도 가고 싶음 * 어린이집에서 부모와 함께 하는 캠프가 있는데 올해에는 참여하고 싶음	* 예전에는 등반을 하거나 자전거 타기를 했음 * 여행동아리활동도 하고, 수차화동아리 활동도 했음

3) 목표설정 및 개입계획 수립 : 클라이언트의 열망과 필요의 통합

사례관리자는 클라이언트가 최우선으로 꼽은 미래희망을 장기목적으로 설정하고 이를 실현하는데 필요한 단기목표[2)]들을 논의한다. 목표달성을 위한 전략들은 과거에 가장 성공적으로 수행했던 경험과 관련하여 논의한다.

(1) 계획수립 시 클라이언트 자신이 할 수 있는 일을 깨닫도록 도와주는 것이 중요하다

(2) 단기목표달성을 위한 최대한의 선택적 대안을 확보하여야 한다

(3) 구체화된 계획의 가장 바람직한 상태는 클라이언트 스스로 수행하는 것을 우선시 한다

클라이언트가 완전히 혼자 수행하는 것(The Best) > 클라이언트가 자연적 지지체계의 도움을 받아 목표를 수행하는 것 > 클라이언트와 사례관리자가 함께 목표를 수행하는 것 > 사례관리자가 클라이언트를 위해 수행하는 경우(The worst)

(4) 단기목표나 과제를 제시할 때에는 성취예정일을 정하여 추후 실행점검 시기한 내에 성취했는지 여부를 확인할 수 있도록 한다.

4) 실 행

(1) 옹호와 자원확보

클라이언트는 계획된 과제들을 수행해나가며, 필요한 경우 사례관리자에게 도움을 요청할 수 있고, 사례관리자는 클라이언트를 위해 옹호나 지원이 필요할 경우 적극적으로 역할수행을 한다.

계획실행의 승패에 가장 영향을 미치는 것은 자원활용이다. 그러므로 자원의 활성화는 강점실천의 주요 요소라 할 수 있다. 강점관점에서는 공식적 자원은 물론이고 개인 고유의 강점과 사회환경 내 자연적 자원의 조화를 강조한다. 환경을 클라이언트의 장애물이 아닌 자원으로 인식할 때 원조가능한 자원의 수가 극적

---

2) ① 목표는 측정가능하고 관찰가능해야 한다.
② 목표는 긍정적인 언어로 표현되어야 한다.
③ 목표는 하나의 평가기준을 가지고 있어야 한다(간단명료화).
④ 단기목표는 성공할 가능성이 높아야 한다.

으로 확장될 수 있다. 따라서 강점관점 실천을 위해서는 사회복지사의 사고와 태도에 있어 많은 전환이 필요하다.

예를 들어, 장애인을 대상으로 하는 실천에서,

① 지원고용 등의 직업재활서비스에 의존하기에 앞서 장애인 고용에 뜻이 있는 고용주에 대해 탐색한다.
② 주거시설의 서비스에 의존하기에 앞서 유연한 집주인을 알아본다.
③ 사회복귀시설이나 정신보건센터의 레크리에이션 프로그램을 시작하기에 앞서 지역사회센터 등을 이용하도록 한다.

자연발생적 자원을 사용할 때 클라이언트의 사회통합을 촉진할 수 있다. 장애인, 저소득층 등 특정 대상자들만을 위해 특별히 만들어진 프로그램이 아닌 지역사회 다양한 사람들과의 접촉과 교류가 가능하도록 지역사회 내 프로그램에 참여할 수 있어야 한다. 이것이 재통합의 첫 단계이다. 따라서 클라이언트의 강점, 포부, 욕구를 고려하여 개별화된 지역사회 내 자원을 발굴하고 연결하는 것이 필요하다. 지역사회의 자연발생적 자원활용은 비용절감의 효과도 가져온다.

(2) 모니터링 및 재사정

사례관리자는 클라이언트와 함께 계획한 바대로 실행되었는지에 대해 점검한다. 클라이언트는 단기목표달성 정도를 스스로 평가하고 점검한다. 클라이언트가 과제나 목표를 달성했을 경우, 사례관리자는 긍정적인 강화를 제공하고 재사정하여 다음 단기목표와 구체적인 계획을 수립한다. 사례관리자와 클라이언트 모두 사례관리 기록지에 목표달성 및 과제수행 후 소감을 기록하여 서로 공유하고, 추후 점검과 평가, 그리고 클라이언트의 자기확신 강화를 위한 자료로써 활용한다.

클라이언트의 장기목표 : 아이와 함께 행복한 삶을 누리고 싶다				
성취에 대한 단기과제/목표	책임자	성취예정일	성취일	소 감
1. 인터넷을 통해 유아교육학과나 보육교사교육과정을 알아본다.	사례관리자 A와 클라이언트 B	12/11	12/11	B : 인터넷에서 자료찾는 방법을 알게 되었고, 보육교사교육과정이 1년짜리도 있다는 것을 알게 되어 기뻤다. 나 자신도 내가 과제를 이렇게 잘 할 수 있어 놀랐다. 이제 구체적으로 보육교사가 되기 위해 노력해야겠다. 사례관리자 : B씨가 너무 잘해내어 놀랐다. 구체적으로 미래희망을 위해 노력할 수 있을 것 같다. 스스로 자료를 검색한 것에 대해 칭찬하고 격려하였다. 그녀 자신도 큰 만족감을 갖게 되었고 현실적으로 미래를 준비할 수 있을 것 같다고 이야기하였다.
2. 건강가정지원센터의 부모교육훈련에 참여하기	B	01/11	01/11	B : 지금 우리 아이에게 필요한 것이 무엇이고, 어떻게 해야 좋은 엄마가 될 수 있는지를 배웠다. 사례관리자 : 8회기의 부모교육훈련을 성실히 참석하였고, 배운 내용을 아이양육에 적용하려고 노력하는 점이 놀랍다. 앞으로의 성장도 기대가 된다.
3. 회계업무와 관련하여 아르바이트자리가 있는지 인터넷과 지역신문을 통해 알아본다.	B	02/15	02/15	B : 일자리를 쉽게 찾을 수 없었는데 별로 일자리가 없어서 실망했다. 우울했다. 사례관리자 : 일자리가 B씨가 생각하는 것처럼 쉽게 찾을 수 없어 우울해 하셨지만 현실적으로 취업준비를 할 수 있는 계기가 될 수 있을 것 같다.

(3) 재실행

클라이언트는 다시 세워진 구체적 계획에 따라 재실행하며, 이러한 과정이 순환적으로 반복되어 이루어진다.

5) 평가 및 종결

사례관리자와 클라이언트는 지금까지 수행한 사례관리활동을 평가하고(과정평가, 결과평가, 사례관리자와 클라이언트의 역할수행에 대한 평가 등), 클라이언트가 사례관리활동으로부터 벗어나 성공적으로 독립생활을 영위할 수 있도록 종결한다.

6. 결 론

강점관점 사례관리를 통해 클라이언트는 문제해결뿐 아니라 삶의 단족도를 높일 뿐 아니라 더 나아가 잃어버린 꿈을 회복하고 삶의 희망을 구현할 수 있다. 사례관리자와 클라이언트가 갖는 성장과 변화에 대한 믿음은 문제해결과정에서 발생되는 여러 장애물을 제거하는 데 도움이 된다.

- 클라이언트들은 매일매일 자신의 삶에 대해 결정을 한다. 전문가들이 할 일은 클라이언트로 하여금 자신의 삶에 대해 결정할 수 있는 권한이 있음을 깨닫게 하는 것이다. 클라이언트의 자기결정은 건강의 증진뿐 아니라 개인의 만족감을 증진시킨다.
- 원조관계에 있어 상호신뢰, 개방성, 투명성, 보호, 정직, 지지, 진실됨이 중요하다.
- 말루치오 : "사회복지사의 인간적 특징이 다른 어떤 테크닉한 기술보다 더 가치 있다. 이상적 사회복지사의 특징은 그가 클라이언트와 함께 공유할 수 있으며 다른 누군가에 대해 수용적이며 이해적이고 진실하다는 것이다."
- 클라이언트가 중심이 된 서비스가 클라이언트가 있는 곳에서 이루어져야 한다.
- 효과적인 사례관리를 위해서 반드시 선행되어야 하는 요건은 다음과 같다.
  ① 적극적인 outreach 활동
  ② 지역사회자원의 개발과 옹호자로서의 역할 강화
  ③ 사회복지사들의 자원목록리스트 확보 및 공유
  ④ 준 전문가 사례관리자 육성과 관리체계 마련

⑤ 정기적인 사례회의 운영
⑥ 수퍼비전의 체계화
⑦ 사례관리 일지의 체계화 및 정기적 점검
⑧ 클라이언트의 만족도에 대한 분기별 평가 및 이를 기반으로 한 서비스 보완
⑨ 사례관리자의 실천에 대한 끊임없는 자기반성적 고찰

Ⅸ. 증거기반 사회복지실천[3)]

임상사회복지사들이 실천현장에서 흔히 던지는 질문 중의 하나는 특정 클라이언트의 문제를 해결하는 데 가장 효과적인 개입방법이 무엇인가? 라는 질문이다. 최근 휴먼 서비스 분야의 제한된 자원, 비용효과성, 사회복지사들의 전문성과 책임성이 논란의 대상이 되면서 미국을 비롯한 서구사회에서는 사회복지개입의 효과성에 대한 관심이 날로 커지고 있고 서비스를 제공하는 사회복지사는 물론 클라이언트, 클라이언트의 가족, 서비스 비용을 상환해 주는 보험회사 및 정부기관, 그리고 일반인에 이르기까지 많은 사람들이 사회복지개입의 성과에 대해 "구체적이고 확실한 계량적인 사실"을 알기 원한다(양옥경, 2001).

다음과 같은 상황을 가정해 보자. 당신은 지역사회 정신보건센터에서 일하고 있는 사회복지사이다. 이틀 전 당신의 기관에 정신병원에서 퇴원한 23세 남자 클라이언트가 의뢰되었다. 현재 이 클라이언트는 부모와 함께 거주하고 있으며, 퇴원 시 진단명은 정신분열증과 알코올남용이었다. 당신은 이 클라이언트를 어떻게 접근할 것인가? 그동안 축적된 당신의 임상경험을 바탕으로 개입을 할 것인가? 수년간의 연구에서 효과가 있다고 판명된 개입방법을 쓸 것인가? 아니면 클라이언트의 기대와 결정을 존중한 개입방법을 선택할 것인가? 당신이 결정한 개입방법은 무엇에 근거한 것인가?

---

3) 본 내용은 2007년 한국정신사회재활협회 추계학술대회 자료집에 실린 서홍란(2007)의 '우리나라 정신보건현장에서의 증거기반실천의 적용 가능성 : 과제와 전망'을 재구성한 것이다, 43-57.

또 한 가지 예를 들어 보자. 미국 지역사회 정신보건센터(Community Mental Health Center)에 근무하는 임상사회복지사에게 남편으로부터 지속적인 구타를 당해온 한인 여성이 카운티의 피해자원조 프로그램(Victim Assistance Program)으로부터 의뢰되었다. 이 프로그램에서 지원하는 정신건강서비스는 한정적이다. 이 기관의 임상사회복지사는 서비스계획서를 작성하여 피해자원조 프로그램의 코디네이터에게 보내야 하며, 이 계획서에는 사회복지사의 개입전략, 특정 개입방법을 선택한 이유, 개입의 목적 및 목표를 명확하게 제시해야 한다. 이 프로그램에서 지원하는 정신건강서비스는 한정적이다. 사회복지사는 서비스계획서를 작성하여 원조 프로그램의 코디네이터에게 보내야 하며, 이 계획서에는 사회복지사의 개입전략, 특정 개입방법을 선택한 이유, 개입의 목적 및 목표를 명확하게 제시해야 한다. 또한 클라이언트도 치료를 받았을 때 자신에게 어떠한 변화가 일어날지 알고 싶어 한다. 이 경우 사회복지사는 사정한 내용을 바탕으로 가정폭력 피해여성이 보이는 증상(예 우울증, 불안증 등)을 완화시키는 데 가장 효과적인 개입방법이 무엇인지 모색하게 되는데, 이때 사회복지사는 다음과 같은 다양한 질문을 던지게 될 것이다. 효과적이라고 선택한 개입이 실제로 경험적 연구에 의해 증명된 것인가? 어떤 연구방법을 통해 증명된 것인가? 폭력피해여성에 대한 개입방법 중 가장 최근에 효과성이 증명된 접근법은 무엇인가? 이러한 개입방법이 생소한 것이라면 어디에서 이에 대한 정보를 얻을 수 있는가? 백인여성들을 대상으로 효과성이 입증된 개입을 인종과 문화를 고려하지 않고 모든 피해여성에게 적용할 수 있는 것인가? 이상과 같은 질문에 대한 답은 증거기반실천(Evidence-Based Practice : EBP)을 가능케 하는 “로드맵(road map)”의 역할을 한다(최길호, 2007 : 151).

1. 증거기반실천이란?

1990년대 캐나다 McMaster대 의과대학에서 시작된 증거기반실천(Gilgun, 2005)은 짧은 역사에도 불구하고, 의료, 심리, 임상심리, 사회복지 등 다양한 휴먼서비스 전문직에 큰 영향을 미치며 급속히 발전해왔다(최길호, 2007; Roberts & Yaeger, 2007;

Rosen, 2003; Rubin and Parrish, 2007). 의료분야에서 시작된 증거기반실천은 체계적인 연구를 통해 입증된 최상의 임상증거를 임상가의 개인적 전문지식에 통합한 의료실천모델이라 할 수 있다. 여기서 개인의 임상 전문지식이란 개별 치료사가 임상적인 경험과 실천에서 얻은 실제적인 능력과 판단력(proficiency and judgment)을 의미하며, 최상의 외적인 임상증거는 임상적 진단의 정확성, 예후, 치료, 재활 예방요법의 유효성과 클라이언트 중심의 임상연구에서 얻어진 증거를 말한다(Sackett, Rosenberg, Gray, Haynes, and Richardson, 1996).

초기의 증거기반 실천모델이 클라이언트의 개별성을 고려하지 않았다는 우려와 함께 이를 일부 수정하여 새로운 모델이 제시되었는데, ❙그림 4-5❙에서 볼 수 있는 것처럼 새 모델에서는 ① 개인의 임상 전문지식(individual clinical expertise), ② 클라이언트의 기대와 가치, ③ 최상의 연구증거를 강조하고 있다. 즉, 증거기반실천의 출발점은 위에 언급한 세 가지 요소가 만나는 곳에서 시작되어야 되며, 이 세 가지 요소를 기반으로 개입이 이루어질 때 실천가와 클라이언트가 바람직한 원조관계를 유지·발전시킬 수 있으며 최상의 치료결과를 기대할 수 있다(최길호, 2007).

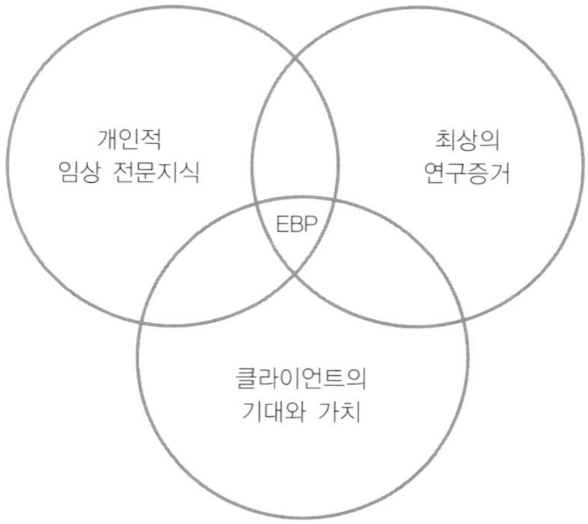

❙그림 4-5❙ **증거기반 실천모델(Evidence-based Practice Model)**

그동안 각 전문분야의 특성에 맞게 적용·발전해 온 증거기반실천에 대한 정의는 학자에 따라 다소 차이가 난다. 예를 들어, Lehman과 그의 동료(2004)들은 개입의 성과(outcome)를 향상하기 위해 과학적으로 입증된 치료와 중재를 하는 것이 증거기반실천이라고 정의했으며, Gibbs는 증거기반실천을 설명하는 데 있어 실천가의 행위에 초점을 두었다(공계순 · 서인혜, 2006). Gibbs는 증거기반실천은 클라이언트의 이익에 최우선을 두고 이루어지며, 실천가들은 ① 가장 효과가 있다고 검증된 실천기법이 무엇인지 알기 위해 끊임없는 노력을 해야 하고, ② 최근에 임상연구에서 밝혀진 증거를 신속히 입수하여 그 개입방법을 익혀야 하며, ③ 증거에 입각한 실천을 해야 한다고 강조했다(Gibbs, 2003). 다시 말해, 실천가들은 최근에 발표된 개입의 효과에 대한 연구결과에 민감하게 반응해야 하며, 정체된 지식이 아닌 새롭게 생성되는 발전적 지식(progressive knowledge)을 기반으로 클라이언트에게 최상의 서비스를 제공하기 위해 끊임없이 새로운 증거를 찾고 이를 활용하는 데 노력을 기울여야 한다(최길호, 2007).

증거기반실천의 개념은 학자에 따라 차이가 날 수 있지만, 증거기반실천의 발전을 위해 개입의 효과성에 대한 과학적인 연구와 연구의 결과를 보급하고 이러한 정보를 실천현장에서 사용하는 것이 필수적이라는 점에는 일치된 의견을 보이고 있다(Beinecke, 2005).

2. 증거기반실천의 5단계

학자에 따라 차이가 있지만, 일반적으로 증거기반실천 과정은 5단계로 구분된다(Gibbs & Ganbrill, 2002; Thyer, 2004).

1단계 : 실천과 관련된 궁금한 점을 답변가능한 질문으로 만들기
2단계 : 질문에 답이 되는 최상의 연구증거 찾기
3단계 : 증거의 과학적 타당성과 활용성을 평가하기
4단계 : 평가를 실천가의 임상적 전문지식과 클라이언트의 가치와 상황에 통합하고 실천에 적용하기
5단계 : 실천의 성과(outcome)를 평가하기

증거기반실천을 가능케 하기 위해 각 단계에서 실무자들에게 요구되는 기술과 능력을 살펴보면 다음과 같다.

1) 답변가능한 질문 만들기

증거기반실천의 첫 번째 단계는 실천가가 가지고 있는 다양한 정보에 관한 요구(information needs)를 답변가능한 질문으로 전환하여 검색하는 것이다. 실천예방, 사정, 치료, 위험요소 등 실천과 관련된 궁금한 점들을 육하원칙(누가, 언제, 어디서, 무엇을, 어떻게, 왜)을 활용하여 답변가능한 질문을 만든다(최길호, 2007). 예를 들어, 우울증상을 완화시키는 데 가장 효과가 있는 단기치료법은 무엇인가? 정신분열증치료를 위해 단일가족 개입(single family intervention)과 다수가족 집단개입(multifamily group intervention) 중 어느 것이 더 효과적인가? 등 답이 가능한 질문을 가지고 온라인데이터 베이스 검색을 통해 최근 임상연구 자료를 찾는다.

2) 질문에 답이 되는 최상의 연구증거 찾기

정보통신의 발달은 증거기반실천을 급속히 촉진시킬 수 있었던 주요 요인이라 할 수 있다. 실천가들은 데이터자원에 대한 충분한 정보를 가지고 있어야 하며, 인터넷을 활용하여 개입의 효과성 및 방법/ 절차에 대한 다양한 정보와 가장 최근에 발표된 최고의 증거를 손쉽게 찾아낼 수 있어야 한다. 최길호(2007)는 실천가들이 학교에서 배운 실천지식은 졸업 후 현장에서 별 도움이 되지 못하는 경우가 종종 발생함을 강조했다. 왜냐하면 일반적으로 교재로 활용되고 있는 전공서적들은 출판된 논문들을 주로 인용하므로 오래된 정보를 제공하게 된다. 예를 들어, 미국의 경우 연구를 종료하고 그 결과가 출판되어 실천가들이 접하기까지 평균 2~3년이 걸린다. 따라서 1단계에서 실천가들이 찾고 있는 임상질문에 대한 적절한 답을 구하는 것이 어려울 수도 있다. 그럼에도 불구하고 증거기반 실천에 도움이 될 수 있는 학술지를 제시하면 다음과 같다.

- Achieves of General Psychiatry
- Brief Treatment and Crisis Psychology

- Journal of Consulting and Clinical Psychology
- Research on Social Work Practice
- Evidence-based Mental Health

참고로 미국과 영국에서 운영되고 있는 아래의 웹사이트를 방문하면 증거기반 정신보건(Evidence-Based Mental Health : EBMH)과 관련된 다양하고 광대한 정보를 쉽게 찾을 수 있다.

- EBMH Online(http://ebmh.bmj.com/)
- Human Service Research Institute(http://www.hsri.org)
- Campbell Collaboration(http://www.campbellcollaboration.org/)
- The Cochrane Collaboration(http://www.cochrane.org/index.htm)

3) 증거의 과학적 타당성과 활용성을 평가하기

세 번째 단계에서는 수집된 정보의 질과 활용성을 평가하게 된다. 이 단계에서는 증거의 범위를 어디까지 두고 평가할 것인지, 연구문제와 연구가설이 일치한지, 적합한 자료분석 방법을 사용했는지, 표준화된 측정도구를 사용했는지, 통계분석에 대한 해석을 바르게 했는지 등 다양한 질문을 하게 된다. 이러한 질문을 통해 실천의 효과성이 경험적·과학적으로 검증되었나를 평가할 수 있다. 공계순과 서인해(2006)는 평가를 용이하게 하기 위해 평가기준과 조직화된 개념적 틀을 준비할 것을 제시하였다. 또한 정신보건분야에서 다루는 문제에 따라 연구증거가 풍부할 수도 있으며 부족할 수도 있기 때문에 이러한 사실을 감안하여 증거의 기준을 정해야 함을 강조하였다.

엄격하고 체계적인 연구방법을 통해 산출된 결과라도 오류가 있을 수 있기 때문에 평가를 통해 같은 오류의 반복을 막을 수 있다. 최초 연구(original research)에서 사용된 연구방법을 변형시키지 않고 그대로 적용하여 어떤 결과가 나오는지 살펴보는 것은 매우 중요한 일이다. 왜냐하면 기존연구를 반복(replication)하여 같은 연구결과가 나왔다면 실천의 효과를 일반화시킬 수 있으며, 보다 책임질 수 있는 실천을 수행할 수 있기 때문이다.

4) 실천에 적용하기

네 번째 단계에서는 평가내용을 실천가의 경험, 클라이언트의 장점, 가치, 상황에 통합시킨다. 잘 설계된 연구에서 일관된 결과를 보인 최상의 증거를 찾았다 해도, 클라이언트의 독특한 임상적 상황과 인구사회학적 특성 때문에 이것을 실천에 그대로 적용하는 데 어려움이 따를 수도 있다. 다시 말해, 실천가가 최상의 연구증거를 발견한 연구에 참여한 대상자들과 실제 현장에서 원조해야 하는 클라이언트가 서로 다를 수 있기 때문이다. 또한 실천가가 사용한 특정 실천방법이 클라이언트의 가치와 일치하는지도 점검해야 한다. 예를 들어, 실천가가 엄밀한 자료조사를 통해 우울증 치료에 효과가 있다고 밝혀진 5가지 증거기반 개입방법을 찾았다고 하자. 이때 실천가는 클라이언트의 상황과 선택을 고려하여 효과가 있다고 밝혀진 개입방법을 선택해야 한다(최길호, 2007).

5) 실천성과를 평가하기

증거기반실천에서의 실천성과에 대한 평가는 최고의 연구증거를 찾아서 실천에 적용하는 것으로 끝을 내는 것이 아니라 1단계에서 제시한 질문에서 4단계의 실천성과에 이르기까지 증거기반실천의 전 단계를 면밀히 평가하는 것을 의미한다. 미국의 경우 실천가들에게 시간이 많이 소요되는 평가를 요구하기보다는, 자신의 실천성과를 평가하는 데 있어 단일사례설계나 사전-사후 비교와 같은 비교적 간단한 연구방법을 사용하는 것을 권하고 있다(최길호, 2007).

3. 사회복지분야에서의 증거기반실천

전미사회복지사협회(NASW, 2005)는 증거기반실천이 NASW의 윤리강령과 일치한다고 했으며, 증거기반실천을 수행함으로써 실천가, 클라이언트, 연구자들이 얻을 수 있는 혜택에 주목했다. 마찬가지로 미국사회복지협회(Council on Social Work)에서는 “증거기반실천을 포함한 경험적인 연구에서 얻어진 지식을 발전시키고, 사용하며, 효과적으로 전달하기 위해 ... (또한) 질 높은 서비스를 제공하기 위해 (이러한 지식을 사용하도록) 학생들을 준비"시킬 것을 사회복지대학에 요구했다(Rubin and Parrish, 2007 재인용).

다양한 사회복지 분야 중 증거기반실천을 가장 빠르게 받아들인 것은 정신보건분야이다. 미국의 경우를 예로 들면, 정신보건제도와 정책은 증거기반실천에 우선순위를 두고 있다. 영국도 마찬가지로 정신보건서비스의 현대화를 도모하기 위한 10가지 가치와 원칙 중의 하나로 효과적이며 만족스럽다고 알려진 질 높은 치료와 보호를 제공할 것을 강조하고 있다. 이러한 정신보건정책의 변화를 반영하듯 실제 정신보건현장에서 이루어지고 있는 서비스 계획, 수행, 그리고 개입의 프레임웍은 증거기반실천 운동을 적극적으로 지지하고 있다(Beinecke, 2005). Drake와 그의 동료들(2005)은 정신보건치료와 서비스를 받고 있는 중증 정신질환자의 이익(benefit)을 극대화하기 위해 이 분야의 실무자들이 의료영역에서부터 시작된 증거기반실천과 철학을 수용하고 배워야 할 도덕적·윤리적 책임이 있음을 강조하였다.

증거기반실천에 대한 높은 지지에도 불구하고, 이를 적용하는 데 많은 장애요인이 있다. 증거기반실천을 반대하는 의견들을 살펴보면 다음과 같다.

1) 실천현장에서 증거기반실천 적용의 어려움

증거기반실천에 대한 비판적이고 회의적인 태도는 현실적으로 실천현장에서 이것이 접근가능한가라는 문제와 밀접한 관련이 있다. Lehman와 그의 동료들(2004)에 의하면 경도와 중도 우울증을 가진 중증 성인정신질환자와 행동장애를 가진 아동, 그 밖에 다양한 정신질환을 가진 장애인의 기능과 증상을 향상하기 위해 검증된 개입방법은 많으나, 과학적인 연구를 통해 밝혀진 내용을 현장에서 적용하기란 쉽지 않음을 지적하였다. 예컨대 일선에 종사하는 실천가(line workers)들의 경우 시간의 부족으로 이러한 증거(정보)에 대한 접근이 쉽지 않다. 또한 경험이 많은 실천가와 수퍼바이저가 증거기반실천에 대한 훈련 및 전문적인 지식이 부족할 경우 혹은 자신이 선호하는 개입접근과 일치하지 않을 경우 증거기반 개입을 권하지 않을 수 있다(Rubin and Parrish, 2007).

반면 증거기반실천에 대한 정보는 풍부하지만 이러한 정보가 지나치게 길거나 주의깊은 독서력을 요구하고 있어 실제로 실천가들이 쉽게 활용할 수 있는 정보는 매우 제한되어 있다(Beinecke, 2005). 이 외에도 클라이언트가 세션에 참여하는 패턴과 증거기반실천에서 요구되는 사항이 일치하지 않아 현실적으로 이를 적용하기가 어렵다고 생각하는 실천가들도 있다. 즉, 실천가들은 증거기반실천이 엄격한 치료규정을 준수해야 하기 때문에 클라이언트가 세션(session)에 시종일관되게 참여해야 된다고 생각한다. 그러나 실천현장에서 상당수의 클라이언트가 세션을 중도하차하거나, 산발적으로 치료에 참여하는 경우가 빈번하여 현실세계에서 증거기반실천을 수행하는 데 한계가 있다고 생각하기에 실천가들은 이에 대해 회의적이다(Rubin and Parrish, 2007).

2) 무분별한 경험주의(Mindless Empiricism)에 입각한 실천

증거기반실천을 반대하는 사람들은 이것을 무분별한 경험주의에 입각한 실천이라고 비판한다. 증거기반실천의 요소에 클라이언트의 가치와 실천가의 개인적인 전문지식을 포함시켰음에도 불구하고 이러한 실천방법이 지나치게 연구증거에 초점을 두고 있다는 비난이 끊임없이 제기되고 있다(Gilgun, 2005). 이와 관련된 논쟁을 보다 구체적으로 살펴보면 증거기반실천이 ① 실천가의 전문적인 의견을 무시하고, ② 클라이언트의 가치와 선택권을 반영하고 있지 않으며, ③ 클라이언트가 겪은 질병에 대한 경험을 무시한 채 실천을 하는 데 있어 요리책과 같은 설명서에만 의존할 것을 권장하고 있으며, ④ 실천가와 클라이언트의 치료적인 관계를 무시하기 때문에 자칫 잘못하면 치료적 니힐리즘(nihilism)을 가져올 수 있고, ⑤ 성과에 주요한 영향을 줄 수 있는 치료자의 개인적인 질(quality)을 고려하지 않고, ⑥ 질병의 원인과 치료에 대한 심리적·사회적 요인의 중요성을 인정하지 않으며, ⑦ 클라이언트의 문제와 복잡한 치료과정을 지나치게 간소화시켰으며, ⑧ 일반화된 지식을 독특한 개별 클라이언트에 적용하기에는 부적절한 면이 많다는 점이다(Gilgun, 2005; Rosen, 2003; Rubin and Parrish, 2007).

3) 증거기반실천의 정의에 대한 불일치

앞서 언급한 것처럼 증거기반실천의 정의는 학자에 따라 차이가 있다. 증거기반실천에 대한 원래의 개념이 광범위하게 인용되고 있다할지라도 대체적으로 증거기반실천이라는 용어는 정의하기가 쉽지 않고 애매모호한 개념이다. 증거기반실천을 이용가능한 최상의 증거를 찾기 위한 하나의 과정으로 간주하여 특정 개입을 증거기반으로 지명하기보다는, 실천가가 실천결정을 하는 데 있어 스스로 증거를 찾고 평가하는 하의상달식의 접근(bottom-up approach)임을 주장하는 학자도 있는 반면, 증거기반실천이란 이미 "경험적으로 지지된" 혹은 "증거기반"으로 지명된 개입을 활용하는 것으로 상의하달식의 접근(top-down approach)이라고 주장하는 학자들도 있다(Beinecke, 2004; Rubin and Parrish, 2007). 이러한 증거기반실천에 대한 개념적 정의의 차이는 일선 실천가들에게 혼란을 가져올 수 있으며, 증거기반실천을 수행할 수 있는 능력을 저해하는 요인이 될 수 있다.

4) 증거기준에 관한 논쟁

성과에 대한 증거를 어디에서 얻을 것인가에 대한 논쟁도 증거기반실천을 도입하고 보급하는 데 걸림돌이 되고 있다. 정신분열증관리를 위한 심리사회적 개입에 관한 한 국제임상지침에서는 증거를 A, B, C등급으로 분류하여 A등급에 속한 무작위 통제실험의 메타분석에서 얻어진 증거는 최상의 연구증거이고, C등급에 속한 전문가협회 보고서나 전문가의 임상적 경험이나 견해로부터 얻어진 증거는 질 높은 연구가 결여됐음을 지적했다(Scottish Intercollegiate Guidelines Network, 1998).

이렇듯 연구의 유형을 토대로 증거의 등급을 정하는 것은 문제가 많다. 왜냐하면 최상의 연구증거를 무작위 통제실험에서만 얻을 수 있다는 주장은 연구의 질을 평가하는 데 있어 신뢰도와 타당도에만 초점을 둔 것으로 연구의 적합성이나 실현 가능성에 대한 고려가 결여되었기 때문이다(공계순 · 서인해, 2006).

또한 지역사회 정신보건분야에서 다루는 문제들은 쉽게 계량적으로 측정할 수 없으며, 클라이언트가 처한 독특한 상황은 엄격한 비교와 검증을 어렵게 하고, 연구윤리의 문제로 취약층 혹은 위험에 처한 클라이언트를 통제집단 혹은 비교

집단에 배치하는 어려움이 따르기 때문에 정신보건분야에서 무작위 통제실험 및 준실험연구를 설계하고 진행하는 데는 많은 문제가 있다. 더욱이 문제의 원인, 진단, 예후에 관한 질문들에 대한 최상의 답은 무작위 통제실험에서 얻을 수 있는 것은 아니며 가장 유익한 증거(informative evidence)를 관찰연구와 같은 방법을 사용하여 얻을 수 있다(Reid, 2007). Witkin and Harrison(2001)은 증거의 기준을 정하는 것은 결국 이것을 결정하는 힘(power)과 관련이 있기 때문에 증거기반실천에서 강조하는 증거 외에 무엇을 포함시켜야 할 것인지, 누구를 위한 실천인지 등을 면밀히 검토해야 한다고 강조했다(공계순 · 서인해, 2006).

【그림 4-6】은 Haynes와 그의 동료(2002)들이 제시한 새로운 증거기반 실천모델의 용어를 정신보건분야에 적합하게 변경한 것이다. 증거기반실천을 선택한 실천가들은 임상전문지식을 중심으로 최고의 연구증거에서 제시한 개입이 클라이언트가 진정으로 원하는 개입인지, 특정 클라이언트에게 적절한 개입인지, 클라이언트의 상황은 어떤지, 또한 개입을 하는 데 있어 장애요인은 없는지, 위험요소는 없는지, 연구과정에서 오류는 없었는지, 다른 타당한 사정척도의 유무 등 여러 가지 질문에 대한 세심한 검토가 필요하다.

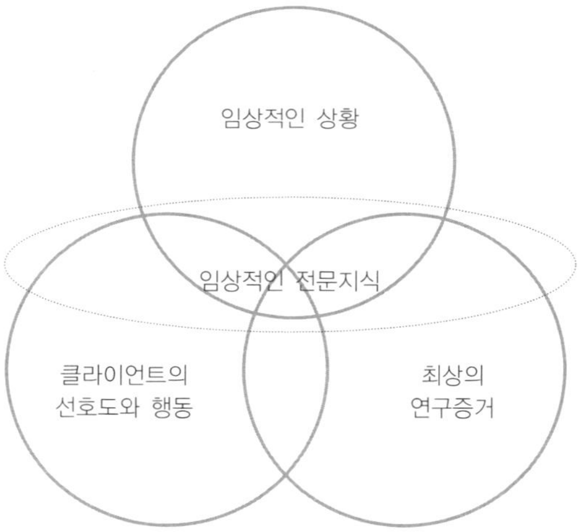

【그림 4-6】 증거기반실천의 최신모델

4. 증거기반 사회복지실천의 의의

앞서 언급했듯이 증거기반실천(evidence-based practice)은 클라이언트를 원조하는 데 있어 최상의 증거(best evidence)를 세심하게, 명백하게, 현명하게 사용하는 것이라 정의할 수 있다. 또한 최상의 증거를 실천가의 전문지식과 클라이언트의 가치에 통합시켜 실천방향을 결정하는 것이다.

효과적인 임상사회복지실천을 위해 연구와 실천의 통합이 중요하다는 것은 오래 전부터 인식되기 시작했다. 1960년대 후반과 1970년 초기에 개별사회사업의 효과에 관한 의구심이 제기되면서, 개입의 성과(outcome)에 대한 연구의 중요성과 함께 양적 연구방법론이 연구의 주요 패러다임으로 강조되어왔다. 최근에는 '경험적 기반이 부족한 이론과 실천을 가르치는 것은 비윤리적이다'라는 비판까지 일기 시작했다(Goldstein, 2007). 서구사회의 사회복지분야에서의 증거기반실천 운동은 실천과 연구 커리큘럼을 통합하려는 경험적 지식에 기반을 둔 사회복지교육자들에 의해 일어났다. 그러나 임상사회복지 교과과정을 살펴보면, 타 분야에 비해 학생들에게 제공되는 증거기반실천 훈련과 교육이 상대적으로 부족함을 알 수 있다(Thyer, 2007).

증거기반실천은 사회복지윤리강령에 제시된 사회복지전문직에 대한 사회복지사의 책임과도 관계가 깊다. 이 강령에서는 "사회복지 지식발전에 기여하기 위해 연구와 평가를 향상·촉진"시켜야 함을 강조하고 있다. 사회복지사는 경험적·과학적 기초를 갖고 이론에 기반을 둔 기법·절차·양식을 활용하여 클라이언트에게 최상의 서비스를 전달할 수 있어야 한다. 증거기반실천은 클라이언트뿐만 아니라 실천가, 연구자 모두의 권익을 보장할 수 있는 사회복지 실천모델이라 할 수 있다. 증거기반실천은 실천가의 세심함과 명확함, 그리고 분별력을 요구한다(Sheldon, Chilvers, Ellis, Moseley, & Tierney, 2005). 여기서 말하는 세심함이란 클라이언트에 대한 사회복지사의 윤리적 책임을 함축하는 것으로 사회복지사는 효과적인 개입방법을 찾기 위해 지속적으로 연구·조사해야 하고 이것을 기반으로 실천을 해야 한다는 의미이다. 명확함이란 실천의 투명성과 개방성을 의미하며, 분별력이란 실천가의 지혜와 판단력을 뜻한다. 증거기반실천은 실무자들에게 개입의 정당성을 확보할 수 있도록 하며, 지식기반의 서비스를 제공할 수 있도록 한다. 또한 증거에 기반을 둔 실천을 통해 실무자들은 윤리적인 책임을 질 수 있다. 이러한 점에서 증거기반실천은 이에 대한 많은 반론에도 불구하고 사회복지 분야에서 매우 큰 의의를 갖는다. 증거기반실천이 이루어지기 위해서는 이것을 활용하고자 하는 실천가들의 동기가 가장 중요하다.

5. 증거기반 사회복지실천의 전망

증거기반실천을 적용하는 것에 대한 다양한 비판—① 실천가의 전문적인 판단이 의사결정과정에서 배제되고, ② 설명서(Cookbook)에 따른 실천이며, ③ 현실적으로 증거기반실천을 적용하기에는 너무 많은 시간이 요구되고, ④ 특정 영역에서는 경험적인 연구가 불충분하여 증거기반실천이 사실상 불가능하며, ⑤ 클라이언트 개개인의 상황을 무시하고 수량적인 연구결과에 따른 실천이고, ⑥ 증거에 대한 정의가 학자에 따라 각각 다르다 등—에도 불구하고 서구에서 증거기반 사회복지실천은 사회복지 전문교육의 새로운 패러다임으로 급부상하고 있다. 이러한 외국의 경향과는 대조적으로 우리나라 사회복지 실천분야에서는 그동안 증거기반실천에 대한 노력과 검토가 부족했으며, 경험적 연구를 통해 제시된 실천모델의 효과를 검증하려는 노력도 미흡했다. 결과적으로 사회복지현장에서 실천가들은 실천을 위한 정확한 지침과 방향이 제시되어 있지 않아 의사결정시 자신의 경험이나 직관 혹은 전문가들의 의견에 의존하는 경향이 컸다. 다행히도 최근 우리나라에서도 미진하나마 증거기반실천에 대한 관심을 휴먼서비스분야에서 보이기 시작했다. 예를 들어, 특정 문제를 가진 클라이언트에게 어떤 개입방법을 적용할 것인가? 지역사회정신보건센터 및 사회복귀시설에서 이루어지고 있는 각종 프로그램과 서비스가 무엇을 근거로 제공되고 있으며, 이들에게 제공되고 있는 서비스가 과연 효과적인가? 라는 질문들은 증거기반실천과 매우 밀접한 관계가 있다.

우리나라에서의 증거기반실천의 적용 가능성은 높다. 정신보건영역의 예를 들면, 국가가 지원해야 할 정신장애인의 수는 해마다 늘어나고 있으나(노인영, 2001) 이들을 지원할 수 있는 자원은 제한되어 있기 때문에 상승하는 의료비용을 통제해야 하는 현실에서 새로운 실천모델이 필요하다. 또한 우리나라에서도 점차적으로 휴먼서비스 전문직의 책임성과 윤리성이 강조되고 있는데 증거기반실천이 이러한 요구를 충족시킬 수 있기 때문이다.

그러나 증거기반실천을 적극적으로 도입하기 위해 여러 가지 일들이 선행되어야 한다. 우리나라 관련분야의 현실을 고려하여 적용가능한 증거의 기준을 세우고, 증거기반실천에 대한 일치된 의견을 수렴해야 한다. 또한 정신보건서비스가 증거를 기반으로 제공되어야 한다는 규정이 필요하다. 덧붙여 개입과 프로그램 효과성에 대한 연구가 보다 활발히 전개되어야 하겠다. 이를 위해 실무자들이 연구에 참여할 수 있는 연구문화가 조성되어야 한다.

더 나아가 증거기반실천을 우리나라 사회복지현장에 보급하고 적용하기 위해 정신보건 관련 학문분야에서는 학생들의 증거기반 실천능력을 향상시킬 수 있는 교과목을 개설하여 교육시키고, 실천현장에서는 증거기반실천을 가능케 할 수 있도록 실무자들을 재교육하고 훈련하는 것이 중요하다. 이를 위해 현장에서의 직무내용과 직업환경도 바뀌져야 한다. 더불어 제도적인 측면에서 증거기반실천이 현실화될 수 있도록 실천가들이 쉽게 접근할 수 있는 데이터베이스 시스템 구축이 절실한데 이에 대한 국가적인 차원의 지원이 필요하다. 증거기반실천을 위해 ① 문제해결을 위한 명백하고, 체계적이며, 합리적인 접근이 요구되며, ② 실천가들이 경험적으로 검증된 개입에 대한 정보를 쉽게 찾을 수 있는 도구가 필요하며, ③ 경험적으로 검증된 개입을 특정 클라이언트나 상황에서 적용할 수 있는가에 대한 실천가들의 비판적인 고찰이 요구되며, ④ 필요에 따라 실천가들의 분별력과 특유의 지식을 반영하여 개입이 수정·보완되어야 하며, ⑤ 실천가들은 지속적이고 반복적으로 개입의 성과를 평가하고, 이를 반영하여 개입을 조정해야 한다.

부록

한국사회복지사 윤리강령

한국사회복지사 윤리강령

한국사회복지사 윤리강령은 1988년에 처음으로 공포되었고, 1992년에 개정되었다. 최근 한국사회복지사협회(2001)는 기존에 10개 항목으로 구성된 윤리강령을 전폭적으로 수정하여, 윤리기준을 5가지 영역으로 분류하고 각 영역에서의 행동지침을 구체화시켰다.

전문

사회복지사는 인본주의 · 평등주의 사상에 기초하여 모든 인간의 존엄성과 가치를 존중하고 천부의 자유권과 생존권의 보장활동에 헌신한다. 특히 사회적 · 경제적 약자들의 편에 서서 사회정의와 평등 · 자유와 민주주의 가치를 실현하는데 앞장선다. 또한 도움을 필요로 하는 사람들의 사회적 지위와 기능을 향상시키기 위해 저들과 함께 일하며, 사회제도 개선과 관련된 제반활동에 주드적으로 참여한다. 사회복지사는 개인의 주체성과 자기결정권을 보장하는 데 최선을 다하고, 어떠한 여건에서도 개인이 부당하게 희생되는 일이 없도록 한다. 이러한 사명을 실천하기 위하여 전문적 지식과 기술을 개발하고, 사회적 가치를 실현하는 전문가로서의 능력과 품위를 유지하기 위해 노력한다. 이에 우리는 클라이언트・동료・기관 그리고 지역사회 및 전체사회와 관련된 사회복지사의 행위와 활동을 판단・평가하며 인도하는 윤리기준을 다음과 같이 선언하고 이를 준수할 것을 다짐한다.

윤리기준

Ⅰ. 사회복지사의 기본적 윤리기준

1. 전문가로서의 자세

1) 사회복지사는 전문가로서의 품위와 자질을 유지하고, 자신이 맡고 있는 업무에 대해 책임을 진다.
2) 사회복지사는 클라이언트의 종교・인종・성・연령・국적・결혼상태・성취향・경제적 지위・정치적 신념・정신, 신체적 장애・기타 개인적 선호, 특징, 조건, 지위를 이유로 차별대우를 하지 않는다.
3) 사회복지사는 전문가로서 성실하고 공정하게 업무를 수행하며, 이 과정에서 어떠한 부당한 압력에도 타협하지 않는다.
4) 사회복지사는 사회정의 실현과 클라이언트의 복지증진에 헌신하며, 이를 위한 환경조성을 국가와 사회에 요구해야 한다.
5) 사회복지사는 전문적 가치와 판단에 따라 업무를 수행함에 있어 기관 내외로부터 부당한 간섭이나 압력을 받지 않는다.
6) 사회복지사는 자신의 이익을 위해 사회복지전문직의 가치와 권위를 훼손해서는 안 된다.
7) 사회복지사는 한국사회복지사협회 등 전문가단체 활동에 적극 참여하여 사회정의 실현과 사회복지사의 권익옹호를 위해 노력해야 한다.

2. 전문성 개발을 위한 노력

1) 사회복지사는 클라이언트에게 최상의 서비스를 제공하기 위해 지식과 기술

을 개발하는 데 최선을 다하며 이를 활용하고 전파할 책임이 있다.

2) 클라이언트를 대상으로 연구하는 사회복지사는 저들의 권리를 보장하기 위해 자발적이고 고지된 동의를 얻어야 한다.

3) 연구과정에서 얻은 정보는 비밀보장의 원칙에서 다루어져야 하고, 이 과정에서 클라이언트는 신체적 · 정신적 불편이나 위험 · 위해 등으로부터 보호되어야 한다.

4) 사회복지사는 전문성을 개발하기 위해 노력하되 이를 이유로 서비스의 제공을 소홀히 해서는 안 된다.

5) 사회복지사는 한국사회복지사협회 등이 실시하는 제반교육에 적극 참여하여야 한다.

3. 경제적 이득에 대한 태도

1) 사회복지사는 클라이언트의 지불능력에 상관없이 서비스를 제공해야 하며, 이를 이유로 차별대우를 해서는 안 된다.

2) 사회복지사는 필요한 경우에 제공된 서비스에 대해 공정하고 합리적으로 이용료를 책정해야 한다.

3) 사회복지사는 업무와 관련하여 정당하지 않은 방법으로 경제적 이득을 취하여서는 안 된다.

Ⅱ. 사회복지사의 클라이언트에 대한 윤리기준

1. 클라이언트와의 관계

1) 사회복지사는 클라이언트의 권익옹호를 최우선의 가치로 삼고 행동한다.

2) 사회복지사는 클라이언트에 대하여 인간으로서의 존엄성을 존중해야 하며, 전문적 기술과 능력을 최대한 발휘한다.

3) 사회복지사는 클라이언트가 자기결정권을 최대한 행사할 수 있도록 도와야 하며, 저들의 이익을 최대한 대변해야 한다.

4) 사회복지사는 클라이언트의 사생활을 존중하고 보호하며, 직무수행과정에서 얻은 정보에 대해 철저하게 비밀을 유지해야 한다.

5) 사회복지사는 클라이언트가 받는 서비스의 범위와 내용에 대해 정확하고 충분한 정보를 제공함으로써 알 권리를 인정하고 존중해야 한다.
6) 사회복지사는 문서·사진·컴퓨터 파일 등의 형태로 된 클라이언트의 정보에 대해 비밀보장의 한계·정보를 얻어야 하는 목적 및 활용에 대해 구체적으로 알려야 하며, 정보공개 시에는 동의를 얻어야 한다.
7) 사회복지사는 개인적 이익을 위해 클라이언트와의 전문적 관계를 이용하여서는 안 된다.
8) 사회복지사는 어떠한 상황에서도 클라이언트와 부적절한 성적 관계를 가져서는 안 된다.
9) 사회복지사는 사회복지 증진을 위한 환경조성에 클라이언트를 동반자로 인정하고 함께 일해야 한다.

2. 동료의 클라이언트와의 관계

1) 사회복지사는 적법하고도 적절한 논의 없이 동료 혹은 다른 기관의 클라이언트와 전문적 관계를 맺어서는 안 된다.
2) 사회복지사는 긴급한 사정으로 인해 동료의 클라이언트를 맡게 된 경우, 자신의 의뢰인처럼 관심을 갖고 서비스를 제공한다.

Ⅲ. 사회복지사의 동료에 대한 윤리기준

1. 동 료

1) 사회복지사는 존중과 신뢰로써 동료를 대하며, 전문가로서의 지위와 인격을 훼손하는 언행을 하지 않는다.
2) 사회복지사는 사회복지전문직의 이익과 권익을 증진시키기 위해 동료와 협력해야 한다.
3) 사회복지사는 동료의 윤리적이고 전문적인 행위를 촉진시켜야 하며, 이에 반하는 경우에는 제반 법률규정이나 윤리기준에 따라 대처해야 한다.
4) 사회복지사가 전문적인 판단과 실천이 미흡하여 문제를 야기시켰을 때에는 적절한 조치를 취하여 클라이언트의 이익을 보호해야 한다.

5) 사회복지사는 전문직 내 다른 구성원이 행한 비윤리적 행위에 대해 제반 법률규정이나 윤리기준에 따라 조치를 취해야 한다.
6) 사회복지사는 동료 및 타 전문직 동료의 직무 가치와 내용을 인정·이해하며, 상호간에 민주적인 직무관계를 이루도록 노력해야 한다.

2. 수퍼바이저

1) 수퍼바이저는 개인적인 이익의 추구를 위해 자신의 지위를 이용해서는 안 된다.
2) 수퍼바이저는 전문적 기준에 의해 공정하게 책임을 수행하며, 사회복지사·수련생 및 실습생에 대한 평가는 저들과 공유해야 한다.
3) 사회복지사는 수퍼바이저의 전문적 지도와 조언을 존중해야 하며, 실습지도자는 사회복지사의 전문적 업무수행을 도와야 한다.
4) 수퍼바이저는 사회복지사·수련생 및 실습생에 대해 인격적·성적으로 수치심을 주는 행위를 해서는 안 된다.

Ⅳ. 사회복지사의 사회에 대한 윤리기준

1) 사회복지사는 인권존중과 인간평등을 위해 헌신해야 하며, 사회적 약자를 옹호하고 대변하는 일을 주도해야 한다.
2) 사회복지사는 필요한 사회 서비스를 개발하기 위한 사회정책의 수립·발전·입법·집행에 적극적으로 참여하고 지원해야 한다.
3) 사회복지사는 사회환경을 개선하고 사회정의를 증진시키기 위한 사회정책의 수립·발전·입법·집행을 요구하고 옹호해야 한다.
4) 사회복지사는 자신이 일하는 지역사회의 문제를 이해하고, 그것을 해결하는 일에 적극적으로 참여해야 한다.

Ⅴ. 사회복지사의 기관에 대한 윤리기준

1) 사회복지사는 기관의 정책과 사업목표의 달성·서비스의 효율성과 효과성

의 증진을 위해 노력함으로써 클라이언트에게 이익이 되도록 해야 한다.

2) 사회복지사는 기관의 부당한 정책이나 요구에 대하여 전문직의 가치와 지식을 근거로 이에 대응하고 즉시 사회복지윤리위원회에 보고해야 한다.

3) 사회복지사는 소속기관 활동에 적극 참여함으로써 기관의 성장·발전을 위해 노력해야 한다.

VI. 사회복지윤리위원회의 구성과 운영

1) 한국사회복지사협회는 사회복지윤리위원회를 구성하여 사회복지윤리실천의 질적인 향상을 도모하여야 한다.

2) 사회복지윤리위원회는 윤리강령을 위배하거나 침해하는 행위를 접수받아 공식적인 절차를 통해 대처하여야 한다.

3) 사회복지사는 한국사회복지사협회의 윤리적 권고와 결정을 존중하여야 한다.

사회복지사 선서

나는 모든 사람들이 인간다운 삶을 누릴 수 있도록,

인간존엄성과 사회정의의 신념을 바탕으로,

개인 · 가족 · 집단 · 조직 · 전체사회와 함께 한다.

나는 언제나 소외되고 고통 받는
사람들의 편에 서서,

저들의 인권과 권익을 지키며, 사회의 불의와
부정을 거부하고,

개인이익보다 공공이익을 앞세운다.

나는 사회복지사 윤리강령을 준수함으로써,

도덕성과 책임성을 갖춘 사회복지사로 헌신한다.

나는 나의 자유의지에 따라 명예를 걸고

이를 엄숙하게 선서합니다.

참고문헌

강상경 · 좌현숙(2007). 지역사회정신보건 재활서비스에 대한 클라이언트 만족도, 자아효능감 및 삶의 질. **사회복지연구**, 33, 185-213.

고수현(2010). 사회복지사업현장론. 경기 : 양서원, 346-359.

공계순 · 서인해(2006). "증거기반 사회복지실천에 대한 이해와 한국에서의 적용 가능성에 대한 연구." **사회복지연구**, 31, 77-102.

권중돈(2004). **노인복지론**. 서울 : 학지사.

권지성 · 김진숙 · 정정호(2007). 국내입양실무자들이 경험한 입양실무의미. **사회복지연구**, Vol. 32 겨울, 207-235.

권진숙(2004). **사례관리**. 서울 : 학지사.

권진숙 · 전석균 역(2001). **사례관리**. 서울 : 도서출판 하나의학사.

김영숙(2008). **재가노인, 장애인, 노인장기요양보험 사례관리론**. 경기 : 교육과학사.

김융일 · 양옥경(2002). **사회복지수퍼비전론**. 경기 : 양서원.

김이영(2006). "사회복귀시설의 통합정신재활서비스가 정신장애인의 재활성과에 미치는 영향 : 1년간 추적연구." **한국심리학회지 : 일반**, 26(1), 175-193.

김정자(1993). **사회복지실천의 윤리적 재고찰**(양옥경 외. **사회복지실천과 윤리**, 13-24). 서울 : 한울 아카데미.

김종옥 · 권중돈 편저(1993). **집단사회사업방법론**. 서울 : 홍익재.

김현숙(2007). "만성정신질환자의 정신사회재활모형 구축." **대한간호학회지**, 37(4), 490-500.

노인영(2001). "지역사회 어르신보건서비스 제공 전 · 후 정신장애인의 의료비용, 삶의 질, 가족부담감 비교연구." **한국보건간호학회지**, 15(1), 56-72.

박미은 외(1999). 정신질환자를 위한 사례관리에서 자원활용에 관한 연구. **정신보건과 사회사업**, 8. 정신보건사회사업학회.

박민철 역(1996). **간추린 집단정신치료**. 서울 : 도서출판 하나의학사.

박용권(2009). **사회복지현장실습**. 서울 : 신청출판사.

배성우 · 김이영(2005). "사회복귀시설에서 제공한 서비스가 정신장애인의 삶의 질에 미치는 효과의 종단적 검증." **정신보건과 사회사업**, 20, 69-94.

서미경 · 김영란 · 박미은(2000). **사회복지 실천윤리**. 경기 : 양서원.

서진환(2001). **사회복지실습의 길잡이**. 서울 : 학지사.

설진화(2008). **사례관리론**. 경기 : 양서원.

양옥경 외(1993). **사회복지실천과 윤리**. 서울 : 한울 아카데미.

_________(2000). **사회복지실천론**. 서울 : 나남출판사.

양옥경(1996). **지역사회정신건강 : 닫힌 시설에서 열린사회로**. 서울 : 나남출판사.

______(2001). "한국임상사회실천의 효과성 연구 경향에 관한 연구." **한국사회복지**, 42, 225-253.

______(2001). 공중정신보건을 위한 지역사회정신건강 모형개발 연구. **정신보건과 사회사업**, 9권. 정신보건사회사업학회.

______(2001). 한국임상사회실천의 효과성 연구 경향에 관한 연구(인터넷 자료)
양옥경・최소연・이기연(2007). **사회복지현장실습 수퍼비전**. 한국사회복지사협회.
엄명용・김성천・오혜경・윤혜미(2000). **사회복지실천의 이해**. 서울 : 학지사.
오혜경(2004). 사회복지실천의 가치와 윤리에 관한 연구. **사회복지리뷰, 제9집**, 115-143.
이경아(2004). **사회복지실천기술 핸드북**. 수원여자대학출판부.
이봉원. "정신장애인을 위한 지역사회 정신보건사업과 사회복지관의 참여." http://www.kwf.or.kr/data/dongk95-2.pdf
이영호・심경순・김태준(2006). **정신보건사회복지의 이해**. 서울 : 학지사.
임승규・이용기(2004). **사회복지실무론**. 서울 : 도서출판 해란.
정순둘(2005). **강점모델 : 노인 장기요양보호와 사례관리실천**. 서울 : 집문당.
조은영(2000). **정신보건 전문요원 수련교재**. 경기 : 양서원.
최길호(2007). "정신보건과 증거기반실천." 2007년 한국정신보건사회복지학회 춘계학술대회, 151-160.
______(2007). 정신보건과 증거기반실천. **춘계 정신보건학회집**, 151-160.
한국사회복지교육협의회(2002). **사회복지학 교과목 지침서**. 한국사회복지교육협의회.
____________________(2004). **사회복지사의 직무표준화를 위한 연구**. 한국사회복지교육협의회.
____________________(2005). **사회복지현장실습 교과목지침서 연구보고서**. 한국사회복지교육협의회.
____________________(2006). **2006년도 사회복지학 교과목 지침서**. 한국사회복지교육협의회.

Aarons, G. A.(2004). Mental health provider attitudes toward adoption of evidence-based practice : The evidence-based practice attitude scale(EBPAS). *Mental Health Service Research*, *6*, 61-74.
Beinecke, R. H.(2004). Implementation of evidence-based mental health practice in England. *International Journal of Mental Health*, *Vol. 33*(4), 64-79.
____________(2006). Guest editor's introduction. Evidence-based mental health practices. *International Journal of Mental Health*, *Vol. 35*(2), 3-5.
Bernard, J. M., & Goodyear, R. K.(1998). *Fundamentals of clinical supervision*(2nd ed.). Boston : Allyn and Bacon.
Bogo, M.(1993). The student/field instructor relationship : The critical factor in field education. *The clinical Supervisor*, *11*(2), 23-36.
Brashears, Freda(1995). Supervision as social work practice : A reconceptualization. *Social Work, Vol 40*(5), 692-698.
Brown, A., & Bourne, I.(1995). *The Social Work Supervisor. Supervision in community, day care and residential settings*. Buckingham : Open University Press.
Caspi, J., & Reild, W.(2002). *Educational Supervision in Social Work*. New York : Columbia University Press.
Cormier, W. H., & Cormier(1991). *Interviewing Strategies for Helpers*. Belmont, CA : Brooks/ Cole Publishing Company.

Coulton, P., & Krimmer, L.(2005). Co-supervision of social work students A model for meeting the future needs of the profession. *Australian Social Work, Vol. 58*(2), 154-166.

Courhoyer, Barry(1996). *The Social Work Skills Workbook*(2nd ed.). Brooks/Cole Publishing Company.

Davidson, J. C.(2005). Professional relationship boundaries : A social work teaching module. *Social Work Education, Vol 24*(5), 511-533.

Davys, Allyson & Beddoe, Liz(2000). Supervision of students : a map and a model for the decade to come. *Social Work Education, Vol 19*(5), 437-449.

Drake, R. E., Merrens, M. R., & Lynde, D. W.(2005). *Evidence-based Mental Health Practice*. W.W. Norton & Company.

Ellie Pozatek(1994). The Problem of Certainty, Clinical Social Work in the Postmodern Era. *Social Work, 39*(4), 396-402.

Garthwait, C. L.(2005). *The social Work Practicum : A Guide and Workbook for Students*(3rd ed.). Allyn and Bacon.

Geddes, J., & Carney, S.(2001). Recent advances in evidence-based psychiatry. *Canadian Journal of Psychiatry, 46*, 403-406.

Gibbs, L.(2003). *Evidence-based practice for the helping professions : A practical guide with integrated multimedia*. Pacific Grove, AC : Brooks/Cole-Thomson Learning.

Gilgun, J. F.(2005). The four cornerstones of evidence-based practice in social work. *Research on Social Work Practice, Vol. 15*(1), 52-61.

Goldstein. E. G.(2007). Social work education and clinical learning : Yesterday, today and tomorrow. *Clinical Social Work Journal, 35*, 15-23.

Greenwood, E.(1957). Attributes of a profession. *Social Work, 2*(3), 45-55.

Hartsell, Bruce D.(2001). "The diagnostic strengths manual?". *Social Work, vol 46*(2), 183-187.

______________(2002). *The Strengths Perspective in Social Work Practice*. Allyn and Bacon. Boston, MA.

______________(2006). A model for ethical decision-making : the Context of ethics. *Jouranl of Social Work Values & ethics, Vol 3*(1). http://www.socialworker.com/jswve/content/blogcategory/ 12/44/

Hawkins, P., & Shohet, R.(1989). *Supervision in the Helping Professions : An individual, group and organizational approach*. Milton Keynes : Open University Press.

Haynes, R. B., Devereaux, P. J., & Guyatt, G. H.(2004). Clinical expertise in the era of evidence-based medicine and patient choice. *Evidence-Based Medicine*, 7, 36-38.

Healy, Lynne M.(2007). Universalism and cultural relativism in social work ethics. *International Social Work, 50*(1), 11-26.

Horejsi, Charles & Cynthia Garthwait(2002). *The Social Work Practicum*(2nd ed.). Allyn & Bacon. Boston.

Hugman, Richard(2005). Exploring the parados of teaching ethics for social work practice. *Social Work Education, Vol. 24*(5), 535-545.

Jenneth Carpenter(2002). "Mental health recovery paradigm: Implications for social work". *Health & Social Work, vol. 27*(2), 86-94.

Kadushin, A.(1992). *Supervision in Social Work*(2nd ed.). New York : Columbia University Press.

Kirkpatrick, W. J., Reamer, F. J., & Sykulski, M.(2006). Social work ethics audits in health care settings: A case study. *Health & Social Work, Vol. 31*(3), 225-228.

Lehman, A. F., Goldman, H.vH., Dixon, L. B., & Churchill, R.(2004). *Evidence-Based Mental Health Treatments and Services : Examples to Inform Public Policy*. http://www.milbank.org/reports/2004 lehman/2004lehman.html

Loewenberg, F. M., & Dolgoff, R.(1996). *Ethical Decision for Social Work Practice*(5th ed.). F. E. Peacock Publishers Inc., Itasca.

Maidment, J., & Woodard, P.(2002). Student supervision in context : A model for external supervisors. In S. M. Shardlow and M. Doel(Ed.), *Learning to Practise Social Work*. Jessica Kingsley Publishers : London and Philadelphia.

Reamer, F. G.(2001). *Ethics education in social work*. Council on Social Work Education. Alexandria.

Reid, S.(2007). *Is EBMH too PC?* www.ebmentalhealth.com

Roberts, A. R., & Yaeger, K. R.(2007). Foundation of evidence based social work practice. *British Journal of Social Work, Vol, 37*(2), 367-369.

Rosen, A.(2003). Evidence-based social work practice : Challenges and promise. *Social Work Research, Vol. 27*(4), 197-208.

Royse, D., Dhooper, S. S., & Romof, E. L.(2003). *Field Instruction : A Guide for Social Work Student*(4th ed.). Allyn and Bacon.

Rubin, A., & Parrish, D.(2007). View of evidence-based practice among faculty in master of social work programs : A national survey. *Research on Social Work Practice, Vol. 17*(1), 110-122.

Sackett, D. L., Rosenberg, William M. C., Gray, J. A. Muir, Haynes, R. Brian, & Richardson, W. Scott(1996). Evidence based medicine : what it is and what it isn't. *BMJ 312(7023), 13 January*, 71-72. http://www.bmj.com/cgi/content/full/312/7023/71

Saleeby, D.(1994). Culture, Theory, and Narrative, The Intersection of Meanings in practice. *Social Work, 37*(6), 489-494.

_________(2001). "The diagnostic strengths manual?". *Social Work, vol. 46*(2), 183-187.

_________(2002). *The Strengths Perspective in Social Work Practice*. Allyn and Bacon. Boston, MA.

Saxon, Catherine, Jacinto, George A., Dziegielewski, & Sophia F.(2006). Self-determination and confidentiality : The ambiguous nature of decision-making in social work practice. *Journal of Human Behavior, Vol. 13*(4), 55-72.

Scottish Intercollegiate Guidelines Network(1998). *Psychosocial Interventions in the Management of Schizophrenia*. http://www.sign.ac.uk/pdf/sign30.pdf

Sheafor, B. W., & Horejsi, C. R.(2006). *Techniques and Guidelines for Social Work Practice*(7th ed.). Allyn and Bacon. New York : NY.

Sheldon, B., Chilvers. R., Ellis, A., Moseley, A. & Tierney, S.(2004). A pre-post empirical sA. y of obsAacles to, and opporA.nities for, evidence-based in social care. In Andy Bison(Ed.), *Evidence-based Practice in Social Work*(pp. 11-50). Whiting & Brich Ltd. London : England.

Smith, M. K.(2005). 'The functions of supervision', *the encyclopedia of informal education*. http://www.infed.org/biblio/functions_of_ supervision.htm

Thomlinson, B., Rogers, G., Collins, D., & Grinnell, Jr., R. M.(1996). *The Social Work Practicum : An Access Guide*(2nd ed.). IL : F. E. Peacock Publishers.

Thyer, B. A.(2007). Social work education and clinical learning : towards evidence-based practice? *Clinical Social Work Journal*, *35*, 15-23.

__________(2004). What is evidence-based practice?. *Brief Treatment and Crisis Intervention*, *4*, 137-153.

__________(2007). Social work education and clinical learning : towards evidence-based practice?. *Clinical Social Work Journal*, *35*, 15-23.

http://www.chest.or.kr/

저/자/약/력

■ 이경아
서울여자대학교 사회과학대학 사회사업학과, 문학사
숭실대학교 대학원 사회사업학과, 사회사업학 석사
숭실대학교 대학원 사회사업학과, 사회사업학 박사
현 수원여자대학교 사회복지과 부교수

■ 서홍란
서울여자대학교 사회과학대학 사회사업학과, 문학사
University of Denver Graduate School of Social Work, 사회사업학 석사
University of Denver Graduate School of Social Work, 사회사업학 박사
현 서울여자대학교 사회복지학과 조교수

사회복지현장실습 【개정판】

|공저자| 이경아 · 서홍란

|1판 1쇄| 발행 2008년 1월 28일
|1판 2쇄| 발행 2009년 8월 10일
|2판 1쇄| 발행 2011년 8월 8일
|2판 2쇄| 발행 2012년 9월 10일
|2판 3쇄| 발행 2014년 2월 10일
|2판 4쇄| 발행 2016년 8월 30일
|2판 5쇄| 발행 2017년 1월 25일
|2판 6쇄| 발행 2018년 8월 30일
|2판 7쇄| 발행 2019년 4월 30일
|2판 8쇄| 발행 2019년 7월 30일

|발행인| 김동훈
|발행처| 공동체

|주소| 경기도 고양시 일산동구 호수로 358-39 동문타워 1차- 905호(백석동)
|전화| 031) 920-8305(대표)
|팩스| 031) 920-8308
|e-mail| compub@naver.com
|출판등록| 2005년 10월 6일
|등록번호| 제396-2005-36호

|ISBN| 978-89-6352-210-4
정가 15,000원

저자와 협의하여 인지를 생략합니다.
무단전재와 복제를 금합니다.